企业专项合规实务指南 1

企业数据
合规实务指南

通商合规团队 编著

ENTERPRISE DATA
COMPLIANCE GUIDELINE

中国检察出版社

图书在版编目（CIP）数据

企业数据合规实务指南/通商合规团队编著. -- 北京：中国检察出版社, 2024.6
ISBN 978-7-5102-2973-2

Ⅰ.①企… Ⅱ.①通… Ⅲ.①数据管理—科学技术管理法规—中国—指南 Ⅳ.① D922.17-62

中国国家版本馆 CIP 数据核字（2024）第 048083 号

企业数据合规实务指南
通商合规团队　编著

丛书策划：李冬青
责任编辑：史世琦
技术编辑：王英英
封面设计：天之赋设计室

出版发行：	中国检察出版社
社　　址：	北京市石景山区香山南路 109 号（100144）
网　　址：	中国检察出版社（www.zgjccbs.com）
编辑电话：	（010）86423736
发行电话：	（010）86423726　86423727　86423728
	（010）86423730　86423732
经　　销：	新华书店
印　　刷：	河北宝昌佳彩印刷有限公司
开　　本：	710 mm × 960 mm　16 开
印　　张：	19.75
字　　数：	278 千字
版　　次：	2024 年 6 月第一版　2024 年 6 月第一次印刷
书　　号：	ISBN 978 - 7 - 5102 - 2973 - 2
定　　价：	68.00 元

检察版图书，版权所有，侵权必究
如遇图书印装质量问题本社负责调换

《企业专项合规实务指南》
出版说明

20世纪60年代以来，企业合规管理由公共监管逐渐演变为复杂的公司内部制度体系及相应的合规文化，以适应商业经营环境的各种变化。目前，企业按照国际规则、法律法规规定、政府监管要求并基于自己的企业文化建立或强化合规管理体系，已经成为全球公司普遍通行的做法。企业合规是中国企业走向国际市场、高标准对标国际经贸规则的新方法、新思路，是推动中国企业高质量发展、行稳致远的法治密码。

2022年8月，国务院国资委印发《中央企业合规管理办法》（以下简称《办法》），推动中央企业加强合规管理，切实防控风险，有力保障深化改革与高质量发展。《办法》明确，中央企业应当结合实际设立首席合规官，由总法律顾问兼任，对企业主要负责人负责，领导合规管理部门组织开展相关工作，指导所属单位加强合规管理。《办法》提出，中央企业应当将合规审查作为必经程序嵌入经营管理流程，重大决策事项的合规审查意见应当由首席合规官签字，对决策事项的合规性提出明确意见。业务及职能部门、合规管理部门依据职责权限完善审查标准、流程、重点等，定期对审查情况开展后评估。

法治是最好的营商环境。服务保障经济发展是新时代法律工作者的必答题。司法机关与相关法律从业者需充分发挥法律监督、依法裁判、公正司法等职能和法律服务专业水准，引导与帮助企业合规经营、构建现代化治理体系，促进依法治企、法治兴企、法治强企理念深入人心，切实以法治之力稳企业、稳预期、提信心、促增长，为推动新时代经济新飞跃担好法治职责。

在某些特定的领域，特别是特定国家或地区的特定领域，某些特定概念下的合规早已成熟，形成了相对固定的法律概念和法律产品，专项合规呼之欲出。企业合规的灵魂并不是大而全的合规管理体系，而在于针对企业的"合规风险点"确立专项合规计划。有效的合规应是专项合规，应是合规管理体系方法论在具体场景下的应用。相应地，合规计划是否有效也应考察合规整改是否符合专项合规指引的相关规定。因此，大而全的合规体系标准化指南或有效性评价文件并不能完全、准确地评价针对性极强的专项合规工作。未来的合规文本应是"一全多专"的格局，而与之相匹配，专项合规指引应该作为有效性评估标准参考文本，为企业合规有效评估提供规范指引，将企业合规带入"精细化"的时代。

当今世界正经历百年未有之大变局，外部环境日趋复杂，不稳定不确定因素日益增加。随着国家进入新时代新发展阶段，我国企业越来越多走向世界，也面临新的挑战。有的西方国家以国内法名义对我国企业实施所谓的"长臂管辖"。企业在提高自身产品硬实力的同时，必须加强合规管理，与国际商事规则接轨，提升自己的反制裁软实力。此外，服务企业的高水平、有素养的专项合规人才尤为短缺，合规人才队伍规模小，专业化、职业化程度不够，也是我们急需解决的问题。

基于上述情况，中国检察出版社把握时代大局，回应实践要求，落实推动全面深化改革的重要举措，携手业内知名的合规团队推出《企业专项合规实务指南》系列（以下简称《实务指南》），从企业需求分析和合规人才能力要求等角度，对企业专项合规的风险领域和重点业务、合规建议进行深入剖析，既涉及刑事涉案企业合规，也包括传统的企业主动全面合规；既有对企业专项合规监管态势和风险识别的深度分析，也有为企业量身打造的合规计划等经验总结；既有企业专项合规的理论规则，又有基于不同场景需求给出的合规整改方案。《实务指南》以实践中企业的需求为导向，注重理论与实践的结合，尤其注重对涉案企业合规改革以及常见风险领域典型案例的经验总结，旨在以实践为基础，推进理论上的丰富和创新，进而解决实践中的问题，为相关从业者提供业务交流平台，为企业依法治企、合规经营保驾护航，为服务国家各项经济发展战略提供法治保障。

由于企业内外部环境随时可能发生变化，合规风险也是实时、动态发生变化的，因此，风险领域的专项合规无法穷尽。《实务指南》立足当前、面向未来，以开放的姿态真诚欢迎更多热衷于分享交流专项合规经验的专家学者赐稿，针对专项合规开展前瞻性、针对性、储备性研究，提出更为专业化、建设性的建议，推出对实践具有重要指导作用、对决策有重要参考价值的更多作品，为企业发展和服务保障我国经济高质量发展提供高水平的理论指导。

中国检察出版社
2024 年 4 月

前　言

随着新一轮科技革命和产业变革深入发展，数据作为关键生产要素的价值日益凸显，深入渗透到经济社会各领域和全过程，数字经济成为重组全球要素资源、重塑全球经济结构、改变全球竞争格局的关键力量。在这一背景下，我国不断完善数据合规和隐私保护立法版图，持续加大数据合规监管力度。企业在日常业务经营、投融资及上市过程中的网络安全、数据安全及个人信息保护方面的合规性受到了前所未有的重视，数据合规已成为当今企业运营不可或缺的一部分。此外，中国企业在开展海外业务时也面临着来自不同域外司法管辖区不同程度的数据合规要求。了解和掌握数字经济监管的最新动向，确保企业的合法经营和稳定发展，已经成为企业的当务之急。

为了应对这一挑战，通商合规团队根据实务中积累的宝贵经验，推出了《企业数据合规实务指南》（以下简称《指南》）。《指南》将详细介绍数据合规管理体系的要求及实施方案，帮助企业更好地理解和应对数据合规的挑战。《指南》重点从以下方面，对企业数据合规的重点领域和场景作出梳理和合规提示：

第一，在整体、全面的合规体系建设方面，建立和实施数据合规管理体系是保障企业数据安全的重要措施。在制定数据合规管理体系时，企业需要从多个方面进行考虑。首先，识别风险点，包括网络安全风险、数据泄露风险等。通过对风险点的准确识别，企业可以有针对性地采取相应的防范措施，降低数据安全的风险。其次，制定应对策略。企业在面对不同风险时，需要制定相应的预防和应急计划，确保能够及时应对各类安全事件。最后，在建立和实施数据合规管理体系的过程中，还需要关注数据隐私保护、信息安全管理等方面的要求，确保数据的合法合规处理和使用。

第二，在企业日常运营中，数据合规的重点事项需要得到充分的重视。其中，数据出境合规管理是一个重要的方面。随着全球化的推进，中国企业与境外合作伙伴之间的数据传输变得更加频繁。因此，确保数据的合规性和安全性变得尤为重要。在数据出境的过程中，企业需要遵守相关的法律法规和合同协议，对数据进行必要的加密和脱敏处理，并制定详细的数据使用规范，以保护数据安全和隐私。

第三，境外IPO及投融资数据合规管理也是企业需要关注的重点之一。随着越来越多的中国企业选择在海外资本市场上市或进行投融资活动，了解并满足不同司法管辖区的数据合规要求变得至关重要。在进行海外IPO或投融资时，企业需要遵守当地法律法规的要求，对涉及的个人信息披露、交易数据等进行合理的管理和控制，以确保符合当地的法律要求和投资者的保护需求。

第四，不同的行业在数据合规领域也有着各自的关注要点。例如，金融行业对于个人敏感信息的保护要求更加严格，医疗行业对于患者隐私的保护也需要特别关注。因此，企业在实施数据合规管理体系时，需要根据不同行业的特点和规定，制定相应的合规措施和管理流程，以确保数据的合规性得到有效保障。

本《指南》共六章。第一章明确了数据合规的含义，梳理了我国和

前　言

域外的数据合规规则，从业务和管理两个角度阐述了数据合规管理的要求。第二章系统介绍了数据合规管理体系的主要内容、管理组织框架、管理措施、技术要求等内容，为企业提供了一套全面高效的数据合规管理体系实施方案。第三章聚焦数据合规领域中企业面临的风险点，如隐私政策的设计、知情同意原则的应用、嵌入SDK运营的管理等，通过总结常见问题和明确合规要求，为企业提供风险化解措施，保障日常经营合规。第四章至第六章，从数据出境合规管理、境外IPO与投融资数据合规管理等角度逐一拆解，以不同行业的视角，具体解析不同行业在数据合规领域的关注要点。通过合理解读这些关键事项，并结合不同行业的特定要求，企业可以更好地应对数据合规的挑战，确保业务的持续稳定发展。

目 录

第一章 数据合规的基本要求 / 001

  第一节 数据合规的含义 / 003

    一、狭义的数据合规 / 003

    二、广义的数据合规 / 004

  第二节 我国数据合规规则 / 006

    一、基础法律法规 / 006

    二、重点领域的相关国家标准与行业政策 / 008

  第三节 域外数据合规规则 / 012

    一、欧盟数据合规规则 / 013

    二、美国数据合规规则 / 024

    三、其他国家和地区数据合规规则 / 039

  第四节 数据合规管理的主要内容 / 050

    一、业务中的数据合规要求 / 051

    二、管理中的数据合规要求 / 055

第二章 数据合规管理体系 / 061

  第一节 业界标准与行业实践 / 063

    一、ISO 的数据合规管理体系标准 / 063

    二、国内的数据合规管理体系标准 / 072

    三、国内领先企业的合规实践 / 077

  第二节 管理体系的主要内容 / 085

    一、政策及目标 / 085

二、管理职责 / 086

三、风险管理 / 086

四、合规管控 / 086

五、文化与沟通 / 086

六、全面支持 / 087

七、文件化信息 / 087

八、绩效评估 / 087

九、合规措施改进 / 087

第三节 数据合规管理组织 / 088

一、高级管理层 / 088

二、个人信息保护负责人 / 089

三、个人信息保护工作机构 / 089

第四节 数据合规管理措施 / 090

一、开展个人数据核查，制定数据清单 / 090

二、制定数据合规文件 / 091

三、落实数据安全审核 / 091

四、完善数据处理规则 / 092

五、配套必要保护措施 / 092

第五节 数据合规技术要求 / 092

一、建立数据分类分级保护制度 / 093

二、数据安全监控预警 / 094

三、善用合规管理工具 / 095

第六节 数据合规生命周期管理 / 095

一、数据收集 / 095

二、数据存储 / 096

三、数据使用 / 096

四、数据共享和转让 / 097

五、数据公开 / 097

六、数据删除 / 098

第三章　日常运营数据合规 / 099

第一节　合格隐私政策的要求 / 101
一、场景及受众 / 101
二、主要内容 / 101
三、常见问题及建议 / 102

第二节　最小必要原则的理解与适用 / 105
一、内涵与要求 / 106
二、执法实践 / 106
三、合规管理建议 / 108

第三节　知情同意原则应用中的常见问题 / 109
一、常见违规类型 / 110
二、违规案例与合规建议 / 112

第四节　网站数据合规常见问题及应对策略 / 115
一、告知同意义务履行常见问题 / 116
二、Cookie 合规常见问题 / 119
三、无障碍要求及合规建议 / 120

第五节　嵌入 SDK 运营的数据合规管理 / 121
一、SDK 的主要应用场景 / 122
二、嵌入 SDK 运营的数据合规风险 / 123
三、App 合规应对建议 / 125

第六节　数据爬虫的合法性边界 / 128
一、网络爬虫的基本原理 / 128
二、网络爬虫行为的合法性判断标准 / 129

第七节　用户数据权利请求的合规化应对 / 133
一、优先预防：从企业管理体系层面建立应对机制 / 134

二、积极应对：主要类型的用户个人信息主体
　　权利请求及应对建议 / 134
第八节　数据泄露危机事件的合规化应对 / 139
　　一、"有备无患"——完善的战略准备是妥善应对
　　数据泄露事件的前提 / 139
　　二、"临危不惧"——积极有序的处置是应对数据
　　泄露事件的关键 / 141
　　三、"前覆后戒"——充分的反思改进为预防数据
　　泄露事件提供经验 / 143

第四章　数据出境合规管理 / 145

第一节　数据出境场景梳理和合规操作要点 / 147
　　一、数据出境监管框架 / 147
　　二、企业数据出境场景盘点 / 148
　　三、企业数据出境操作要点 / 151
　　四、违规案例与提示 / 154
第二节　重点监管的数据类型 / 157
　　一、重要数据 / 158
　　二、个人信息 / 161
　　三、限制禁止出境或有本地化要求的数据 / 162
　　四、违规案例与提示 / 164
第三节　数据出境自评估 / 166
　　一、数据出境前评估的法律规制 / 166
　　二、企业数据出境前自评估的要点 / 167
　　三、自评估工作落地合规建议 / 169
第四节　数据出境安全评估 / 171
　　一、申报前的准备工作 / 171
　　二、申报方式及流程 / 172

三、申报材料 / 174

四、申报咨询 / 174

五、地方规范 / 175

六、违规案例与提示 / 175

第五节 个人信息跨境处理活动安全认证 / 179

一、《认证规范》体现的监管态度 / 180

二、《认证规范》在实践层面的注意要点 / 182

三、《认证规范》仍需明确的问题分析 / 184

第六节 个人信息出境标准合同 / 185

一、标准合同的适用范围 / 186

二、标准合同的基本内容 / 186

三、标准合同的要点分析 / 190

四、违规案例与提示 / 194

第七节 中欧个人信息跨境传输合规机制比较 / 199

一、个人信息跨境传输路径 / 199

二、司法执法的特殊规定 / 203

三、企业数据跨境传输合规建议 / 204

第八节 中欧个人信息跨境传输标准合同的异与同 / 205

一、新版SCCs与标准合同的共性认知 / 206

二、新版SCCs与标准合同的个性化规定 / 207

三、合规建议 / 209

第五章 境外IPO与投融资数据合规管理 / 211

第一节 境外IPO数据合规常见要点 / 213

一、企业数据合规义务概览 / 213

二、监管机构关注的数据合规要点 / 216

三、拟IPO企业数据合规准备工作 / 217

第二节　数据采集的合规性要点 / 218
　一、数据采集行为与数据类型 / 218
　二、个人信息的直接采集 / 219
　三、直接采集非个人信息类数据 / 221
　四、间接采集数据的合规要点 / 223
第三节　网络安全审查的标准和应用 / 224
　一、网络安全审查制度相关法规 / 224
　二、网络安全审查的适用 / 225
　三、拟进行境外 IPO 的准备工作 / 230
第四节　关键信息基础设施的相关问题 / 231
　一、关键信息基础设施及其认定 / 231
　二、关键信息基础设施安全保护的主体责任 / 232
　三、关键信息基础设施的安全保护要求 / 233
　四、关键信息基础设施运营者境外 IPO 涉及的
　　　重点问题 / 238
第五节　投资并购中的数据合规法律尽职调查 / 239
　一、数据合规尽职调查的主要内容 / 240
　二、尽职调查与交易文件条款 / 243

第六章　行业数据合规管理 / 245

第一节　金融行业数据合规要点 / 247
　一、监管规范概览 / 247
　二、数据合规基本要求 / 249
　三、常见业务场景数据合规要求 / 251
第二节　智能汽车行业数据合规要点 / 256
　一、监管规范概览 / 256
　二、汽车数据处理主要合规义务 / 257
　三、其他应注意的合规要点 / 258

第三节　生物医药与健康行业数据合规要点 / 259
　　一、监管规范概览 / 260
　　二、数据收集场景合规要求 / 260
　　三、数据共享场景合规要求 / 262
第四节　新一代电子信息行业数据合规要点 / 265
　　一、监管规范概览 / 265
　　二、数据合规要求 / 266
　　三、数据安全合规建议 / 269
第五节　数字与时尚行业数据合规要点 / 271
　　一、线下渠道的数据合规挑战——人脸识别数据处理 / 271
　　二、个性化展示 / 273
　　三、与第三方合作中的数据保护 / 275
第六节　高端装备制造行业数据合规要点 / 276
　　一、高端装备制造行业及其数据特点 / 276
　　二、行业经营者一般合规义务 / 277
　　三、关键信息基础设施运营者增强合规义务 / 280
第七节　物业管理行业数据合规要点 / 283
　　一、收集业主个人信息 / 283
　　二、应用智能设备的合规要点 / 285

《企业数据合规实务指南》编写组及分工一览表 / 289

参与写作者介绍 / 290

第一章
数据合规的基本要求

第一节　数据合规的含义
第二节　我国数据合规规则
第三节　域外数据合规规则
第四节　数据合规管理的主要内容

第一节　数据合规的含义

数据合规的含义有狭义与广义之分。本节将对数据合规的狭义与广义概念进行辨析，以厘清数据合规的边界并划定本书所探讨的"数据合规"的范围。

一、狭义的数据合规

狭义的数据合规着眼于数据处理活动的合规性，是指组织（包括政府机构、社会组织、企业主体、个人主体等）对于数据收集、存储、共享、转让、公开、传输、删除的行为需符合国际条约、国内法律法规规章、其他规范性文件、行业准则、商业惯例、社会道德以及企业章程、规章制度的要求。此处所指的组织，既包括以维护公益为目的的国家公权力机关，如政府机关、司法机关，也包括从事经济活动的、具有营利性的经济组织，如企业等。组织所掌握的数据，可以分为个人数据与非个人数据。根据我国《个人信息保护法》《网络安全法》《民法典》对个人信息的定义，个人数据指的是能够被直接或间接通过识别要素得以识别，并且与自然人生理、心理、精神状态、社会活动等相关的信息，而不是指与自然人无关的数据，如组织的经营记录、财务报表、审计记录等。就企业实践而言，个人信息保护是企业数据合规管理的工作重点。

2021年11月17日，江苏省律师协会印发的《律师从事合规法律服务业务指引》对数据合规即采取了狭义上的内涵，称"数据保护：指对数据信息的保护。数据保护是国际上普遍关注的重点合规要素之一，如欧盟制定了《通用数据保护条例》（General Data Protection Regulation，GDPR）、美国制定了《加利福尼亚州消费者隐私法案》，目前中国已经颁布了《网络安全法》、《儿童个人信息网络保护规定》、《最高人民法院、最高人民检察院关于办理侵犯公民个人信息刑事案件适用法律若干问题的解释》……"在深圳企业——中兴通讯股份有限公司的数据保护合规实践也采用了狭义上的数据合规概念,"作为全球领先的综合通讯解决方案提供商,中兴通讯高度重视数据保护,将用户、客户、员工及所有相关方的个人数据保护视为重要且默认的道德要求与行为基准,融入产品设计、服务交付和管理内控活动中"。

本书对数据合规的讨论限于狭义的数据合规,并将重点关注数据处理者在处理个人信息的过程中履行所有有关个人信息保护的合规义务。

二、广义的数据合规

广义的数据合规包含数据安全合规的内容,涵盖个人信息保护、重要数据保护、数据跨境传输管理、互联网信息内容管理、区块链信息服务管理、商业秘密管理、行业数据监管、数据出口管制等多个方面。就企业而言,数据安全合规意味着采取必要措施,确保自身具备保障持续安全状态的能力,并保证数据的有效保护和合法利用,但需要注意与国家安全、网络安全的区分。

(一)数据安全与国家安全

首先,数据安全是指以数据为中心的安全,保护数据的可用性、完整性和机密性,广义的数据合规涵盖了数据安全。数据安全与国家安全则分属两个完全不同的概念。数据安全更多指数据本身的安全与数据防护的安全;而国家安全则是一个更为宽泛的概念,是指国家政权、主权、统一和领土完整、人民福祉、经济社会可持续发展和国家其他重大利益相对处于没有危险和不受内外威胁的状态,以及保障持续安全状态的能力。

2021年6月,《数据安全法》正式公布并于9月1日正式生效,其中明确了由中央国家安全领导机构统筹协调国家数据安全的重大事项和重要工作,建立国家数据安全工作协调机制,同时将关系国家安全、国民经济命脉、重要民生、重大公共利益等领域的数据定义为国家核心数据,实行更加严格的管理制度。由此可见,数据安全关乎国家安全。

并且,《数据安全法》严格规制面向境外司法或者执法机构的数据

第一章　数据合规的基本要求

出境活动。该法第 36 条规定："……非经中华人民共和国主管机关批准，境内的组织、个人不得向外国司法或者执法机构提供存储于中华人民共和国境内的数据。"第 36 条不仅给企业在向境外传输数据的过程中增加了一些合规义务，也明确了未经主管机关批准向境外的司法或者执法机构提供数据的法律责任，包括对企业和直接负责的主管人员的罚款，以及责令企业暂停相关业务、停业整顿、吊销相关业务许可证或者吊销营业执照等。没有数据安全就没有国家安全，数据安全是国家安全的重要保障之一。

（二）数据合规与网络安全

数据合规与网络安全通常会被一同提及，但二者内涵与外延不尽相同。网络安全是指网络系统的硬件、软件及其系统中的数据受到保护，不因偶然的或者恶意的原因而遭受破坏、更改、泄露，系统连续可靠正常地运行，网络服务不中断。网络安全包含网络设备安全、网络信息安全、网络软件安全。从广义来说，凡是涉及网络信息的保密性、完整性、可用性、真实性和可控性的相关技术和理论，都是网络安全的研究领域。从定义的角度来看，网络安全与数据合规存在一定的交叉，主要体现在维护数据安全相关的内容上。但网络安全中包含对底层硬件设施安全、软件运行安全的维护义务，而数据合规更多关注对数据进行处理的过程中的安全与合规。

近年来，我国对互联网安全高度关注，并在逐步健全网络安全与数据合规领域法律法规。在网络安全方面，2016 年 11 月 7 日，《网络安全法》颁布，规定了在我国境内建设、运营、维护和使用网络，以及网络安全的监督管理须遵守该法的规定，是我国第一部有关网络安全的法律。2021 年 12 月 28 日，新修订的《网络安全审查办法》颁布，要求关键信息基础设施运营者采购网络产品和服务，网络平台运营者开展数据处理活动，影响或可能影响国家安全的，应当按照规定进行网络安全审查。在数据合规方面，2020 年 5 月 28 日，《民法典》颁布，在第四编中进一步强化了对隐私权和个人信息的保护。2021 年 6 月 10 日，《数据安全法》颁布，作为我国数据安全领域的基础性法律，明确了数据安全领域内治理体系的顶层设计，通过规制数据处理活动、保障数据安全、保护个人和组织合法权益、维护国家主权和安全，引领和促进数据的开发利用，要求企业强化依法合规建设，对运营商提出更高的数据合规要求。2021年8月20日，《个人信息保护法》颁布，强调处理个人信息应当遵循合法、正当、必要和诚信原则，具有明确、合理的目的并与处理目的直接相关，采取对个人权益影响最小的方式，限于实现处理目的的最小范围，公开处理规则，保证信息质量，采取安全保护措施等。

第二节　我国数据合规规则

我国数据合规的要求，以《民法典》《刑法》《网络安全法》《数据安全法》《个人信息保护法》等国家法律作为基本框架，结合各行政部门出台的行政法规、部门规章等规范性文件，共同组成我国数据合规的基本规则体系。此外，针对数据合规重点领域及行业，我国陆续出台了相关的国家标准及行业政策，对金融数据安全、车联网信息服务数据安全、汽车数据安全、电信及互联网数据安全、健康医疗数据安全、人脸识别数据安全、网络支付服务数据安全、快递物流服务数据安全、儿童个人信息安全、网络游戏数据安全等方面的数据合规管理进行了全面深入和细化的规定。

本节将分别就涉及数据合规的基础法律法规以及数据合规重点领域的相关国家标准及行业标准以汇总表格的形式进行介绍，以此对我国数据合规规则进行整体梳理。

一、基础法律法规

数据合规领域中的重要法律法规及规范的汇总见表1。

表 1

规范种属	规范汇总
法律	《中华人民共和国民法典》（人格权编） 《中华人民共和国网络安全法》 《中华人民共和国数据安全法》 《中华人民共和国个人信息保护法》 《中华人民共和国密码法》 《中华人民共和国电子商务法》 《全国人民代表大会常务委员会关于加强网络信息保护的决定》 《中华人民共和国国际刑事司法协助法》
司法解释	《最高人民法院关于审理使用人脸识别技术处理个人信息相关民事案件适用法律若干问题的规定》 《最高人民法院、最高人民检察院关于办理危害计算机信息系统安全刑事案件应用法律若干问题的解释》 《最高人民法院、最高人民检察院关于办理非法利用信息网络、帮助信息网络犯罪活动等刑事案件适用法律若干问题的解释》 《最高人民法院、最高人民检察院关于办理利用信息网络实施诽谤等刑事案件适用法律若干问题的解释》 《最高人民法院关于审理侵害信息网络传播权民事纠纷案件适用法律若干问题的规定》 《最高人民法院、最高人民检察院关于办理侵犯公民个人信息刑事案件适用法律若干问题的解释》 《最高人民法院关于审理利用信息网络侵害人身权益民事纠纷案件适用法律若干问题的规定》 《检察机关办理侵犯公民个人信息案件指引》
行政法规	《信息网络传播权保护条例》 《征信业管理条例》 《计算机信息网络国际联网安全保护管理办法》 《中华人民共和国计算机信息网络国际联网管理暂行规定》 《关键信息基础设施安全保护条例》 《国务院关于大力推进信息化发展和切实保障信息安全的若干意见》
部门规章及规范性文件	《数据出境安全评估办法》 《个人信息出境标准合同办法》 《生成式人工智能服务管理暂行办法》 《电信和互联网用户个人信息保护规定》 《网络交易监督管理办法》 《银行业金融机构数据治理指引》 《公安机关互联网安全监督检查规定》 《具有舆论属性或社会动员能力的互联网信息服务安全评估规定》 《网络产品安全漏洞管理规定》 《汽车数据安全管理若干规定（试行）》 《常见类型移动互联网应用程序必要个人信息范围规定》 《中国人民银行金融消费者权益保护实施办法》

续表

规范种属	规范汇总
部门规章及规范性文件	《App 违法违规收集使用个人信息行为认定方法》 《App 违法违规收集使用个人信息自评估指南》 《网络安全等级保护条例（征求意见稿）》
党内法规制度	《中共中央、国务院关于构建更加完善的要素市场化配置体制机制的意见》
国家及行业标准	《信息安全技术 个人信息安全规范》（GB/T 35273-2020） 《信息安全技术 个人信息安全影响评估指南》（GB/T 39335-2020） 《信息安全技术 网络安全等级保护基本要求》（GB/T 22239-2019） 《信息安全技术 移动互联网应用程序（App）收集个人信息基本要求》（GB/T 41391-2022） 《信息安全技术 个人信息处理中告知和同意的实施指南》（GB/T 42574-2023） 《网络安全标准实践指南—移动互联网应用程序（App）个人信息保护常见问题及处置指南》（TC260-PG-20203A）

整体而言，2021 年《数据安全法》和《个人信息保护法》两部基础性法律正式颁布，与《网络安全法》等法律法规共同构成我国的数据治理立法架构。从行政法、民法、刑法三个路径出发，对个人信息保护形成了较为完整的制度框架，《民法典》具有保护个人信息和隐私的相关规定，《个人信息保护法》监管个人信息数据，《数据安全法》监管线上和线下数据，《网络安全法》监管网络数据，后三部基础性法律在法益保护上各有其侧重。总体而言，在总体国家安全观的指引下，《网络安全法》和《数据安全法》是国家安全法律体系的重要组成部分，重点在于维护国家安全，保障公共利益；而《个人信息保护法》是作为个人信息保护领域的基础性法律，重点在于保护个人信息处理活动中的个人信息权益，继而促进个人信息合理利用。同时，鉴于数据的性质及其价值产生流程，三部法律在诸多议题规制上存在很多法律义务和法律责任的交叉。

二、重点领域的相关国家标准与行业政策

除了三部数据保护的基础性法律，我国按保护场景和对象分别制定针对各重点行业，如医疗健康数据、金融数据、汽车数据、工业数据、

消费者数据等，以及对未成年人、关键信息基础设施、大型互联网平台等重点关注对象进行了相应的规制及指引。

在医疗健康数据领域，《人口健康信息管理办法（试行）》提出，应当按照"一数一源、最少够用"的原则采集人口健康信息，实行分级存储，不得将人口健康信息在境外的服务器中存储，不得托管、租赁在境外的服务器。国家医疗保障局在《关于加强网络安全和数据保护工作的指导意见》中提出，需要加强医疗数据安全保护，包括实验数据全生命周期管理、加强重要数据和敏感字段保护、推动数据安全共享和使用，建立健全数据安全风险评估机制。《国家健康医疗大数据标准、安全和服务管理办法（试行）》针对中国公民在境内产生的健康和医疗数据，要求采用数据分类、重要数据备份、电子实名认证、数据访问控制等措施保障健康医疗大数据安全，遵循医学伦理原则，保护个人隐私。2021年7月1日起正式施行的《信息安全技术 健康医疗数据安全指南》（GB/T 39725-2020），详细规定了医疗数据的分类体系、使用披露原则、安全措施、安全管理指南、安全技术指南，对8个代表性场景的数据安全进行分析，包括在数据应用中最常出现问题的临床研究数据、健康数据、移动应用数据及医疗器械数据等，为相关企业和单位提供了具备实操性的指引。

在金融数据领域，《中国人民银行金融消费者权益保护实施办法》和《个人金融信息保护技术规范》对个人金融信息进行了明确定义，主要包括个人身份信息、财产信息、账户信息、信用信息、金融交易信息及其他与特定消费者购买、使用金融产品或服务相关的信息。《征信业管理条例》《个人存款账户实名制规定》《移动金融客户端应用软件安全管理规范》《网上银行系统信息安全通用规范》《银行业金融机构数据治理指引》，主要结合征信、支付、存款等具体业务场景和相关部门的职能范围进行了专门的规定，并将个人金融信息处理者所包含的对象从传统的银行扩大至金融机构，对行为的规定从一般性的原则性规定具体对应至金融数据的收集、存储、提供、披露等行为，按照事前预防和事后规制的思路结合金融领域的特征对个人信息保护进行了规定。另外，中国人民银行制定的《金融数据安全 数据安全分级指南》以及《个人金融信息保护技术规范》中，只对金融数据以及个人金融信息的分级要素、规则和安全分级作出了相应的指引。

在汽车数据领域，工信部陆续发布了《车联网信息服务用户个人信息保护要求》《车联网信息服务数据安全技术要求》《智能网联汽车生产企业及产品准入管理指南（试行）（征求意见稿）》，规定了车联网信息服务用户个人信息保护的信息内容分类、敏感性分级和分级保护要求，制定重要数据目录，适用对象包括车联网信息服务数据提供者或数据使用者的信息服务系统。另外，中国境内运营中收集和产生的个人信息和重要数据应当按照有关规定在境内存储，如确需向境外提供的，应向行业主管部门报备。网信办最新出台了《汽车数据安全管理若干规定》，明确汽车行业这种重要数据的范围，强调汽车数据的收集场景的合法性基础，明确汽车行业数据本地化存储的原则要求和跨境传输的具体要求。

在工业数据领域，工信部制定了《关于工业大数据发展的指导意见》，强调数据处理者安全主体责任，提出建立工业数据安全责任体系，支持安全产品开发，培育良好的安全产业生态，强化工业数据安全保护。《工业数据分类分级指南（试行）》提出了工业数据的基本概念，明确了工业数据安全保护的适用范围和原则，明确数据处理者承担开展数据分类分级、加强数据管理等数据处理者主体责任及相应的定级指引。

在消费者数据领域，我国制定有《消费者权益保护法》《电子商务法》《网络产品安全漏洞管理规定》等相关规定对网络产品、服务提供者，网络运营者，从事网络产品安全漏洞发现、收集、发布等活动的组织和个人进行管理约束。

在未成年人个人信息保护上，2019 年国家互联网信息办公室发布了《儿童个人信息网络保护规定》，作为《网络安全法》的配套法规，对 14 周岁以下未成年人的个人信息保护进行规范。其作为首部专门性规章就儿童个人信息网络保护作了具体规范，明确了儿童个人信息的收集和处理应当遵循明示同意原则，网络运营者应当设置专门的儿童个人信息保护规则和用户协议，指定专人负责儿童个人信息保护工作，体现了从严保护的总体思路。随后，教育部等 8 部门联合发布的《关于引导规范教育移动互联网应用有序健康发展的意见》针对近两年教育类 App 的监管工作提出了总体部署方案，从备案管理、内容审核、数据保护、网络安全等多个层面提出了规范性意见。2020 年 3 月，国家市场监督管理总局与国家标准化委员会发布的《信息安全技术　个人信息安全规范》（GB/T 35273-2020）将 14 岁以下（含）儿童的个人信息列入"敏感个人信息"。2020 年 10 月修订后的《未成年人保护法》遵循"最有利于未成年人"的保护原则，明确对"未成年人隐私权和个人信息"的保护，设立"网络保护"专章，规定信息处理者通过网络处理未成年人个人信息的，应当遵循合法、正当和必要原则。

在对关键信息基础设施数据安全保护上，我国已构建了以《网络安全法》《关键信息基础设施安全保护条例》以及《网络安全审查办法》为基线的法律保护链条，并且与《信息安全技术　网络安全等级保护基本要求》（GB/T 22239-2019）等相关国家标准互相配合，共同推进关键信息基础设施数据安全保护工作。其中，《网络安全法》作为核心法律，从保护网络运行安全与网络信息安全两个方面构筑起我国网络安全的整体框架。《关键信息基础设施安全保护条例》从关键信息基础设施保护的角度，从关键信息基础设施的范围及认定、运营者责任义务、保障和促进、法律责任等方面给出了明确的指导和要求，要求关键信息基础设施相关企业建立健全网络安全保护制度和责任制，制定网络安全应急预案，开展网络安全监测、检测和风险评估工作，采取措施，监测、防御、处置源于境内外的网络安全风险和威胁，保护关键信息基础设施免受攻击、侵入、干扰和破坏，依法惩治危害关键信息基础设施安全的违法犯罪活动。而《网络安全审查办法》进一步从关键信息基础设施供应链安全层面，对关键信息基础设施进行加固保护。

针对大型互联网平台，在《个人信息保护法》中明确，对重要互联网平台、用户数量巨大、业务类型复杂的个人信息处理者，应当按照国家规定建立健全个人信息保护制度体系，成立主要由外部成员组成的独立机构对个人信息保护情况进行监督，并遵循公开、公平、公正的原则，制定平台规则，明确平台内产品或者服务提供者处理个人信息的规范和保护个人信息的义务，对严重违反法律法规的产品和服务提供者停止提供平台服务，并且需要定期发布个人信息保护社会责任报告，接受社会监督。另外，在《信息安全技术 个人信息安全规范》(GB/T 35273-2020)中，进一步明确要求满足特定条件的个人信息处理者必须设置专职的个人信息保护负责人和个人信息保护工作机构：(1)主要业务涉及个人信息处理，且从业人员规模大于200人；(2)处理超过100万人的个人信息，或预计在12个月内处理超过100万人的个人信息；(3)处理超过10万人的个人敏感信息。

针对人脸识别数据，目前主要以《个人信息保护法》、最高人民法院《关于审理使用人脸识别技术处理个人信息相关民事案件适用法律若干问题的规定》为主，主要针对在公共场所安装的图像采集、个人身份识别设备等，应当设置显著的提示标识，并且将人脸识别数据纳入个人敏感信息的管理范畴，在同意、收集、使用、公开等方面制定了较为严格的管制措施。

第三节　域外数据合规规则

正在或计划开展海外业务的中国企业需要基于其业务的实际情况关注相应域外司法管辖区的数据合规规则。目前全世界有很多国家和地区已经颁布了与数据合规相关的规则。譬如，在欧盟，GDPR作为该法域数据合规规则的核心，是域外数据合规规则的典型代表；在美国，以针对儿童、金融、教育、健康等领域的联邦法律以及《联邦贸易委员会法》第五部分规定为基准，各州（其中以加利福尼亚州、犹他州、弗吉尼亚州、康涅狄格州、科罗拉多州为代表）均在数据隐私、网络安全等数据合规领域提出或通过了相关的法案；此外，日本、韩国、新加坡、印度、泰国以及我国香港和澳门特别行政区均颁布了相关数据合规规则，体现了国际数据合规体系的新发展，比如，日本的《个人信息保护法》（APPI）、韩国的《个人信息保护法》（PIPA）、新加坡的《个人数据保护法》（PDPA）及其他九部附属立法、中国香港特别行政区的《个人资料（私隐）条例》、中国澳门特别行政区的《个人资料保护法》。

本节将分别就欧盟、美国以及其他重点国家和地区的数据合规规则进行梳理并提出其中主要的合规要求。

一、欧盟数据合规规则

于2018年通过的GDPR，取代《数据保护指令》以及欧盟所有成员国的数据保护法，成为对欧盟所有成员国产生直接、统一、首要效力的数据合规立法，也是欧盟数据保护法律体系中的最主要的法律。作为全球第一部关于数据保护的综合立法，GDPR成为各国在数据保护立法方面以及受监管企业在开展数据合规工作方面的重要参考与依据。

（一）欧盟数据保护法律体系

GDPR脱胎于德国和法国数据保护传统的数据立法，主要经历了四个阶段。

第一阶段是1981年欧洲委员会通过《个人数据自动化处理中的个人保护公约》（以下简称"108公约"）。"108公约"是世界上第一个关于个人数据保护的国际公约。随着大数据时代的到来，"108公约"在2012年被正式修订，名称也改为《个人数据处理中的个人保护公约》。"108公约"出台及修订的背景是信息和通信技术的极大发展给个人的数据权利和自由带来史无前例的挑战，立法目的是建构一套各国普遍接受并适用于全球的通用性数据保护标准和规则，并促进和加强各国数据保护机构之间的合作。

第二阶段是1995年欧洲议会和欧盟理事会通过《有关个人数据处理中的个人保护和所涉数据自由流通的第95/46/EC号指令》（以下简称"95指令"）。"95指令"具有重要的历史意义，欧盟成员国为制定和实施通用数据保护法律提供了一个基本框架和雏形，这个立法潮流深刻地影响了整个世界对隐私和个人数据保护的态度。

第三阶段是2016年欧洲议会和欧盟理事会通过GDPR。随着大数据时代的到来，网络的开放性使得个人数据的收集和共享规模不断扩大，大大加剧了个人数据滥用和隐私侵权的风险。与此同时，"个人数据权利是公民的基本权利"的观念开始逐渐被国际社会普遍接受。基于此，欧盟期待通过统一的全生命周期的数据立法来建设单一的欧盟数字市场，切实保护数据主体的权利和自由，但这显然不是局限于"自动化处理"时代且不具有直接法律效力的"95指令"可以完成的任务。

在这种背景下，自2009年开始，欧盟理事会决定以条例形式取代"95指令"，欧盟期待这个全新的数据立法框架不论是在外在形式和法律效力方面，还是在实质内容和制度创新方面都有创新性突破。2012年，欧盟理事会发布了建议修订的数据保护框架，即"GDPR建议稿"；2014年，欧洲议会在采纳众多修订意见的基础上，形成了欧洲议会稿，即"GDPR草案"；2016年，欧盟理事会和欧洲议会相继正式通过GDPR正式稿，随后正式在欧盟官方公报发布；经过两年的过渡期，GDPR于2018年5月25日正式生效，直接适用于欧盟全体成员国。

第四阶段，GDPR正式生效后，为了切实落实GDPR，欧洲议会出台了相关的法律，欧洲数据保护委员会（European Data Protection Board，EDPB）和欧盟各成员国也发布了配套的指南和报告。例如，欧洲议会制定了《网络安全法》《非个人数据自由流动框架条例》以及《电子隐私条例》等法律；欧洲数据保护委员会发布了《车联网个人数据保护指南》《个人数据保护比例原则指南》《关于GDPR规定的搜索引擎案件中被遗忘权的指南》《关于通过视频设备处理个人数据的指南》《通过设计和默认的数据保护适用指南》以及《GDPR域外适用指南》等指南。又如，英国（已于2020年1月30日退出欧盟）发布了《特殊类别数据的处理指南》，爱尔兰发布了《GDPR下的个人数据泄露通知实用指南》《关于直销数据处理活动的建议》等。另外，欧盟相关机构还发布了《人工智能白皮书》《区块链的当下与未来》《区块链和GDPR评估报告》以及欧盟《数据共享报告》等报告。

（二）GDPR 主要特点

作为史上最为严格的统一数据法典，GDPR 主要有以下几个特点：

1. 数据权利体系化

GDPR 是一部以"数据基本权利"为基石的数据法典，明确规定了数据控制者和处理者应尽到采取合法、公平和透明的技术和组织措施保护数据主体权利的法定义务，以及履行对监管部门及数据保护认证组织的法定义务。GDPR 第三章专章规定了数据主体的权利，相较于"95 指令"，GDPR 在以数据主体"告知—同意"为基本框架，保留并细化"95 指令"中已有的查询、更正、删除、拒绝权及自动化自决权等数据主体权利体系之外，新增了被遗忘权、限制处理权和数据可携带权等权利。具体来看，GDPR 第 12—15 条构成数据主体的知情权体系，第 16—20 条规定了数据主体的更正权和删除权体系，第 21—22 条规定了数据主体的反对权和自动化决策相关内容，第 23 条则规定了数据主体权利的限制。

2. 域外效力

"长臂管辖"是 GDPR 最鲜明的特色之一，GDPR 超越了以属地管辖为主、属人管辖为辅的一般原则，而从更为抽象的意义上将所有针对欧盟数据主体处理个人数据的行为均纳入管辖范围。GDPR 第 3 条规定了"属人""属地""保护"以及"国际公法"等多种管辖权适用依据。

GDPR 第 3 条第 1 款规定的"实体"（establishment）标准即 GDPR"适用于在欧盟境内有实体的控制者或处理者，在其活动范围内对个人数据的处理行为，无论该处理行为是否在欧盟境内进行"。EDPB 就此提出"三步法"来判定对个人数据的处理行为是否落入 GDPR 第 3 条第 1 款所规定的适用范围：首先，确认该实体是否落入 GDPR 所定义的欧盟"实体"范围内；其次，判断该实体是否"在其活动范围内对个人数据进行处理"；最后，一旦满足以上两点，就可以确认适用 GDPR，无论该处理行为是否在欧盟境内进行。

GDPR 第 3 条第 2 款规定的"针对性"标准即 GDPR 适用于处理欧

盟境内数据主体的个人数据的行为，即使控制者和处理者没有在欧盟境内设立，只要其处理行为：发生在向欧盟境内的数据主体提供商品或服务的过程中，无论此项商品或服务是否需要数据主体支付对价；对数据主体发生在欧盟境内的行为进行监控的。EDPB 就此提出采取"两步法"评估适用"针对性"标准：首先，评估该数据处理行为是否与欧盟境内数据主体的个人数据有关；其次，评估该处理行为是否与提供商品或服务，或者监视欧盟境内数据主体的行为有关。只要相关的数据控制者或处理者满足其中一个条件，GDPR 就适用于其对个人数据的处理。

GDPR 第 3 条第 3 款规定的"国际公法"规则，即 GDPR 适用于虽在欧盟境外设立，但基于国际公法仍适用成员国法律的控制者的个人数据处理行为。EDPB 就此认为，根据 GDPR 第 3 条第 3 款，欧盟成员国位于欧盟境外的大使馆和领事馆所进行的个人数据处理行为仍然适用 GDPR。作为数据控制者和处理者的各成员国大使馆和领事馆，应当遵守 GDPR 的相关规则，其中涉及数据主体权利、数据控制者和处理者的一般义务以及向第三国或者国际组织传输个人数据的行为等。

3. 严厉处罚

GDPR 试图用严厉的监管手段来倒逼数据控制者和数据处理者建立完善的数据合规制度，以实现对欧盟居民的个人数据权利的全面保护。为此，GDPR 不仅设计了罚款等处罚机制，而且也设计了警告、训斥等强制措施。

罚款作为最重要的处罚机制包括两类：第一类，罚款上限是 1000 万欧元或者企业上一年度全球营业收入的 2%，二者竞合取其高者。根据 GDPR 第 83 条第 4 款的规定，此类罚款主要适用于如下情况：未遵守儿童同意的规定、未履行设计保护或默认保护的义务、未保存数据处理记录、不配合数据保护机构的监管、未采取数据安全措施、未履行数据泄露通知义务、未进行个人数据影响评估、未要求任命数据保护官、未遵守行为准则和认证要求等。第二类，罚款上限是 2000 万欧元或者企业上一年度全球营业收入的 4%，二者竞合取其高者。根据 GDPR 第 83 条第 5、6 款的规定，此类罚款主要适用于如下情况：不符合数据处理基本原则、未获得数据主体的有效同意、违反个人敏感数据的禁止性规定、侵犯数据主体的权利、违反数据跨境规定、对监管机构的调查不配合、不履行监管机构的矫正要求等。

对于显著轻微违反GDPR而不太适合直接予以处罚的行为，根据GDPR第58条第2款的规定，欧盟数据监管机构可以采取警告、训斥、命令遵从数据主体的权利请求、命令遵守数据处理规则、命令通知数据泄露情况、实施强制性措施、撤销认证、暂停数据跨境等矫正性强制措施。就典型案件而言，英国航空公司被英国数据保护机构处以GDPR史上最高的1.83亿英镑的罚款，理由是英国航空公司网站的用户流量被转移到欺诈网站，致使约50万名乘客的个人数据遭到了泄露。

4. 强调公法保护机制

面对人工智能时代个人数据所引发的隐私、安全等系统性风险，欧盟并非仅仅依靠以个人权利及司法救济为基础的私法体系来实现对个人数据的保护；相反，欧盟更希望通过以主动性、强制性及灵活性为特征的公法机制来建构个人数据保护机制。从"108公约"到"95指令"，再到GDPR，欧盟一直致力于建立指导性行业标准与强制性法律规范相结合的双重数据规范体系和企业自我规制与政府规制相结合的双重数据治理体系。

正是在这种背景下，欧盟特别强调公法机制的重要性。为确保GDPR在适用过程中能实现对不同成员国之间的合作与一致性，与"95指令"相比，GDPR在监管机构、模式、手段等方面作出了重大改变。例如，GDPR要求各成员国建立独立的数据监管机构，负责监督条例的实施，并授予这些机构调查、矫正、授权和建议等权力。又如，GDPR建构了数据主体向监管机构投诉、受理及处理等一整套行政救济制度框架。

同时，GDPR在欧盟层面设立了独立的EDPB，以替代"95指令"下的第29条工作组（WP29），EDPB由各成员国数据保护监管机构负责人和欧盟数据保护专员（EDPS）组成，负责发布有关个人数据保护的相关意见、指南，协调一站式监管机制等，以确保GDPR在欧盟各成员国的统一适用。

(三) 合规体系

GDPR 于 2018 年 5 月 25 日正式生效后，许多家跨国企业均开展了 GDPR 适法性查验及评估工作，企业开始进行全面检视，从合规评估、业务流程到信息技术，再由检查员及律师双管齐下，找出不合规的地方进行改善，先求合法再求有效维持，以及申请各式相关验证。

1. 风险评估

风险评估贯穿企业 GDPR 合规制度的建立、实施以及更新完善的每一步，也是企业判断 GDPR 合规制度是否必要以及如何建设的首要步骤。合规初期，企业进行 GDPR 风险评估的重点主要为：GDPR 是否适用；GDPR 所涉及的业务领域及其数据的收集、使用、处理、保存和跨境传输的状态。

（1）GDPR 是否适用

GDPR 对于适用范围的界定采用的是影响主义原则，使得 GDPR 不仅仅局限于欧盟境内而具有一定程度的域外适用效力。因此，即使是欧盟境外的企业也可能面临 GDPR 合规风险。从企业的角度而言，进行 GDPR 合规风险评估所要面临的首要问题在于确定自身是否应当受到 GDPR 的监管。

具体而言，根据 GDPR 第 3 条的规定，GDPR 不仅适用于设立在欧盟境内的数据控制者或处理者，还适用于设立在欧盟境外但向欧盟境内的数据主体提供商品或服务，或者监控欧盟境内数据主体的行为的数据控制者或处理者。GDPR 规定，即使数据控制者或处理者并未设立在欧盟境内，但如果其数据处理行为与其欧盟境内的数据主体提供商品或服务，或者与监控欧盟境内数据主体的行为有关，则也应当受到 GDPR 的规制。

（2）GDPR 所涉业务领域筛查及其数据生命周期分析

在企业经过初步判断确定属于 GDPR 的规制范围之后，则需要更进一步地对企业自身的业务活动和领域进行梳理和筛查，并对相关数据的收集、使用、处理、保存和跨境传输的状态进行具体的梳理和分析。在实践中，为了保证全面、准确地识别企业可能受到GDPR影响的具体业务领域和数据处理活动，通常建议企业首先以自身主要经营活动为模块进行梳理和筛查，确定GDPR合规风险较大的业务模块和领域。其次，在确定主要涉及GDPR合规的业务领域之后，企业可以根据每个业务模块的具体业务流程，按照所涉及的数据收集、使用、处理、保存和跨境传输等数据处理周期中的具体环节，比照GDPR中所规定的数据处理的基本原则、数据处理活动中数据主体的权利以及数据控制者和处理者的义务，识别企业所进行的数据处理周期中每一环节所可能存在的风险和问题，从而锁定出不同业务中GDPR合规风险较大的具体数据处理环节。

2. 组织构架保障

为建立行之有效的GDPR合规制度，企业除进行前述风险评估并确定自身所面临的GDPR合规风险之外，还需要在组织架构上为合规制度的实施提供从上到下、全面覆盖、内外结合的全方位保障。例如，董事会、高管人员对数据合规的重视与支持；DPO的设置、选任、职责范围以及与现有组织架构的衔接整合等。

（1）管理层对数据合规的重视与支持

管理层的了解、认可和支持对企业内部有效建立GDPR合规制度至关重要。首先，由于管理层负责公司的日常经营和决策以及重要政策的制定，因而其本身对于GDPR的了解和重视是企业从整体上进行GDPR风险防范的重要一环。其次，管理层能够为企业的GDPR合规工作提供具体的资源和支持，如提供资料获取的途径、专职的合规人员或聘请外部顾问、财务与预算的保障等，并且有助于通过制度约束等形式保证各部门的协调与配合。最后，管理层对于GDPR风险合规的支持，有利于向企业上下释放明确的信号，促进企业内部的各个部门及其人员之间就GDPR风险合规的重要性达成共识，从而有利于企业GDPR合规制度的整体建设和具体实施。

（2）是否需要设置DPO

GDPR第37条规定了数据控制者和数据处理者应当任命DPO的情形，包括：公权力部门或机构进行数据处理活动的；数据处理的核心活动涉及对数据主体进行经常性大规模系统化监控的;特殊类别个人数据或与刑事违法行为相关的个人数据的大规模处理。

除上述情形之外,GDPR并未要求企业设置DPO。尽管如此,仍然建议企业在可行的情况下尽可能设置DPO,根据企业实际的GDPR合规需求,灵活安排企业内部人员全职或兼职担任。这是因为,企业DPO的设立不仅是企业完善的内部合规制度的有力证明,而且有利于企业后续具体GDPR合规工作的开展,能够为企业提供具体的合规指导。

3. 合规体系设立与执行

企业实施GDPR合规业务,除进行整体合规风险的评估以及组织架构的搭建之外,更为关键的是如何在企业的具体事项上落实GDPR的具体要求。因此,建议企业应当设立一套较为具体的GDPR合规标准,以供内部统一参照执行。

(1) GDPR合规制度的设立与健全

企业内部GDPR合规制度的建立,除了需要帮助企业厘清在GDPR项下可能存在的风险,并从组织架构方面搭建企业内部GDPR合规框架之外,还需要在微观上就内部履行对GDPR项下所规定的各项具体义务为企业上下提供具体的参考标准,构建具体的行为机制,从而使企业的GDPR合规制度逐步健全与完整。

(2) GDPR项下外部文本的调整与完善

在明确了企业在GDPR项下各项义务的具体合规标准及行为机制并加以实施的基础上,建议企业结合具体的合规标准及行为机制,对企业与第三方之间的文本进行深入梳理,对其中可能与GDPR相关的文本相应进行调整与完善,从而能够保证企业在外部文本层面的合法合规性。

(3) GDPR合规的流程管控

对于涉及大量GDPR合规工作的企业而言,针对GDPR具体合规标准的建设,可能会涉及多个上述具体合规行为机制的确立和实践,如不进行适当的流程管控,则既可能会存在彼此割裂、效率不高的情况,又可能会出现相互混淆、管理混乱的情形。因此,建议企业就上述各个具体行为机制单独制定各自的行为规则和流程,但在实际进行履行和合规流程管控时，仍然按照业务模块并以数据处理的生命周期作为逻辑主线，分块分段进行合规实践，并在每一个块和段上综合运用上述各个行为机制和标准。

4. 合规培训及宣讲

定期对企业的董事、高管、雇员和第三方开展多元化的GDPR培训是企业进行有效的GDPR合规的重要环节，也是监管机构在评估企业内部GDPR合规制度有效性的主要关注点之一。为使合规培训的作用实现最大化，建议企业可以针对不同的人员设置不同类型和层次的培训，构建细致而有所区分的培训机制。

（1）管理层合规风险意识的提高与强化

管理层的合规风险和意识的提高与强化对于企业合规体系的构建有着重要的作用，它在很大程度上决定着企业上下对于合规的重视程度。管理层合规风险意识的提高与强化，管理层对于GDPR合规内容的了解，有利于将GDPR合规问题的考量贯彻到企业的日常运营以及决策考量的过程之中。因此，建议企业要求管理层定期与DPO、GDPR合规人员进行沟通，由其定期组织针对管理层的GDPR合规培训，就企业内部有关GDPR的案例进行汇报和讨论，并定期向管理层推送GDPR的执法动态和相关立法与指引的制定情况，就企业GDPR风险合规的状况进行评估分析，增强管理层的合规风险意识。

（2）员工培训

企业员工直接从事企业的一线具体工作，因而是最有可能进行风险识别并进行控制的环节。因此，建议企业对员工的GDPR培训给予充分的重视，定期举行针对员工的各类培训，并对员工培训中所涉及的具体情况留存记录。

（3）第三方培训

如前所述，GDPR项下不仅对数据控制者的义务作出了规定，而且还规定了数据控制者应当选择满足GDPR要求的数据处理者进行合作，并对GDPR项下的数据处理者提出了对应所需要满足的义务。因此，第三方合规意识和能力的强弱也有可能对企业自身产生影响。因此，建议企业在进行合规机制设置时，除了注重管理层和员工的培训，还应注重对第三方的培训。譬如，企业可以定期派出 GDPR 的专业合规人员去合作的第三方进行业务交流或举办讲座，增强第三方的合规风险意识和能力。

5. 合规体系执行的监督和审计

企业在构建起较为完善的内部 GDPR 合规制度之后，建议定期由企业的内部审计部门对合规制度的执行情况进行梳理，从而实现对合规执行情况的监督和审计，并就审计的结果形成审计报告。审计报告应当交由包括企业 GDPR 合规负责人在内的管理层人员进行审阅，并抄送企业 DPO（如有）。管理层审阅报告之后，可就审计结果与 DPO 进行合议，就审计结果中所涉及的相关问题在企业内部进行通报，要求存在问题的业务部门根据审计报告的建议在 GDPR 合规负责人或 DPO 的监督下就相关问题进行整改，同时追究有关人员的相应责任。

（1）针对特定业务模块的监督和审计

建议企业的内部审计部门以业务模块为划分，定期开展对 GDPR 合规制度落实和执行情况的审计。企业在进行针对业务模块的 GDPR 合规情况的审计之前，可由审计人员与企业内部 GDPR 合规负责人及企业所设 DPO（如有）进行咨询，共同确定出审计所要覆盖的范围并制定详细的审计方案，明确审计的目的、范围、程序、方法、技术、人员、期限等内容。在审计结束之后，可由审计人员就各个业务部门针对 GDPR 合规制度执行情况的充分性和有效性出具书面审计报告。

企业 GDPR 业务模块审计报告中需载明：该业务部门 GDPR 合规制度的整体执行概况；审计依据；审计中所发现的主要风险和执行问题；针对审计中发现的问题所提出的审计建议等。

（2）定期全面审计

企业的内部审计部门每年应当就 GDPR 的合规制度进行全面审计。不同于定期的 GDPR 业务模块合规审计，企业的 GDPR 年度全面审计是以定期的 GDPR 业务模块合规审计的结果为基础，对定期的 GDPR 业务模块合规审计后的整改情况进行梳理，并结合定期的 GDPR 业务模块合规审计中所发生的问题，从整体上对合规制度和业务流程进行改进和优化，并对企业法律文本进行审查，保证企业的法律文本同步作出调整和更新。

（3）向监管机构（DPA）的咨询

企业的相关业务部门和审计部门对于企业 GDPR 合规制度执行及对审计过程中所涉及的事项存在疑问的，可以向企业 GDPR 合规负责人或企业所设的 DPO（如有）进行咨询。经 GDPR 合规的负责人或 DPO 认为可能存在风险但无法进行确定性判断的，可以暂时停止可能存在风险的相关处理活动，经 GDPR 合规负责人或 DPO 与管理人员合议后，由 GDPR 合规负责人或 DPO 向主管的监管机构就相关事项的风险性向监管机构进行咨询，以确定是否可以继续相关处理活动或就相关事项采取整改措施。

（4）投诉与举报

针对就企业 GDPR 合规的相关问题所作出的投诉和举报，企业需予以充分重视。建议企业建立相应的投诉与举报的反应机制，并以被投诉或被举报事项为轴心，对企业业务中存在的合规风险进行排查，降低举报或投诉可能给企业带来的损害。具体而言，建议企业建立如下机制：

建立与投诉人或举报人的沟通机制。确保企业在收到投诉与举报后，企业的突发事件处理人员能够及时与投诉人或举报人展开沟通，了解投诉与举报的原因、所依据的理由或证据，初步判断所举报或投诉事项的真实性。

建立投诉或举报的事件应急处理机制。例如，企业可以规定：收到投诉与举报的人员和部门应及时向 GDPR 的合规负责人员进行汇报；GDPR 的合规负责人员经对举报的真实性进行初步判断后决定是否展开调查；经 GDPR 合规负责人员决定需要展开调查的，GDPR 合规负责人员可以向管理层进行报告，同时组建内部调查工作小组，由 GDPR 合规负责人员牵头，对于所举报的事项展开内部调查。

（5）应对监管机构的调查

监管机构对企业的 GDPR 合规情况展开调查时，建议企业安排 GDPR 合规负责人员或 DPO 作为负责人员与监管机构进行对接，并对调查机构开展的调查活动进行记录，了解监管机构的关注重点，配合执法机构开展调查活动，积极开展企业内部的自查工作。对于监管机构经过合法调查所发现的 GDPR 合规问题，企业最好按照监管机构的要求及时采取措施进行整改。

二、美国数据合规规则

美国数据保护立法体系分为联邦与州两个层面。在联邦层面上，美国目前没有一部综合的数据隐私保护法，而是以部门法规范不同领域的数据保护问题，例如《健康保险流通及责任法案》（Health Insurance Portability and Accountability Act，HIPAA）、《儿童在线隐私保护法》（Children's Online Privacy Protection Act，COPPA）确立了儿童个人信息保护的基本原则与要求；《健康保险流通及责任法案》通过对提供医疗服务的实体义务的规制，保护"受保护的健康信息"等；《格雷姆－里奇－比利雷法案》（Gramm-Leach-Bliley Act，GLBA）对金融机构要求履行相关数据保护义务，以保护消费者"非公开个人信息"。此外，除了美国联邦各部门的部门法外，《联邦贸易委员会法》（Federal Trade Commission Act，FTC Act）第五节的规定也是美国联邦数据保护体系的重要部分。联邦贸易委员会根据该法第五节对企业在涉及处理数据各阶段活动中出现的"欺骗或不公平行为"行使执法权，并在大多数情况下通过与企业达成和解协议的方式，间接地规制企业，为消费者在数据隐私领域内的权益提供法律保护。

从州层面而言，美国大部分州目前均提出了数据保护的综合立法提案，已有 5 个州通过了相关提案。以加利福尼亚州为代表，该州最先制定了美国在州层面的综合数据保护相关的立法——《加州消费者隐私法案》（California Consumer Privacy Act，CCPA），并在之后对该法作出修改。修改后的法律——《加州隐私权利法案》（CPRA）已在 2023 年 1 月 1 日正式生效，旨在通过对收集和共享敏感个人信息的公司制定新要求来加强加州的数据隐私保护。此外，值得注意的是，虽然目前美国大部分州仍未颁布数据保护方面的综合立法，但是对于数据泄露的问题，美国各州却有统一的共识。目前美国所有的州均已颁布州数据泄露通知法。

此外，美国一些协会与机构出台了涉数据合规的标准性文件。例如，美国国家标准技术研究院发布的《隐私框架 1.0 版：通过企业风险管理来提升隐私的工具》与美国注册会计师协会（AICPA）和加拿大特许会计师协会（CICA）联合制定的名为《AICPA 和 CICA 公认隐私原则》（GAPP）的隐私框架，为企业在美国开展数据合规工作提供了重要的参考。

（一）联邦法律立法

鉴于美国普通法和宪法对数据保护的局限性，国会颁布了一些联邦法律，旨在对个人信息提供法定保护。与欧洲和其他一些国家盛行的统一法案方式不同，美国同时使用多部联邦法律规范企业的数据保护，并且从相对分散的行业，如金融、健康与电信等行业入手，进而转向更加普遍适用的法律，这些法律在宗旨和适用对象上都有较大的差别。

1.《格雷姆 – 里奇 – 比利雷法案》（GLBA）

GLBA 对金融机构规定了许多数据保护义务，此类数据保护义务的对象集中在消费者的非公开个人信息（Nonpublic Personal Information，NPI）上，包括：与第三方共享 NPI；向消费者提供隐私声明；确保 NPI 避免未经授权的访问。首先，GLBA 规定，除非事先向消费者发出通知并告知其能够"选择退出"（opt-out），否则将禁止金融机构共享 NPI 给第三方。金融机构禁止将消费者的账号或信用卡号分享给第三方用于直接营销。其次，金融机构应当向消费者提供明确清晰的初始以及年度隐私政策与提示，这些提示还必须包括：收集与披露的 NPI 的种类、与第三方共享的 NPI 种类以及机构的数据保护政策与措施。最后，GLBA 及其实施细则（通常称为保障规则，Safeguards Rule）要求金融机构通过"行政、技术和物理保障手段"以确保消费者（不仅限于与金融机构建立持续关系的消费者，如贷款者）NPI 的安全和保密性，并防范"任何可预见的威胁或危险"或"未经授权地访问此类信息"。

消费者金融保护局（Consumer Financial Protection Bureau，CFPB）、联邦贸易委员会（Federal Trade Commission，FTC）与联邦银行共同拥有

GLBA 隐私规则的民事执法权。但是 CFPB 并没有 GLBA 数据安全条款的执法权。在数据安全条款下，联邦银行拥有存款类金融机构的专属执法权，FTC 对所有非存款类金融机构的专属执法权。GLBA 没有具体说明对违反该法的任何民事补救与处罚措施，但各机构可以根据 GLBA 的授权行使相应的救济措施。GLBA 还对那些通过故意、虚假或欺诈性陈述获取与披露消费者信息的主体规定了刑事责任，包括罚款与最高五年的监禁。GLBA 不包含允许受侵害的个人提起诉讼的个人诉权。

2.《健康保险流通及责任法案》(HIPAA)

HIPAA 是美国卫生与公众服务部（Department of Health and Human Services，HHS）起草的保护"受保护的健康信息"（Protected Health Information，PHI）的法规。这些法规适用于医疗保健提供者、医疗保健计划和医疗保健信息交换中心以及此类实体的"业务合作伙伴"（以下简称医疗机构）。具体而言，HIPAA 通常对其适用的对象有如下方面的相关要求：使用或共享 PHI；向消费者披露信息；保障 PHI 的安全性；在 PHI 遭到侵犯后通知消费者。

第一，HIPAA 禁止医疗机构未经患者同意将消费者的 PHI 共享至第三方或者由第三方使用，除非此类信息被共享或用于治疗、费用或医疗健康活动等目的。医疗机构不得以同意共享或第三方使用作为为消费者治疗服务的条件。第二，在披露消费者信息事项上，医疗机构必须给予消费者足够的有关信息披露的提示并应消费者要求提供相关信息，包括医疗机构可能披露的个人信息以及消费者拥有的对应的权利。此外，消费者有权要求医疗机构提供其 PHI 的副本。在某些情况下，消费者还可以要求医疗机构提供其 PHI 的具体披露信息，包括披露的时间、收件人与目的信息。第三，在数据安全方面，医疗机构应当加强对于电子 PHI 的安全保护。第四，HIPAA 规定了数据泄露通知规则，医疗机构应当在发现 PHI 泄露后 60 日内通知受影响的消费者。

3.《公平信用报告法》(Fair Credit Reporting Act，FCRA)

FCRA 涵盖了消费者信用报告相关信息的收集和使用规则。FCRA 规范以下三类实体的活动：信用报告机构（Credit Reporting Agencies，

CRAs）；向 CRAs 提供信息的实体（数据提供方，Furnishers）；使用 CRAs 收集的数据的实体（数据使用方，Users）。与 HIPAA 或 GLBA 不同，FCRA 没有规定相关实体在向第三方收集或披露消费者数据之前必须向消费者发出通知或征得其选择加入或退出的同意的隐私条款；FCRA 也没有规定相关实体维护数据安全并采取安全措施以保护消费者信息免遭未经授权的访问。相反，FCRA 的规定一般集中在确保 CRAs 和数据提供方收集的消费者信息准确无误，且仅能用于特定法律允许的目的。

在信息准确性方面，CRAs 必须利用合理的程序确保"消费者信用报告"中消费者信息的准确性。CRAs 必须在一段时间后从消费者信用报告中清除消费者的欠债账户或民事诉讼等不利信息。数据提供方也必须利用合理的政策与程序，以确保向 CRAs 提供"消费者信用报告"的准确性。如果数据提供方有合理理由认为信息不准确，就不得向 CRAs 提供任何消费者信息。消费者同样有权利查看 CRAs 收集的自己的信息以确保信息的准确性。CRAs 必须根据消费者的要求披露消费者信用报告中包含的信息，以及信息的来源和最近获取了消费者信用报告的第三方的身份。如果消费者对信用报告中任何信息的准确性提出了异议，CRAs 和数据提供方必须重新核查有争议的信息的准确性。

此外，FCRA 规定消费者信用报告仅能用于特定的法律允许的目的，如信贷交易。因此，CRAs 一般仅在"有理由相信"数据使用方的目的是被法律允许的情况下才会提供消费者信用报告。除了目的限制外，数据使用方在基于信用报告内容作出任何"不利举动"时，应当告知消费者"不利举动"包括拒绝贷款、减少保险范围以及拒绝就业等。

4.《**通信法**》（The Communication Act of 1934）

修正后的 1934 年《通信法》建立了联邦通信委员会（Federal Communications Commission，FCC），并为州际通信监管提供了比较全面的制度。《通信法》在数据保护方面对一般电信运营商、有线电视运营商和卫星运营商作出了不同的规定。

一般来说，一般电信运营商仅提供电话和电报服务，不提供无线电广播、无线或有线电视与宽带互联网服务。此类电信运营商应遵守的数据隐私与安全要求集中在"消费者专有网络信息"（Customer Proprietary Network Information，CPNI）。CPNI 的定义是消费者向电信运营商描述的与电信服务相关的数量、技术配置、类型、目的地、位置以及用量相关的所有信息。

《通信法》规定了一般电信运营商对 CPNI 的义务，规定主要涉及以下三个方面：电信运营商必须遵守 CPNI 的使用和披露规则，未经消费者同意，不得使用、披露或允许第三方访问可识别到消费者身份的 CPNI；电信运营商必须采取适当的保护措施以确保 CPNI 的正确披露与使用；运营商必须遵守数据泄露相关要求，如在规定的期限内向执法部门报告数据泄露事项。除了针对 CPNI 的义务规则外，《通信法》还对一般电信运营商提出了一些有关数据隐私和安全的规则，如保护消费者信息机密性等。

FCC 是《通信法》下的民事行为执法主体，其可对"故意或多次"违反该法案条款的任何人处以"没收财产"的处罚。《通信法》还规定可以进一步对"明知或故意"违反该法处以刑事处罚。除了民事和刑事处罚外，《通信法》允许权利受到侵犯的消费者行使个人诉权，可以向违法运营商寻求损害赔偿与律师费。

除了对一般电信运营商，《通信法》还对有线电视与卫星运营商规定了相应的数据隐私和安全要求，这些要求集中在以下五个方面：数据收集与披露；消费者数据访问与更新；数据损坏；隐私政策通知；数据安全性。

5.《视频隐私保护法》（Video Privacy Protection Act，VPPA）

VPPA 旨在保护消费者租用、购买或交付录像带或类似视听材料时的个人隐私与数据信息。VPPA 虽然没有规定任何具体的数据安全措施条款，但其要求服务方采取合理的安全措施，以确保消费者信息免受未经授权访问。此外，VPPA 规定了服务方披露消费者信息的隐私政策条款，并明确规定未经消费者明确同意不得披露消费者的个人可识别信息（Personally Identifiable Information，PII）。VPPA 也对此一般规则提供了一些例外情形，例如，服务方可以向日常业务活动中的相关方披露消费者信息；或者，如果仅披露客户姓名和地址而不披露录像带标题、描述等重要内容是允许的。VPPA并未授予任何联邦机构对违反该法行为的强制执法权。

6.《家庭教育权和隐私权法》(Family Educational Rights and Privacy Act，FERPA)

FERPA对学生教育信息进行隐私保护。教育信息的定义很宽泛，一般而言涵盖所有与学生直接相关的、直接由教育机构维护的资料信息。FERPA对教育机构的定义很广，几乎涵盖所有公立与私立的机构。FERPA规定教育机构应当给予家长和成年学生：掌控其教育信息披露的权利；审查这些教育记录的权利；质疑这些教育记录准确性的权利。除有例外情形，任何教育机构未经家长或成年学生本人许可而披露学生教育信息的，将不能获得联邦机构的资助。家长或成年学生如果认为自己被FERPA保护的权利受到了侵犯，可以向教育部提出申诉。FERPA授予教育部长采取合理措施的权利，其中包括停业令与不能获得联邦教育资金等措施。

7. 联邦证券法（Federal Securities Laws）

虽然联邦证券法没有明确对数据保护进行规定，但是以下两项规定要求公司应采取数据保护以及防止数据泄露的控制措施。上市公司以及某些特定的公司被要求设计和维护一个有全面数据保护措施的会计信息控制系统，以及在发生数据泄露时及时向证券交易委员会（SEC）披露相关情况。

针对违反联邦证券法的行为，SEC可以通过向法院提起民事诉讼，寻求包括民事处罚、撤销、禁止令或停止令等救济措施。除了民事责任，联邦证券法还规定了可对违法行为主体处以罚款和监禁的刑事责任。

8.《儿童在线隐私保护法》(COPPA)

COPPA规范了商业网站或网络服务商在线收集、使用或披露13岁以下儿童的个人信息的行为。商业网站或网络服务商包括：任何在线面向儿童的商业网站；任何对其正在收集儿童信息的事项有事实的认识的网络服务商。COPPA要求上述实体必须遵守有关数据收集的要求的同时，制定清晰的隐私政策，确保数据安全复杂性等相关要求。

首先，COPPA禁止上述实体在未经父母同意的情况下，从13岁以下的儿童处收集或使用儿童个人信息，此类同意必须是可验证的同意（Verifiable parental consent），并且必须在收集信息之前进行。其次，上述实体必须直接告知家长其隐私政策，并在其中清晰描述其数据收集和共享政策。实体必须在其在线网站的主页涉及收集儿童个人信息的每一个区域发送其隐私政策的通知，并附上显著且有明确标识的链接。最后，上述实体必须建立和维持合理的程序，以确保儿童的个人信息的机密性、安全性与完整性，并确保仅向建立了相同水平的数据保护程序的第三方共享信息。

COPPA规定违反FTC执行细则的行为将被视为"不公平或欺骗性的行为"（Unfair or Deceptive Acts or Practices，UDAPs）。FTC被授予对相关违法行为采取处罚或公平救济措施的权利。COPPA不包含任何刑事处罚规则，也没有规定个人诉讼权。

9.《电子通信隐私法》（Electronic Communications Privacy Act，ECPA）

ECPA由三部法案组成：《有线监听法》（Wiretap Act）、《储存通讯记录法》（Stored Communications Act，SCA）、《监视记录器法案》（Pen Register Act）。ECPA被认为是最全面的关于电子隐私的联邦法律，因为它并不针对特定领域。但是也有人指出，ECPA规定的是窃听和电子监听行为而非商业数据收集行为，事实也证明试图将ECPA应用于在线数据收集案件中一般难以胜诉。

10.《计算机欺诈和滥用法》（Computer Fraud and Abuse Act，CFAA）

CFAA最初旨在规范计算机黑客的行为，如禁止未经授权侵入计算机，而不是解决数据收集和使用等数据保护问题。具体而言，CFAA规定"未经授权故意或超越授权访问受保护的计算机上的信息"的人需要承担法律责任。"受保护的计算机"从广义上来说是指任何被用于商务或通信的，功能上可以连接到互联网的所有计算机。

违反CFAA可能会受到罚款和监禁等刑事处罚，并且规定了个人诉讼权，允许原告寻求实际损害赔偿和公平救济措施，如对被告申请禁止令等。

11.《联邦贸易委员会法》(FTC Act)

FTC Act 是美国数据保护法律体系中非常重要的组成部分，有人认为该法授予 FTC 成为"隐私保护"代理机构，其旨在禁止"不公平或欺骗性的行为"(UDAPs)。FTC Act 规定 UDAPs 中的"不公平行为"是指"会对消费者带去重大损失或伤害，且消费者无法通过自救行为合理避免这种伤害"的行为；"欺骗性行为"是通过一些误导性的陈述或做法，致使消费者在这种情形下作出某些动作。

FTC 就企业的数据实践活动违反 UDAPs 已开展了数百起的执法行动。FTC 的立场是企业在实际收集、使用或披露个人信息时与其发布的隐私政策或声明不相符，或未能按照其承诺的内容充分保护消费者个人信息免受未经授权的访问都是 UDAPs 中的"欺骗性行为"。除了违反承诺和进行"欺骗性行为"外，FTC 还认为企业的某些数据保护举措可能构成"不公平"，如在对隐私政策进行重大修订后继续使用根据先前的隐私政策收集的个人信息等，并认为一些默认的隐私设置是不公平的。

FTC 只有民事处罚的执法权，并且并未要求企业遵守特定的数据保护实践，并且无法规制没有作出数据保护承诺的企业。FTC Act 没有规定刑事处罚措施和个人诉权。

12.《金融消费者保护法》(Consumer Financial Protection Act，CFPA)

与 FTC Act 类似，CFPA 旨在禁止相关实体从事不公平、欺骗或滥用行为。CFPA 新设了消费者金融保护局 (the Consumer Financial Protection Bureau，CFPB) 作为联邦储备体系内的一个独立机构，专门负责消费者金融保护。CFPB 职责包括制定规则，以及采取任何行动以防止金融消费服务者的"不公平或欺骗性"以及"滥用"的行为。CFPA 与 FTC Act 有关"不公平或欺骗性的行为"的定义大体相同，需要注意的几个重要区别为：CFPA 规定了"滥用行为"，即严重干扰消费者理解金融服务的能力，并利用这种理解差异"优势"获利。

与 FTC Act 不同的是，CFPA 授权 CFPB 可以采取民事或行政执法行动，并在执法行动中寻求民事处罚或公平救济措施；但 CFPA 同样没有施加刑事处罚与个人诉权。

（二）美国各州立法

除了普通法判例外，大多数州也形成了各自的数据保护法律框架，一些州也出台了消费者保护法（也被称为小 FTC Act）。具体而言，2018 年加利福尼亚州颁布的《加州消费者隐私法案》（CCPA）因对消费者个人数据进行了全面保护并引起了广泛的关注。

1. CCPA 的适用范围

不同于联邦数据保护体系的"拼凑"特点，CCPA 并未限制其所适用的数据收集方的身份与行业。该法适用于收集任何加州人个人信息的、营利性的、满足一些特定条件的任何实体。评论员认为这些特定条件的门槛非常低，如只要服务方的网站在加州境内可以被访问或商业活动与加州存在很小的联系就需要遵守 CCPA 规则。

CCPA 也没有对其适用范围内的数据类型进行区分，相反，该法旨在规范"所有个人信息"。根据 CCPA 的定义，这些个人信息几乎涵盖了实体从消费者处收集的任何信息，并将个人信息广义的定义为"识别、关联、描述或能够与特定个人或家庭直接、间接或合理联系的信息"。根据此定义，CCPA 提供了一些说明：个人信息应包括任何电子网络活动记录，如浏览历史、搜索记录或根据消费者在互联网中的交互行为等。

2. CCPA 的条款与要求

CCPA 为消费者提供了三项权利：一是知情权，即实体在收集或出售消费者个人信息之前，必须通过邮件或电子形式告知消费者将要被收集的个人信息的具体类别以及收集的目的；二是选择退出权，即实体在出售消费者信息前必须明确告知消费者其拥有选择退出的权利，一旦消费者确定选择退出，在未获得消费者明确授权同意前实体不能将消费者的信息进行出售；三是特定情况下的删除权，即实体在收到消费者删除请求后，必须删除所收集的消费者信息，并指示其服务提供商也采取同样的措施。

3. 救济措施、法律责任与罚款

按照 CCPA 的规定，未达到 CCPA 规定的数据保护要求且没有在 30 天内纠正违规行为的实体将面临每项违规行为 7500 美元的民事罚金，所有罚金与和解金额都将存缴至一个新成立的消费者隐私基金，并用于 CCPA 执法管理。尽管 CCPA 规定了个人诉权，允许针对实体提起个人和集体诉讼，但个人诉讼的诉由仅限于违法实体"未按规定加密或编辑个人信息"或"未实施合理的数据安全保护措施和程序"。此外，仅有在消费者为实体提供了 30 天的整改期限与整改方案，或者消费者遭受了实际金钱性损失的条件下才能使用个人诉权。CCPA 并未规定违法实体应如何纠正违规行为。针对每项违法行为，消费者可以按照规定获得 100 美元至 750 美元，或实际金钱损害（金额较高者），以及禁止令救济措施。

美国联邦与各州目前关于数据保护的法律环境是复杂、零碎和高度技术性的，但制定统一联邦数据保护法律体系也涉及了各种各样的问题。除了极端事件和政府获取个人数据的情况外，普通法和宪法原则中规定的"隐私权"对普通互联网用户几乎没有提供任何保障。国会颁布了一系列旨在增强个人数据保护的法律，但目前联邦法律基于其"拼凑"的特点存在一定的限制和缺陷，未来美国可能会寻求更全面的数据保护法体系。

（三）合规体系

1.《AICPA 和 CICA 公认隐私原则》（GAPP）的要求

GAPP 是从商业角度制定的，参考了一些重要的地方、国家和国际隐私法规。GAPP 将复杂的隐私要求定义成一个单一的隐私目标，由十项隐私原则支持。每项原则都有客观、可衡量的标准支持，这些标准构成了有效管理组织内隐私风险和合规性的基础。为支持这些标准，GAPP 提供了说明性的政策要求、沟通、控制，也包括监测控制。

任何组织都可以使用GAPP作为其隐私管理体系的一部分。GAPP的开发是为了帮助管理层创建一个有效的隐私管理体系，以应对隐私风险和义务，以及商业机会。它也可以作为管理者和其他监督管理角色的有用工具。本节内容包括隐私的定义，以及解释为什么隐私是一个商业问题，而不仅仅是一个合规问题。此外，还说明了这些原则如何适用于外包方案，以及为了组织及其客户的利益可以采取的潜在隐私举措类型。

GAPP将复杂的隐私要求定义成一个单一的隐私目标，由管理，声明，选择和同意，收集，使用、留存和处置，访问，向第三方披露，隐私安全，质量，监督和执行十项隐私原则支持。

（1）管理

在管理标准上，组织应当发布隐私政策，至少每年一次向负责收集、使用、留存和披露个人信息的组织内部人员传达隐私政策和违反这些政策的后果。隐私政策的变化在批准后不久就会传达给这些人员。将职责与责任分配给一个人或团队，以制定、记录、实施、执行、监测和更新组织的隐私政策。将这些人或团队的名字和他们的职责告知内部员工。

当适用的法律和法规变化时，组织应至少每年一次对政策和规程进行审查，将其与适用的法律和法规要求进行比较，并对隐私政策和规程进行修订，以符合适用的法律和法规的要求。若个人信息和敏感个人信息的类型以及处理这些信息所涉及的相关规程、系统和第三方都已识别，且此类信息包含在该组织的隐私和相关安全政策和规程中，还应当开展风险评估、制定违规处理制度等。

（2）声明

组织应向个人提供关于该组织的隐私政策和规程的声明：在收集个人信息时，或收集之前，或收集之后尽快提供；在该组织改变其隐私政策和规程时，或之前，或之后尽快提供；在个人信息被用于先前未确定的新目的之前提供。

（3）选择和同意

组织的隐私政策涉及个人可选择的内容，以及组织要获得的同意。

个人被告知：在收集、使用和披露个人信息方面，他们可以作出选择，以及收集、使用和披露个人信息所需要的隐含或明确的同意，除非法律或法规特别要求或允许。在收集个人信息时，个人会被告知拒绝提供个人信息、拒绝同意为声明中确定的目的使用个人信息以及撤回同意的后果。在收集个人信息之时、之前或之后，组织应尽快确保获得个人的默认或明示同意。个人在其同意中所表达的偏好将得到确认和执行。

（4）收集

组织只为通知中确定的目的收集个人信息。组织应确保收集的个人信息的类型和收集方法（包括使用 Cookie 或其他跟踪技术），在隐私声明中都有记录和描述，通过公平和合法的手段收集个人信息。管理部门确保通过第三方主体间接收集的个人信息，应当具备合法性基础，即第三方主体也是基于公平、合法的手段从个人主体处收集个人信息。

（5）使用、留存和处置

组织应当将个人信息的使用，限制在声明中所明确的并且个人同意的目的范围。组织仅在为实现所述目的法律法规要求的情况下留存个人信息，此后将适当地处理这些信息。个人信息仅用于声明中确定的目的，并且仅在个人提供默认或明确同意的情况下使用，除非法律或法规另有明确规定。个人信息的留存时间不超过实现所述目的的必要时间，除非法律或法规另有规定。不再留存的个人信息将被匿名化、处置或销毁，以防止丢失、被盗、滥用或未经授权的使用。

（6）访问

组织应为个人提供审查和更新其个人信息的途径，告知个人更新和纠正个人信息的方法途径。个人可以确定该组织是否保存有关于他们的个人信息，并且在提出要求后，访问他们的个人信息。组织应在提供信息前，对要求访问信息的个人进行验证。

在法律或法规特别允许或要求的情况下，个人将被书面告知其访问请求被拒绝的原因，组织拒绝该请求的法律依据，以及法律法规赋予个人寻求救济的权利。个人能够更新或更正组织所持有的个人信息。如果实践和经济上可行的话，该组织应将该更新或更正信息发送给此前接收过该个人信息的第三方。

（7）向第三方披露

组织应仅出于声明中确定的目的，并在征得个人默示或明确同意的情况下，向第三方披露个人信息。处理个人信息的隐私政策或其他具体指示会传达给被披露个人信息的第三方。除非法律或法规特别要求或允许，否则个人信息只为声明中描述的目的，以及个人已提供隐含或明确同意的目的向第三方进行披露。个人信息只能披露给与该组织有协议的第三方，并以符合该组织隐私政策要求或其他具体指示的方式保护个人信息。此外，该组织需设立相应的规程来评估第三方是否具备有效的控制措施来满足协议或条款的要求。

（8）隐私安全

组织应保护个人信息免受未经授权的访问（包括物理和逻辑），并确保已经制定、记录、批准和实施了一项安全计划。该安全计划应包括管理、技术和物理保障措施，以保护个人信息免遭丢失、滥用、未经授权的访问、披露、更改和破坏。对任何形式的个人信息（包括组织系统中包含或保护个人信息的组件）的物理访问都应受到限制。个人信息在通过邮件或其他物理方式传输时应受到保护。通过互联网、公共网络和其他不安全的网络以及无线网络收集和传输的个人信息，将通过部署满足行业标准的加密技术来传输和接收个人信息安全。

（9）质量

组织为声明中确定的目的维护准确、完整和相关的个人信息。个人有责任向该组织提供准确和完整的个人信息，并在需要更正这些信息时与该组织联系。

（10）监督和执行

组织应当监测其隐私政策和规程的遵守情况，并设置特定程序处理与隐私有关的查询、投诉和争议。组织应当保证每项投诉都会得到处理，解决方案会被记录在案并传达给个人。组织还应当对隐私政策和相关规程、适用的法律法规、服务级别协议和其他合同的遵守情况进行审查和记录，并向管理层报告审查结果。如果发现问题，制定并实施补救计划。

2. 美国国家标准技术研究院（NIST）的要求

2020年1月16日，NIST发布了《隐私框架1.0版：通过企业风险管理来提升隐私的工具》（以下简称 NIST 隐私框架）。该隐私框架由众多利益相关者共同开发，为相关组织提升个人数据保护能力提供了一组隐私保护策略。

NIST 隐私框架由三部分组成：框架核心（Core）、隐私轮廓（Profile）和实现级别（Implementation Tiers）。每个组件都通过业务或任务驱动因素之间的联系、组织角色和职责以及隐私保护活动来加强组织对隐私风险的管理。

框架核心是一组隐私保护活动和成果的集合，能够保证在组织中实现从高管级别到实施（运营）级别的、有关隐私保护重点活动和结果的沟通。框架核心依据每个功能进一步分为互不相关的关键类别和子类别。

隐私轮廓代表组织当前的隐私活动或期望的结果。如需开发隐私轮廓，组织可以查看框架核心中的所有结果和活动，根据业务或任务驱动因素、数据处理生态系统角色、数据处理类型以及个人的隐私需求来确定最重要的结果和活动。组织可以根据需要创建或添加功能、类别和子类别。隐私轮廓可用于识别隐私状况有待改善之处，以及在组织内部或组织之间就如何管理隐私风险进行沟通。

实现级别为组织如何看待隐私风险以及组织是否具有足够的流程和资源来管理该风险提供了参考，实现级别反映了从非正式的、被动的响应到采用敏捷和风险通知的方法的演进。在选择实现级别时，组织应考虑其目标隐私轮廓、当前的风险管理实践对达成成果的正面或负面影响、隐私风险与企业整体风险管理组合手段的集成程度、数据处理生态系统关系及其员工组成和培训计划。

根据 NIST 隐私框架，隐私风险管理是一组跨组织的过程，它帮助组织了解其系统、产品和服务是如何给人们带来问题的，以及如何开发有效的解决方案来管理这些风险。隐私风险评估是识别和评估特定隐私风险的子过程。一般而言，隐私风险评估产生的信息可以帮助组织权衡数据处理的收益和风险，并确定适当的响应措施，这有时称为"相称性"。根据对个人的潜在影响和对组织的影响，组织可能会选择不同的方式对隐私风险进行优先级排序和应对，响应的方法包括：（1）缓解风险（例如，组织可将技术／或政策措施应用到系统、产品或服务中，将风险降到可接受的程度）；（2）转移或分担风险（例如，合同是一种将风险分担或转移给其他组织的手段，隐私通知和同意机制是一种与个人之间分担风险的手段）；（3）规避风险（例如，组织可能认为风险大于收益，从而放弃或终止数据处理）；（4）接受风险（例如，组织可能认为个人数据方面的问题是最小的或不太可能发生的问题，因此收益大于风险，从而没有必要投入资源来缓解此风险）。

NIST 隐私框架说明隐私风险评估尤其重要，因为如上所述，隐私是保护多重价值的一个前提条件。保护这些价值的方法可能不同，而且这些方法可能会彼此之间排斥。如果组织试图通过限制观察活动来实现对隐私的保护，则可能会实施一些措施，如分布式数据架构或可以使数据对组织也不可见的增强隐私的加密技术。如果组织试图实现个人对数据的控制，那么上面提到的措施也可能会产生冲突。例如，如果一个组织的数据以该组织无法访问的方式分布处理或加密，一个人请求访问该数据，则该组织可能无法生成其所需的数据。隐私风险评估可以帮助组织在特定的背景下了解保护的价值、实施的方法，以及如何对实施不同类型措施进行平衡。

隐私风险评估还有助于组织区分隐私风险和合规风险。即便一个组织可能完全符合相关法律或法规，确认该组织的数据处理活动是否会给个人带来问题，也将有助于该组织在系统、产品和服务设计或部署中进行合乎道德的决策。合乎道德的决策没有客观标准，它是建立在特定社会的规范、价值观和法律期望之上的。这有助于在优化数据的有益使用的同时，最大限度地减少对个人隐私和整个社会的负面影响。同时，也可以避免因丧失信任引起的组织声誉受损、产品和服务的延期采用甚至弃用。

通过 NIST 隐私框架，机构或组织可以在其中找到关于如何进行隐私风险管理的具体操作步骤，以便帮助组织实现隐私目标。当然，如果机构或组织希望通过设计隐私保护强度更好的产品或服务，并以此来提高客户的信任程度的话，组织也同样可以利用这个框架实现这一目的。

三、其他国家和地区数据合规规则

（一）日本数据保护立法

日本的数据立法最早可以追溯到 1988 年通过的《行政机关所持电子数据处理个人信息保护法》，该法仅适用于行政机关利用电子计算机处理的个人信息。2003 年，日本通过了数据保护方面的基础性法律《个人信息保护法》。

2014 年，日本通过了网络安全方面的基础性法律《网络安全基本法》。与我国的《网络安全法》不同，日本《网络安全基本法》侧重于对网络安全战略的部署及网络安全基本政策的规定，如确保国家行政机关和相关机关的网络安全，促进私营企业、教育、研究和其他组织的自愿活动，以及产业振兴和提高国际竞争力等内容。另外，日本《网络安全基本法》的最大特色是设立了"网络安全战略总部"，以统一协调网络安全对策，制定网络安全战略并推动战略实施。

2015 年，日本对《个人信息保护法》进行了大篇幅的修正，并最终于 2017 年生效，后续还制定了《个人信息保护法实施细则》等配套条例。这次修订有诸多亮点，如对"个人信息"提出了新的定义；成立了个人信息保护委员会；规定了滥用或盗窃个人信息将面临刑事制裁；设置了个人数据跨境传输的条件；等等。

2020 年 2 月，日本发布了《个人信息保护法》最新修正案的征求意见稿，并已于 2020 年 3 月获得内阁的批准，最终在 2021 年正式生效。这次修订主要聚焦在如下内容：数据主体的权利，如权利范围、披露保存个人数据的方法、受权利约束的个人数据范围、严格限制依据默示同意的数据共享；扩大企业责任，如数据泄露报告或通知义务、非法或不当使用个人数据的限制；企业的自我规制；规范数据使用，如"假名化信息"的引入、数据共享规定的细化；提高罚款金额；规范数据跨境转移机制等。

在日本，《个人信息保护法》是数据领域最重要的法律，兼顾个人信息的有效利用及数据权利的完整保护。其重点内容如下：

（1）个人信息的定义

日本《个人信息保护法》规定，个人信息包括如下三种类型：一是可以通过信息中包含的内容来识别特定个体的信息，如姓名、出生日期、语音或行为信息；二是可以轻易与其他信息组合而能够识别该个人的信息；三是包含个人标识的信息，如从能够识别特定个人的身体特征转换而来的，用于计算机使用的文字、数字、记号及其他代码，以及可用于识别特定个人的卡片或购买者独有文件中的字母、数字或标记等。

（2）数据保护机构

日本《个人信息保护法》2017年修正案新设立了日本个人信息保护委员会，该委员会有权发布各种指南，并就安全措施等相关问题作出解释。这些指南涉及一般规则、数据跨境转移机制、匿名信息以及泄露通知等内容，企业若不遵守这些指南，可能会导致被处以警告或吊销许可证的法律后果。

（3）敏感数据

日本《个人信息保护法》规定，"敏感数据"包括如下信息：种族、宗教、社会地位、病史、犯罪史以及该人因犯罪遭受损害的事实；身心残疾、体检结果、医生诊疗配方、针对个人的刑事诉讼程序、针对未成年人的少年犯罪程序；等等。同时，该法还规定，未经数据主体的明示同意，禁止企业收集和处理敏感数据。

（4）同意规则

日本《个人信息保护法》规定，个人数据传输或共享都需要获得数据主体的事先同意，而且交易双方都必须保留相关记录。而对于敏感数据，未经数据主体的同意，禁止经营者收集；对于未成年人数据，如果未成年人无能力理解相应法律结果，则经营者必须获得其父母或其他监护人的同意；对于线上交易，法律禁止经营者采用概括同意和初步同意的形式。

（5）数据跨境规则

日本《个人信息保护法》规定，经营者向境外的第三方提供个人数据时，必须事先征得数据主体的同意。除外的情形如下：向具备与日本处于同等水平的个人信息保护制度的国家进行数据传输；第三方已经依照日本《个人信息保护法》及相关标准、指南采取了相当的数据保护措施。

（6）数据主体的权利

日本《个人信息保护法》规定，数据主体应当具有知情权，即经营者必须以数据主体可接受的方式向其披露所持有的个人数据等；同时，数据主体应当具有更正权，即如果保留的个人数据不正确，则在保持符合使用目的的前提下，经营者必须作出更正。数据主体的知情权和更正权的例外情形是：披露可能会损害数据主体或第三方的生命、身体、财产或者其他权利或利益；可能会严重阻碍经营者的合法业务；披露违反其他法律法规。

（7）关于处罚措施

日本《个人信息保护法》规定，当经营者明显违法时，个人信息保护委员会可依法根据具体情况采用必要措施，如要求经营者提交报告或资料、例行抽查、劝告或下达中止违法行为命令等。此外，《个人信息保护法》还对一些严重侵害个人信息的违法行为加大了处罚的力度，情节严重的还会受到不同程度的刑事制裁。

（二）韩国数据保护立法

韩国有关个人信息的法律主要有《个人信息保护法》《信息通信网法》《电子金融交易法》《电气通信事业法》等。韩国最新版《个人信息保护法》于2017年10月实施，其主要内容包括：个人信息收集、处理、使用、分享及删除等全周期的管理，满足信息主体的权利要求；从方针、组织、培训教育到技术、管理措施等全方位对个人信息实施安全管理及认证；隐私影响评估及信息泄露报告等。

韩国网络安全的法律主要是《信息通信网法》，该法最新版于2019年6月实施，其主要内容包括：明确要求保护儿童信息，针对青少年的内容要进行标识与控制，特别是对于身份认证的方式及提供身份认证的服务商提出了个人信息保护要求；对于受托处理者更明确了处理的环节包括收集、生成、连接、联动、记录、储存、持有、加工、编辑、搜索、打印、更正、恢复、使用、提供、公开、删除等全周期；信息通信服务提供商应有保险或准备金。

在韩国的数据立法中，《个人信息保护法》是最基础性的法律，其重点内容概述如下：

（1）数据保护机构

韩国《个人信息保护法》要求在总统办公室下设个人信息保护委员会，进行隐私影响的风险评估，制定个人信息保护基本计划、实施计划、指南，以及进行大众教育宣传与国家合作等。

（2）个人信息的处理

韩国《个人信息保护法》规定，个人信息处理原则包括最小化原则、目的限定原则、信息完整性原则、准确性原则、最新性原则、降低对私生活的侵害原则，以及提高信息主体信任原则等。而关于对个人信息处理的限制，韩国《个人信息保护法》规定，应对涉及敏感信息、居民身份证号的图像信息处理设备的安装和运行进行限制，对外包个人信息处理工作进行限制，对业务转让等个人信息转移进行限制，以及对个人信息操作人员进行监督。

（3）个人信息的安全管理

韩国《个人信息保护法》要求个人信息控制者采取必要的技术措施、管理措施和物理措施，如制定内部管理计划。

（4）信息主体的权利

韩国《个人信息保护法》明确了信息主体保存访问记录等，以防止个人信息泄露、伪造或毁损等。对其个人信息的查阅、更正、删除、中止等权利，同时还规定了权利行使的方法和程序，以及损害赔偿的救济机制。

（5）个人信息纠纷调解委员会

韩国《个人信息保护法》规定了个人信息纠纷调解委员会的设置和构成、委员的身份保障和回避机制，调解的申请、驳回和中止，以及集体纠纷的调解及程序等。

（6）个人信息集体诉讼

韩国《个人信息保护法》规定了集体诉讼的对象、管辖、代理人选任、诉讼许可申请、起诉要件、生效判决的效力等内容。

（7）罚则

韩国《个人信息保护法》规定了违反规定的处罚措施，根据严重程度分别处以10年、5年、3年、2年的有期徒刑和1亿韩元、5000万韩元、3000万韩元、2000万韩元的罚款。

（三）新加坡数据保护立法

在数据保护方面，新加坡的基础性立法是2012年《个人数据保护法》（Personal Data Protection Act）。《个人数据保护法》为新加坡的个人数据保护提供了一个基本的法律框架，其与新加坡既有普通法及行业特定法律项下有关个人隐私保护等相关规定共同对个人数据的收集、使用、披露和共享等行为进行规制，极大地强化了对数据主体权利的保护。

围绕《个人数据保护法》，新加坡制定了更加详尽的配套法律来处理特殊问题，如2013年《个人数据保护（犯罪构成）条例》、2013年《个人数据保护（请勿致电登记）条例》、2014年《个人数据保护（执法）条例》、2014年《个人数据保护条例》、2015年《个人数据保护（上诉）条例》。

新加坡数据保护基础性法律的《个人数据保护法》重点内容概述如下：

（1）数据保护机构

新加坡《个人数据保护法》授权通信部设立新的执法机构，即个人数据保护委员会（PDPC），具体负责《个人数据保护法》的监管和实施，并不断地推动个人数据保护法律体系的发展和完善。目前个人数据保护委员会已发布了一些针对电信、载客运输服务、房地产中介、教育、医疗健康、社会服务等特定行业的适用指南，以配合《个人数据保护法》的执行。另外，个人数据保护委员会每年还会发布一份《个人数据保护摘要》（PDP Digest），公开一些案例与专业性报告。

（2）数据处理的规则

新加坡《个人数据保护法》规定了企业收集、使用、披露、接触、更正和维护个人数据应履行的主要义务。例如，除了法定情况之外，企业只能在个人知情和同意的情况下收集、使用或披露个人数据；企业可以在适当的情况下以适当的方式收集、使用或披露个人数据，前提是企业已将收集、使用或披露的目的告知个人；企业只能在特定的情况下出于合理的目的收集、使用或披露个人数据。

（3）处罚规则

新加坡《个人数据保护法》抬高了对个人信息滥用和隐私侵害行为的违法成本。例如，针对违法违规的企业，个人数据保护委员会最高可以作出100万新元的罚款；而针对妨碍执法的个人，个人数据保护委员会最高可处以1万新元的罚款。

（4）域外效力

新加坡《个人数据保护法》具有域外效力，只要在新加坡收集、使用或披露个人数据，无论是新加坡的企业，还是在新加坡有居住地或设立常设机构的企业或其他机构，都属于《个人数据保护法》管辖的范围。另外，向新加坡电话号码发送营销信息的所有域外个人和组织，亦需要遵守《个人数据保护法》相关的"请勿致电登记制度"（Do Not Call Registry）的规定。

（5）数据跨境转移机制

新加坡《个人数据保护法》要求确保个人数据的境外接收者受"法律上可强制执行的义务"约束并保证所涉个人数据受到的保护水平至少不低于新加坡的保护水平。《个人数据保护法》不要求个人数据出境必须履行特定行政程序，如通知个人数据保护委员会等。具体而言，《个人数据保护法》意义上的"法律上可强制执行的义务"包括所在国法律、双方的合同、企业集团内部具有约束力的公司规则（仅适用于关联企业间数据跨境传输）或任何其他具有法律约束力的文书等。在为了履行数据主体主动要求的合同或者明显是为了维护数据主体的利益且无法合理及时地获得其同意的情况下，上述义务也将被视作已经履行。

（四）越南数据保护立法

越南的数据立法目前仍处于初始阶段。截至2020年1月，越南没有制定单一的个人信息保护法，与数据相关的规范主要散落在各行业法律及相关标准中。具体而言，数据相关的立法主要包括《信息技术法》（2006年）、《消费者权益保护法》（2010年）、《关于电子商务的第52号法令》（2013年）、《网络信息安全法》（2015年）、《民法典》（2015年）、《儿童法》（2017年），以及《网络安全法》（2018年）等。

越南《网络安全法》是越南在数据领域的基础性法律，该法于2019年1月1日正式生效，其重点内容如下：

（1）个人信息的定义

越南《网络安全法》将"个人信息"定义为有助于确定具体个人身份的信息，包括姓名、年龄、性别、地址、电话号码、医疗信息、账号、个人支付交易信息及个人希望保密的其他信息。同时，越南《网络安全法》并没有具体区分敏感数据、重要数据及一般数据。

（2）儿童信息的保护

越南《网络安全法》第29条规定，18岁以下的未成年人有在网络空间中获取信息、参加社交娱乐活动、参与网络空间相关活动，并受保护的权利；信息系统管理员和网络空间服务商，须负责控制信息系统及所提供服务的信息，以防止对未成年人的伤害或者侵害未成年人的权利。

（3）数据的处理

越南《网络安全法》除了规定禁止组织或个人非法收集、利用、传播或交易个人信息等，还规定禁止滥用信息系统的弱点收集或利用个人信息，以及禁止窃取加密的个人信息。越南《信息技术法》则要求收集个人数据的实体必须向数据主体提供有关收集、处理、使用个人信息的形式、范围、地点、目的等信息。

（4）数据本地化

越南《网络安全法》第26条规定，在越南境内提供电信网络、互联网服务和其他网络增值服务的国内外企业，在收集、使用、分析和处理个人信息时，以及通过越南用户生成的数据，必须依照法定期限存储在越南境内。但是，对于需要存储在本地的数据内容和法定期限尚未有具体规定，有待后续的法律进一步规定。

（5）网络安全保护措施

越南《网络安全法》第5条详细规定了应该采取的网络安全保护措施，不仅对关键信息系统进行法律解释，还详细规定了评价指标、评估条件、安全检查和监督活动；第10条列举了安全关键信息系统的类型；第11条、第12条规定了关键信息系统的评估前提及衡量指标，并对关键信息系统的检查和监督作出了详细规定，要求收集分析网络安全现状，识别威胁事件、安全漏洞、恶意代码和硬件，以便及时发出预警、补救和处理措施；同时，第二章"国家安全关键信息系统网络安全的保护"还详细规定了公安部、国防部、国家密码委员会、网络空间提供者及使用者等政府及企业部门需要履行的法律义务。

（6）数据泄露报告制度

越南《网络安全法》第41条第1款第3项规定："在收集信息的过程中采取技术手段和其他必要措施确保安全，并防范数据泄露、损坏和丢失的风险。当发生或可能发生用户信息泄露、损坏和丢失的案例时，立即提供解决方案。同时通知用户，并依照本法编制报告提交至网络安全工作组。"

（7）处罚机制

越南《网络安全法》规定，网络经营企业未经事先同意使用个人数据的行为可被处以2000万越南盾的罚款。根据越南《消费者权益保护法》，未经事先同意分享消费者数据的行为可被处以4000万越南盾的罚款；如果被分享的资料涉及消费者的个人信息，则罚款将增加两倍。同时，越南《网络安全法》第9条规定，任何人违法将根据违法行为的性质和严重程度，受到刑事起诉，并依法赔偿所造成的损失。

（五）印度数据保护立法

在印度，有一个司法案例曾对数据立法产生过巨大推动作用，该案与著名的 Aadhaar 项目有关，该项目是印度的唯一身份认证管理计划和身份识别工程，它是世界上涉及人口数量最多的数字化身份管理项目。2017 年 11 月，Aadhaar 项目发生了严重的数据泄露事件，超过一亿人的身份识别码及与其建立关联的用户姓名、家庭地址、银行账号、手机电话、电子邮箱等数据被泄露。这次事件使得印度民众对个人隐私、信息安全及财产安全等问题深表担心，进而引发了对 Aadhaar 项目合宪性的质疑，最终启动了合宪性审查诉讼。而在这之前的 2017 年 8 月，印度联邦最高法院的一个里程碑式的案例已把隐私权纳入宪法保护的范畴，法院认定印度《宪法》第 21 条规定的"生命权和自由权"应当天然包含隐私权。

2018 年 9 月，印度联邦最高法院就 Aadhaar 项目作出判决，确认了该项目的合宪性。理由是通过结合互联网、生物和数据库等技术来建设 Aadhaar 项目，对印度这个人口大国提升国家治理和政府服务公众的能力，以及为印度社会发展带来的福利是显而易见的，也都是必要和有益的。但同时，Aadhaar 案的判决书也确立了一些新的游戏规则，给行为划定了新的法律边界，主要体现在以下几方面：其一，即使是执法、司法机构因履行职务的行为而使用 Aadhaar 数据库，也必须严格依法进行；其二，任何授权使用 Aadhaar 数据库的相关立法，必须经过合宪性审查，审查内容包括合法性和比例原则的测试；其三，重申公民参与 Aadhaar 项目的自愿原则，不得强制要求或变相强制要求公民提供身份识别码，更不得以无法提供识别码而拒绝服务或降低服务标准。

正是在这种社会背景下，前印度联邦最高法院法官斯里克里希纳（B.N.Srikrishna）领导的高级专家组起草了 2018 年《个人数据保护法（草案）》。2019 年，印度针对 2018 年的草案进行了一系列修改，形成了 2019 年《个人数据保护法（草案）》，2019 年 12 月印度联邦内阁通过了该草案，并将其提交至印度议会，但是随后该草案随后被撤回。经历多次草案提交与修改，2023年8月，印度议会正式通过了《数字个人数据保护法》。

印度《数字个人数据保护法》主要内容总结如下：

（1）数据保护机构

印度中央政府将建立印度数据保护委员会，其主要职责包括监督合规性、在数据泄露事件中指导数据受托人采取必要措施、处理受影响个人的投诉、对违法行为进行处罚等。

（2）个人数据的权利与义务

《数字个人数据保护法》为个人数据主体提供了一系列权利，包括访问个人数据信息、更正和删除数据、在特殊情况下指定他人行使权利等。同时，对数据受托人规定了一系列义务，如采取安全措施防止个人数据泄露、在数据不再需要时删除个人数据、建立投诉解决系统和回应数据主体查询的官员等。

（3）儿童数据保护

《数字个人数据保护法》对儿童的个人数据提供了特别保护措施。规定个儿童指未满18岁的人，数据受托人在处理儿童数据之前，必须核实儿童的年龄并获得其父母或其他监护人的同意。特别强调，针对儿童的网站或为儿童提供在线服务的运营商，或者处理大量儿童个人数据的数据受托人，在处理儿童数据时，不得对儿童进行画像、跟踪、行为监控或定向广告等可能对儿童造成重大伤害的数据处理行为。

（4）数据跨境传输

《数字个人数据保护法》允许个人数据跨境传输，但对传输国家进行了限制。中央政府可以通过通知限制将个人数据传输到特定的国家。这意味着，尽管法案支持数据的全球流动，但这种流动将受到政府对特定情况的限制，以确保数据在传输到其他国家时仍然受到适当的保护。

（5）处罚机制

《数字个人数据保护法》对违反其规定的行为设立了严格的处罚措施。例如，对于未能履行保护儿童数据义务的，最高罚款可达2亿卢比；对于未能采取适当的安全措施防止数据泄露的，最高罚款可达2.5亿卢比。这些处罚措施强调了《数字个人数据保护法》对数据保护的重视，特别是在处理儿童数据以及保护数据不被非法访问方面。

（六）澳大利亚数据保护立法

澳大利亚通过一系列联邦层面、州政府层面以及领地层面的数据立法实现了对个人信息的保护。1988 年，为履行经济合作与发展组织（OECD）的《个人资料跨国流通与隐私权保护指导纲领》及《公民权利和政治权利国际公约》第 7 条规定之个人隐私保护义务，澳大利亚通过了《1988 年隐私法案》(The Privacy Act 1988)。该法案于 1989 年开始施行，是澳大利亚个人信息和隐私保护的重要法律基础之一。随着新兴科技的不断发展，澳大利亚对《1988 年隐私法案》的内容进行了增补及修正。2012 年，《隐私法修正案（加强隐私保护）》增加了对个人身份标识的定义；2017 年，《隐私法修正案（数据泄露通报制度）》对"数据泄露通报制度"进行了修订。

澳大利亚隐私法的重点内容概述如下：

（1）个人信息的定义

将个人信息分为可识别与可合理识别的个人的信息，无论该信息是否真实，或者是否被实质性记录。《1988 年隐私法案》还明确了个人敏感信息包括宗族、政治主张、政治党派、宗教信仰、哲学信仰、专业或行业协会会员信息、工会信息、性取向、犯罪记录、个人健康信息、个人健康信息以外的基因信息、用于生物识别的生物信息以及生物识别样本等。

（2）国家数据保护监管机构

隐私委员会，隶属于全权负责隐私法实施的隐私保护办公室（OAIC）。但《1988 年隐私法案》并未要求企业的数据处理活动须进行许可或备案，企业也无须通知隐私委员会其所处理的个人信息。同时，该法案也未强制性要求企业任命数据保护官。

（3）个人信息收集和处理

基于必要合理性原则，要求企业应采取有效手段确保所收集信息的准确性和实时性，同时企业应在收集个人信息前通过合理方式告知数据主体。

（4）个人敏感信息的收集

原则上禁止收集个人敏感信息，除非满足以下情形之一：获得数据主体明确授权并且收集行为具有必要合理性；应法律或者法院要求而收集；因经批准的特殊原因，如危及个人或者公众生命安全或者健康的情形收集；执法机构执行合理活动；非营利组织在开展相关性活动时仅收集其组织成员信息；等等。

（5）数据跨境转移

要求企业必须采取必要措施来保障数据跨境转移的合规性，除了一些豁免情形，如数据主体已明确授权企业可以对其数据进行跨境转移，管理体系、涉及个人信息、信用报告信息、信用资格信息以及税务档案编号等。

（6）数据泄露事件的通知

规定了一个详细的报告规则，接收者无须遵循澳大利亚隐私保护原则。如发生信息的数据泄露，企业均须遵守强制地向隐私保护办公室和受影响的数据主体进行报告的义务。对于可能的潜在数据泄露事件，《1988年隐私法案》要求企业在30天内履行评估和调查义务。

第四节　数据合规管理的主要内容

在数据合规管理工作中，数据处理者既应当根据处理数据的目的、处理方式、个人信息的种类以及对公共利益、个人权益的影响、可能存在的安全风险等方面，确保数据处理活动的合规性（业务合规），也应当主动采取管理措施，如在管理制度、技术、文化等方面，开展合规管理工作（管理合规）。因此，本节将从业务和管理两方面的合规义务来介绍和说明数据处理者合规工作的主要要求。

一、业务中的数据合规要求

数据处理者在业务开展过程中，会从各种渠道、场景中收集和使用多样化的数据，这一过程必然附加了相应的合规义务。数据处理者应以场景化的视角认识、理解、把握各个关键场景下应当履行的数据合规管理义务。根据《个人信息保护法》第 4 条的规定，个人信息的处理包括个人信息的收集、存储、使用、加工、传输、提供、公开、删除等。在数据处理的全生命周期中，涉及以下场景中的数据合规义务，建议数据处理者重点关注隐私政策、敏感个人信息、第三方与合作伙伴、数据跨境传输、权利请求与响应。

（一）隐私政策

个人信息的收集和使用的首要前提就是具备合法性基础。《个人信息保护法》第 13 条规定了 7 种处理个人信息的合法性基础，其中"取得个人的同意"是最关键，也是能够涵盖大多数个人信息处理场景的合法性基础。从国际实践来看，无论是欧盟的 GDPR 还是英美法律法规，明确告知个人有关个人信息处理的情况，并取得个人对此的同意，已经成为通行的个人信息处理的前置合法性要求。"取得个人的同意"的根本是符合"充分知情"和"自愿、明确"的合规要求。一份详尽、明确、清晰的隐私政策是个人信息处理者常用的可以满足上述合规要求的一种工具。

具体而言，涉及个人信息收集的网页、App、小程序、智能产品、业务 IT 系统（如招聘管理系统、供应商管理系统等），可以参照《信息安全技术 个人信息处理中告知和同意的实施指南》（GB/T 42574-2023）和《信息安全技术 移动互联网应用程序（App）收集个人信息基本要求》（GB/T 41391-2022）等国家标准，在要求相对方提供和输入个人信息之前，个人信息处理者应通过隐私政策或其他对个人信息使用的说明文件等形式，对个人履行充分告知和取得个人明确同意的义务。隐私政策应当以显著方式、清晰易懂的语言真实、准确、完整地向个人告知个人信息处理活动的有关内容，包括但不限于处理者的信息、个人信息的处理目的、处理方式、处理的个人信息种类、保存期限、涉及的第三方服务、个人行使法定权利的方式和程序，等等。同时，个人信息处理者也需要在同意操作的设置上，满足自愿、自主、前置同意的合规要求，禁止默认勾选同意，或者通过欺诈、强迫的方式获取个人的同意。

（二）敏感个人信息

敏感个人信息，指的是一旦泄露或者非法使用，容易导致自然人的人格尊严、人身、财产安全受到危害的个人信息。具体而言，包括生物识别、宗教信仰、特定身份、医疗健康、金融账户、行踪轨迹等信息，以及不满十四周岁未成年人的个人信息。各国均对敏感个人信息都实行较一般个人信息更加严格的保护要求。如欧盟 GDPR 对于"特殊类型个人数据"确立了原则性禁止加例外情形的规则，美国和英国专门针对儿童个人信息保护制定的专门性法律对线上平台提出了更高的个人信息保护合规标准。《个人信息保护法》要求企业在符合特定目的和充分的必要性，并且征得个人单独同意和采取严格保护措施的情形下，才可以处理敏感个人信息。我国信息安全标准委员会也于 2023 年 8 月 9 日就国家标准《信息安全技术 敏感个人信息处理安全要求（征求意见稿）》面向社会公开征求意见。

因此，企业除了需要满足一般合规义务以外，还需要重点关注在业务活动中是否收集、使用、处理了属于敏感个人信息的数据。例如，汽车制造和车联网企业应当关注地理位置信息、GPS 定位信息、个人常用地址等；金融服务机构和企业应当关注个人银行财务信息、支付信息、个人信用信息等；医疗健康企业应当关注医疗账户信息、个人病历、个人健康信息、药物治疗方案等；教育服务、儿童智能产品企业应当关注儿童和未成年人的个人信息使用情况。

从实务操作的角度而言，个人信息处理者可通过权限弹窗、单独隐私政策、突出显示等方式，明确告知个人有关使用敏感个人信息的情况，并且取得个人的单独明示同意。同时，采取更加严格的内部管理和技术管理手段，对敏感个人信息实行更高规格的安全保护。

（三）第三方与合作伙伴

企业在日常业务合作中，可能会与合作方、供应商或服务商协同开展个人信息的共享、转让、委托处理、共同处理、数据交易等个人信息处理活动。不同于欧盟 GDPR 和加州 CCPA 中对"数据控制者"（controller）和"数据处理者"（processor）的定义分类，《个人信息保护法》将个人信息处理活动中，能够自主决定处理目的、处理方式的主体统称为"个人信息处理者"。

对于第三方合作中开展的个人信息共享、转让、委托处理、共同处理、数据交易等活动，企业作为"数据控制者"（GDPR 规定）或"个人信息处理者"（《个人信息保护法》规定），应当履行对个人信息的安全保障义务，通过尽职调查、风险评估、合同保障、持续监督等措施，确保在与第三方合作的业务过程中，个人权益不会受到威胁和损害。

具体而言，个人信息处理者在采购第三方信息服务（如外包 IT 系统、云服务等）、嵌入第三方服务（如第三方 SDK、第三方 Cookie、第三方弹窗和跳转链接等）、业务合作（如快递物流服务、劳务派遣服务、招标投标、内部员工福利定制等）等业务场景中，均应当做好对使用第三方服务的个人信息保护合规工作的把关和监管，明确合作内容、个人信息权利范围和合规义务边界。另外，个人信息处理者也应当关注对于用户的"明确告知"义务，企业在向其他主体提供个人信息前，应当向个人告知接收方的名称或者姓名、联系方式、处理目的、处理方式和个人信息的种类，并取得个人的单独同意。

（四）数据跨境传输

在全球化背景下，个人信息处理者的对外交流和市场拓展等业务活动导致数据跨境传输的需求激增，场景也是最为复杂的。比如，企业与海外子公司进行数据共享和传输、与境外主体开展业务合作与谈判、境外 IPO、派遣员工海外出差、应对涉外司法执法事件等场景，均会涉及数据跨境传输。无论场景为何，只要涉及将数据传输、存储至境外，或者是境外主体访问和调用境内存储的数据的，都应当遵守数据跨境传输法律管制要求。

《个人信息保护法》要求数据出境符合业务需要等目的，并且应当根据实际场景选择合适的路径，如通过国家网信部门组织的安全评估，或国家认可的个人信息保护认证，或与境外接收方签署国家网信部门制定的标准合同。《个人信息保护法》的要求与通行的国际实践相一致。欧盟GDPR就规定向非欧盟地区传输个人数据应在以下两个特定条件下进行：传输目的地获得欧盟委员会的充分性认定，或者该数据传输行为得到了适当的保障。

个人信息处理者应当就个人信息跨境传输的有关情况向个人告知，包括但不限于境外接收方的名称或者姓名、联系方式、处理目的、处理方式、个人信息的种类以及个人向境外接收方行使法定权利的方式和程序等事项，并取得个人的单独同意。同时，个人信息处理者应当按照有关规定和要求履行数据出境安全评估和申报的工作。关键信息基础设施运营者和处理个人信息达到国家网信部门规定数量的个人信息处理者原则上应当将在中国境内收集和产生的个人信息存储在境内，确需向境外提供的，应当通过国家网信部门组织的安全评估。

（五）权利请求与响应

《个人信息保护法》规定，个人对其个人信息的处理享有知情权、决定权，有权限制或者拒绝他人对其个人信息进行处理。具体而言，个人可以向个人信息处理者提出查阅、复制、转移、更正、补充、删除个人信息，以及就个人信息处理规则进行解释说明等请求，个人信息处理者应当建立便捷的个人权利行使的申请受理和处理机制。

个人信息处理者在隐私政策、个人账号的资料信息设置、账号注销与删除、账号身份的确认、业务邮件和电话投诉、售后服务等业务场景中，均可能会接收到用户关于个人信息权利行使的请求，应当公开有关行使个人信息主体权利的渠道和方式，建立相关的权利响应和处理规范，在规定的时效期限内进行响应和处理，保障个人信息主体行使权利，维护个人信息主体的合法权益。

二、管理中的数据合规要求

从内部个人信息保护合规管理的角度,《个人信息保护法》第 51 条从制度与流程、数据分类管理、技术安全、应急管理等方面,提出了整体的合规要求。结合《信息安全技术 个人信息安全规范》(GB/T 35273-2020)、《安全技术—扩展 ISO/IEC 27001 和 ISO/IEC 27002 的隐私信息管理—要求与指南》(ISO/IEC 27701:2019)等文件对于个人信息保护合规管理体系的合规指引和要求,在企业具体的业务场景中,应当着重关注管理政策和制度、业务合规管理、分类分级管理、个人信息安全影响评估、个人信息安全事件应急管理等方面的合规义务。

(一)管理政策和制度

合规管理,首要是将外部的合规义务和要求,通过内部管理制度的形式,转化为个人信息处理者开展日常经营管理活动的准绳和标准。企业数据合规管理体系的建设,应当以"有效"为目标,而合规管理政策和制度的建立和完善,是体系建设"设计有效性"的应有之义。

除《个人信息保护法》外,《网络安全法》和《数据安全法》也对个人信息处理者提出了完善内部管理政策和制度的要求。《网络安全法》规定,网络运营者应当制定内部安全管理制度和操作规程,确定网络安全负责人,落实网络安全保护责任,保障网络免受干扰、破坏或者未经授权的访问,防止网络数据泄露或者被窃取、篡改。《数据安全法》提出,开展数据处理活动应当依照法律法规的规定,建立健全全流程数据安全管理制度,组织开展数据安全教育培训,采取相应的技术措施和其他必要措施,保障数据安全。具体而言,个人信息处理者应当在政策和制度中明确内部管理组织、合规职责、管理方式、考核问责、合规审计等合规运作和保障机制,对内部数据安全管理、数据分类分级管理、个人信息影响评估、个人信息主体权利请求与响应、第三方合作伙伴管理、员工个人信息保护、个人信息安全事件应急处置、合规审计等方面提出明确的合规要求和操作标准。

（二）业务合规管理

个人信息保护合规管理的有效性，除了需要政策和制度的设计有效性外，也离不开流程管控的执行有效性。这就要求个人信息处理者将《个人信息保护法》等法律法规及公司管理政策和制度确立的合规要求，进一步深化、融合、嵌入日常的业务流程中，以便个人信息保护合规要求能够通过一道道流程和程序，得到个人信息处理者从上至下、方方面面的有效执行和遵守。

例如，在产品研发中，个人信息保护者应当关注个人信息默认保护和设计保护，将隐私政策设置、自动化决策和营销推送、个人信息主体权利请求、个人信息全生命周期合规管理等合规要求贯穿到产品的需求分析、设计开发、产品测试和审核、售后管理等业务全流程中。

在供应链和客户管理中，多数个人信息处理者会采用 ERP 系统，而在录入或收集个人信息前，个人信息处理者通过隐私政策或个人信息授权协议等方式，履行对供应商及客户中相关个人的告知同意义务，并按照约定的个人信息处理方式和目的使用，做好系统安全合规管理。

即便对于人力资源管理而言，《个人信息保护法》规定，按照依法制定的劳动规章制度和依法签订的集体合同实施人力资源管理所必需的个人信息，属于取得个人同意的例外情形，但这并不意味着个人信息处理者可以随意处理员工个人信息，而是必须在最小必要的范围内，合规地进行管理和利用。因此，个人信息处理者应当关注员工招聘、入职、考勤、休假、工资、离职全流程的个人信息保护合规管理。

此外，在战略规划和发展进程中，个人信息处理者可能会面临并购、重组、合并、分立、上市等重大商业决策。根据《个人信息保护法》规定，若上述过程中发生了个人信息转移和一系列可能对个人构成重大影响的变化，个人信息处理者应当向个人告知接收方的名称或者姓名和联系方式，并重新取得个人同意。

同时，应当注意的是，若涉及境外上市，个人信息处理者还应当特别关注网络和数据安全等方面的规定和合规要求，切实履行个人信息安全影响评估和申报等合规义务。

(三) 分类分级管理

《个人信息保护法》《数据安全法》《网络安全法》明确要求个人信息处理者采取分类管理的措施，应用相应的加密、去标识化等安全技术措施，合理确定信息处理的操作权限。对个人信息进行分类管理，是为了实现个人信息在存储、访问、提供、转让、出境、删除、销毁中个人信息全生命周期的安全，也是保护个人信息权益的应有之义。

在个人信息保护合规工作时，个人信息处理者应当识别并梳理所有收集到的能够识别到个人的各项信息，并依据不同的业务场景、对个人信息的处理方式等识别自身及相对方等具体的权利义务安排，确立好相应的个人信息类别、级别，尤其是对于敏感个人信息，需要向个人告知处理的必要性及对个人权益的影响等，取得个人的单独同意甚至书面同意，并采取严格的保护措施。

根据目前国家和有关组织发布的数据分类分级标准和操作指南，如全国信息安全标准化技术委员会发布的《网络安全标准实践指南——网络数据分类分级指引》，做好数据分类管理的基础，是个人信息处理者做好数据资产清单梳理，对业务经营和管理中收集和使用的个人信息进行识别和归类。

在对个人信息完成分类和定级后，个人信息处理者应当按照有关技术标准对个人信息进行加密和去标识化，同时依照最小必要原则，设置内部管理和访问操作的权限。

(四) 个人信息安全影响评估

《个人信息保护法》将个人信息保护影响评估作为一项法定的强制性义务，同时明确了在以下场景中，企业应当根据有关规定和要求，事前进行个人信息保护影响评估，并对处理情况进行记录：处理敏感个人信息；利用个人信息进行自动化决策；委托处理个人信息、向其他个人信息处理者提供个人信息、公开个人信息；向境外提供个人信息；其他对个人权益有重大影响的个人信息处理活动。

值得个人信息处理者注意的是，当其属于关键信息基础设施运营者，或者当处理的个人信息量达到一定数量级时，还需特别关注数据出境安全评估申报和网络安全审查申报的管控要求，在符合监管审批的情形下，个人信息保护影响评估工作将会被作为重点审查的内容。类似地，欧盟 GDPR 也将数据保护影响评估（DPIA）制度作为一项强制性义务，违反该项业务将会遭受巨额罚款和其他严重后果。

个人信息保护合规的关键在于事前的风险识别和防范，这就要求在实施个人信息处理行为之前对处理活动进行全面有效的个人信息保护影响评估。个人信息处理者可以参照《信息安全技术 个人信息安全影响评估指南》（GB/T 39335-2020）和《信息安全技术 个人信息安全规范》（GB/T 35273-2020）中的指引和标准，提供或运营移动互联网应用程序的企业可以参照《信息安全技术 移动互联网应用程序（App）个人信息安全测评规范》（GB/T 42582-2023）的指引，从个人信息的处理目的、处理方式等是否合法、正当、必要，对个人权益的影响及安全风险、所采取的保护措施是否合法、有效并与风险程度相适应等方面，开展个人信息保护影响评估。

（五）个人信息安全事件应急管理

近年来，个人信息与网络安全事件频发，工信部、网信办、国家互联网应急中心、中国信通院等组织和机构均就个人信息与网络安全事件进行了多轮公开通报。

《网络安全法》明确，网络运营者应当制定网络安全事件应急预案，及时处置系统漏洞、计算机病毒、网络攻击、网络侵入等安全风险；在发生危害网络安全的事件时，立即启动应急预案，采取相应的补救措施，并按照规定向有关主管部门报告。

《个人信息保护法》要求，在发生或者可能发生个人信息泄露、篡改、丢失时，个人信息处理者应当立即采取补救措施，并通知履行个人信息保护职责的部门和个人。

个别国家地区对于报告义务有严格的时效要求，例如，欧盟 GDPR 就要求，自发现数据泄露事件之时起 72 小时内，向监管部门履行报告义务。

为有效防范可能发生的个人信息安全事件及在事件发生时能有效应对，个人信息处理者应当定期组织内部相关人员进行应急响应培训和应急演练，使其掌握岗位职责和应急处置策略和规程。面对频发的互联网数据泄露等安全风险事件，个人信息处理者必须制定个人信息安全事件应急预案，并根据法律法规及业界甚至自身案件的处置情况，及时更新应急预案，将事件发生概率或影响降至最低的同时，最大化保障企业的合法权益。

第二章
数据合规管理体系

第一节　业界标准与行业实践
第二节　管理体系的主要内容
第三节　数据合规管理组织
第四节　数据合规管理措施
第五节　数据合规技术要求
第六节　数据合规生命周期管理

第一节　业界标准与行业实践

业界已经有多项数据合规管理体系的标准，如信息安全管理体系的规范标准——ISO/IEC 27001，以及隐私信息管理体系的规范标准——ISO/IEC 27701。此外，中国、欧盟以及美国已有专门的数据合规方面的认证标准。本章将首先对国际上公认的 ISO 与国内外主要的数据合规管理体系标准进行简要介绍；随后通过分析国内领先企业的合规实践，归纳总结这些企业在制定和落实相关的数据合规管理体系过程中需要参考的几个重要方面，具体包括：依照国家相关法律法规的规定，参照相关标准，结合企业自身业务实践情况，在高层重视、合规政策、风险评估、流程管控等方面开展相关工作。

一、ISO 的数据合规管理体系标准

（一）ISO/IEC 27001 信息安全管理体系要求

ISO/IEC 27001 标准的英文全称是 Information technology-Security techniques-Information security management systems-requirements，即《信息技术 安全技术 信息安全管理体系 要求》。ISO/IEC 27001 是信息安全管理体系（Information Security Management System，ISMS）的规范标准，是为组织机构提供信息安全认证执行的认证标准，其中详细说明了建立、实施和维护信息安全管理体系的要求。它是 BS 7799-2：2002 由国际标准化组织及国际电工委员会转换而来，并于 2005 年 10 月 15 日颁布。现在的版本是 ISO/IEC 27001：2013。

ISO/IEC 27001 信息安全管理体系标准为建立、实施、运行、监视、评审、保持和改进 ISMS 提供了模型。ISMS 采用的是组织的战略性决策。组织 ISMS 的设计和实施受组织需求、目标、安全需求、应用的过程以

及组织规模和结构的影响。经过一段时间，组织及其支持系统会发生改变。因此 ISMS 的实施应与组织的需要相一致，如简单的环境只需要一个简单的 ISMS 解决方案。

ISO/IEC 27001 信息安全管理体系的目标是透过整体规划的信息安全解决方案，来确保企业所有信息系统和业务的安全，并保持正常运作。信息安全管理体系利用风险分析管理工具，结合企业资产列表和威胁来源的调查分析及系统安全弱点评估等结果，并综合评估影响企业整体的因素，来制定适当的信息安全政策与信息安全作业准则，从而降低潜在的风险危机。信息安全管理体系适用于所有类型的组织（如商业企业、政府机构、非营利组织），包括但不限于银行、证券、保险等金融机构，交通、能源等大型国有企业，互联网数据中心服务提供商，软件和信息技术服务企业，公共管理、社会保障和社会组织，等等。

（二）ISO/IEC 27701 隐私信息管理体系要求

ISO/IEC 27701 作为 ISO/IEC 27001 与 ISO/IEC 27002 在管理上的延伸标准，其目标是通过新增的要求来增强现有信息安全管理体系，以便建立、实施、维护和不断改进隐私信息管理体系（Personal Information Management System，PIMS），标准概述了适用于个人身份信息（Personal Identity Information，PII）控制者和 PII 处理者的框架，用于隐私控制管理，以降低对个人隐私的各种风险。

ISO/IEC 27701 嵌套在 ISO/IEC 27000 系列中，并要求符合 ISO/IEC 27001 标准。ISO/IEC 27701 扩展了 ISO/IEC 27001 的要求，在原有管理、实施、操作、监控、审查和不断改进 ISMS 的流程基础上，着重考虑了对于企业所持有 PII 的隐私保护。同时 ISO/IEC 27701 对 ISO/IEC 27002 实施指南中的隐私性进行了解释和扩展，除业务连续性以外的所有控制域均增加了关于 PII 隐私的实施指南。ISO/IEC 27701 分别从 PII 控制者和 PII 处理者的角度，补充说明了收集和处理 PII 的条件、对 PII 主体的隐私保护义务、隐私设计（Privacy by Design）和默认隐私（Privacy by Default）以及 PII 共享、转移和披露的相关要求。

1. 组织的规划、实行与审查

PIMS 首先介绍了建立适用于组织信息安全管理环境的必要要求。这一要求涉及了解组织现状及背景、明确建立信息安全管理体系的目的、理解相关方的需求与期望以及确定信息安全管理体系范围。随后，PIMS 提出了最高管理层在信息安全管理体系中承担角色的具体要求，以及如何通过一份声明的策略来向组织传达领导层的期望。这往往涉及了领导力和承诺、信息安全方针目标，以及角色、职责和承诺在实际情况中的体现与应用。

PIMS 接着又引入了处理风险和机遇的行动对策，以及可实现的信息安全目标与实现计划，并涉及了信息安全风险评估、风险所有者、信息安全风险处置、适用性声明、信息安全目标。与此同时，PIMS 也详细叙述了建立、实施、保持和改进一个有效的信息安全管理体系所需要的支持，包括资源要求、参与人员的能力、意识、与利益相关方沟通、文档化信息等。

在确立了组织信息安全体系的规划后，PIMS 提到了实施过程中不可忽略的问题：如何运行前期规划及控制、对信息安全进行管理、开展信息安全风险评估、处置信息安全风险等。风险将影响组织目标的实现，而这些目标可能关系到组织从战略决策到运营的各种活动，如具体项目的实施等，这表现在领导、战略、经营、财务、环境、社会、声誉等各个方面。但机遇与风险并存，如果能通过有效的管理控制风险，组织同样可以趋利避害。而对信息安全进行管理，PIMS 却不是让组织将所有的资产置于绝对安全的保护措施，因为"绝对安全"的成本是巨大的。因此，在风险控制措施的选择上，应当考虑组织的内外部环境因素以及相关方的需求和期待。PIMS 对此提供了一般性的战略建议：风险降低、风险转移、风险规避和风险接受。

PIMS 总结了衡量体系的执行、体系与国际标准及管理层期望的符合性、寻求管理层期望反馈的要求，涉及监控、衡量、分析和评价，内部审核，管理评审。同时，也描述了组织应通过纠正行动来识别和改进不符合项，提出了针对不符合项的纠正措施、持续改进的方法。

2. 信息安全管理方针

PIMS下的信息安全管理方针可以在提供管理指导与支持的同时，确保组织符合相关法律法规的规定。它强调了对信息安全管理所需的不同类型管理方针的定义、发布和评审。

信息安全管理方针应由组织定义，并经由管理者批准，旨在阐述组织管理信息安全目标的方法。方针应强调业务战略下对信息安全的要求、法律法规和合同中对信息安全的具体要求，以及针对当前和预期的信息安全威胁环境组织需要达到的要求。同时，信息安全管理方针应包含以下声明：信息安全的定义，指导所有与信息安全活动相关的活动原则及目标，信息安全管理中角色的责任分配，对偏差和异常情况的处理，符合适用的个人信息立法规定要求的声明，以及履行组织和第三方合同规定的责任义务声明。而在实施层面上，则应以具体的方针来支持，更进一步确保信息安全控制措施的实施。这种具体主题一般是用来解决目标团体的需要或者包含某个主题，比如访问控制、数据分类、物理和环境安全、数据转移，以及恶意软件的防护等。这些策略应以一种相关联的、易接受的和易理解的方式通知雇员和相关方。

组织应在发生重大变化时或者按计划定期进行信息安全方针评审，以确保其持续具备适宜性、充分性和有效性。每个方针均应有一个经营管理者批准的特定人，此人负有对该方针进行开发、评审和评价的职责。评审包括评估组织方针改进的机会，以及管理信息安全响应组织环境、业务状况、法律条件或技术环境变化的方法；同时应将管理评审的结果列为考虑因素之一。修订方针的提出或实施应取得管理层的批准。

3. 信息安全组织

为建立一个管理框架、发起和控制组织内信息安全的实施和运行，组织应将信息安全融入项目管理中，对信息安全角色及相应职责进行定义和分配，并且确保划分出可能冲突的职责和权限、减少对资产未经授权或无意的修改及误用；与此同时，组织应与监管机构、特殊权益团体及其他专业安全论坛和行业协会保持适当的联系。

此外，为了确保移动设备使用的安全，组织应针对不同的场景采取配套的安全措施以确保业务信息不被破坏。比如，在公共场所或其他未受保护的区域使用移动设备时，可以使用密码技术和强制使用秘密身份认证信息，来避免未经授权的访问或泄露存储和处理的信息。而在远程工作方面，组织应实施策略及相应的安全措施，来保护远程工作站点访问、处理或存储的信息。

4. 人力资源安全

组织应该确保员工及承包商理解其职责、符合其应承担的角色要求，并且履行各自的信息安全职责。同时，在变更或终止雇佣关系时，组织应注意保证其本身的利益。

在雇佣前，组织应当依据相关法律法规、道德规范、具体的业务需求，以及涉及的信息类型和相应风险，对候选人进行背景调查。在与员工和承包商签订劳务合同时，合同应列明员工或承包商和组织的信息安全责任。在员工或承包商履行劳务合同过程中，组织应确保其在履行信息安全职责的同时，遵守组织的流程及规范。组织应当对所有员工和承包商进行适当的教育和培训，包括落实安全事件的报告及相应的处置，并且定期通知他们组织方针和流程的变化情况。对于违反信息安全规定的员工，组织应当对其进行正式的违纪处理。组织须明确在变更或终止雇佣关系后，员工或承包商的信息安全职责，确保该职责持续有效。同时，告知该员工或承包商仍须遵守的信息安全要求以及承担的相应的法律责任。

5. 资产管理

组织须明确组织资产的定义和范围，并且确立适当的保护职责。这些资产应该包括与信息相关的资产及信息处理设施。组织应该制定并维持其资产清单。当建立资产或资产转移到组织时，组织应分配该资产的持有人。被批准管理资产生命周期的个人或其他实体可以被分配作为资产持有人。该资产持有人在整个资产生命周期负有对资产进行合理管理的职责。组织应确立对信息和上述资产的合理使用规则、制定相应的文件并且实施。

为确保信息获得与其重要性相匹配的保护，组织应当对包含个人信息在内的数据进行分类、标记，并且根据数据分类体系制定并实施处理资产的程序。为防止介质上存储的信息被泄露、修改、删除或破坏，组织应依据数据分类体系制定和实施对可移动介质的管理程序、使用正式的流程处理不再需要的介质，以及保护运输期间的介质不被未经授权的访问、滥用或损毁。

6. 访问控制

组织应当限制对信息及信息处理设施的访问，确保授权用户的访问权限、防止未经授权对系统和服务的访问。同时，组织需要落实用户保护其身份认证信息的责任。在实施操作中，组织可以建立并实施访问控制策略，同时基于业务和信息安全相关的要求对其进行评审。组织应当向用户提供通过安全登录流程控制其账号访问的功能。

7. 密码学

密码技术的使用可以保护信息的保密性、真实性和完整性。组织需要制定密码控制使用政策，确保适当有效的密码使用。在实施政策时，组织应考虑世界不同国家或地区应用密码技术的规定和国家限制，以及加密信息跨境传输问题。个别国家或地区可能会要求使用密码技术保护特定类型的个人信息，如健康数据、居民证件号码、护照号和驾驶证号等。组织应当向消费者提供关于其使用密码技术保护组织处理个人信息的情形，也应通知消费者关于其协助消费者申请密码保护的可能性。此外，组织也应针对密钥的使用、保护和时限问题制定政策，贯穿密钥生命周期。

8. 物理和环境安全

为了保护包含敏感信息、关键信息和信息处理设施的区域，组织首先应当定义安全边界并且制定和实施适当的守则。在实施层面上，组织应当使用适当的入口控制，确保只有授权人员才能访问安全区域；设计和实施办公室、房间和设施的物理安全；设计和采取物理安全来防范自然灾害、恶意攻击或事故等事件；设计和运用安全区域内办公的流程；控制未经授权人员可进入的区域，如物流交接区等，如果可行的话，该类区域应当与信息处理设施隔离。

在设备方面，为了减少环境方面的威胁和灾害引发的风险以及未经授权访问的可能性，组织应当妥善安放和保护设备；组织应保护设备免于因配套设施的电源中断或其他故障而受到影响；组织应保护电源、传输数据或为信息服务提供支持的通信电缆不被拦截、干扰或破坏；组织应正确维护设备以确保其持续的可用性和完整性；在授权之前，设备、信息或软件不可以被带离场所；组织应考虑在办公场所以外工作的不同风险并保护场外资产和设备；审核认证包含存储介质的设备的所有部件，确保敏感数据和许可软件在处置或再利用前已被删除或安全重写；用户在不使用设备时也需要确保设备得到适当的保护；而公司也应采用"清理办公桌政策"和"清理设施屏幕桌面政策"。

在处理个人信息方面，组织应当确保当再分配个人信息存储空间时，之前存储空间的个人信息为不可见状态。为了能够安全处置和再利用设备，任何可能涵盖个人信息的存储设备也应被视作涵盖个人信息。

9. 操作安全

针对与信息处理及通信设施相关联的操作活动，组织应当制定操作流程、将其文档化并向需要的用户公开。比如，计算机的启动和关机程序、备份、设备维护、介质处理、计算机机房和邮件处理的管理及安全等活动。组织应当控制任何可能影响信息安全的组织变更、业务流程变化，以及信息处理设施和系统的变更情况。为此，组织需要确立正式的管理职责和流程。每当变更发生时，组织应保留涵盖所有相关信息的审计日志。在资源的使用方面，组织需要对其进行监测和调整，同时预测将来的容量以确保系统具备所需的技能。

此外，组织也需要分离开发、测试和运行环境，以减少未经授权的访问或更改操作环境。从具体实践的角度来看，组织除了需要防止恶意软件的侵害以外，对信息、软件和系统图片也应进行备份并定期测试。组织尤其需要针对个人信息的备份、修复及恢复的要求制定政策，并且涵盖对备份信息中个人信息消除问题的进一步规定。为了记录事件和生成证据，组织需要制造、保存和定期审查、记录用户活动、特例、失误及信息安全事件的日志。同样地，系统管理员和系统操作员的活动也应被记录，而该日志也需要被保护和定期审阅。如果可行的话，建议组织同时记录对个人信息的访问情况，包括何时访问、何人访问、被访问的个人信息主体是谁，以及是否发生了任何变更情况。

组织需要保护日志设施和日志信息，防止任何可能对日志的篡改和未授权的访问，落实操作系统的完整性并且建立、实施、规范用户安装软件的守则。组织须及时获得信息系统的技术脆弱性信息，评估组织的暴露程度，并采取适当措施应对相关风险。

10. 通信安全

为了保护网络中的信息和其信息处理设施，组织应当管理和控制网络，将所有网络服务的安全机制、服务等级及管理需求列明在网络服务协议中。此外，组织也需要在网络中对信息服务、用户和信息系统进行隔离。

在信息传输安全方面，组织需要制定正式的传输政策、流程和控制手段，以及与外部主体签署信息传输协议，确保商业信息传输的安全性，并且保护电子消息中涵盖的信息。同时，组织应当注意信息的保密性，定期审阅和存档反映组织对信息保护需求的保密性要求或者保密协议。

11. 信息系统的获取、开发和维护

保障信息安全是信息系统生命周期中的必要构成，这一要求同时包括了那些通过公共网络提供服务的信息系统。首先，不论是新信息系统，还是对现有信息系统的加强，组织都应将信息安全相关的要求包含其中。其次，组织应当保护那些通过公共网络提供的应用服务信息不受到欺诈、卷入合同纠纷、未经授权地被修改或披露。组织应当保护应用服务交易中涉及的信息安全，以免发生不完整的传输、路由错误，未经授权的消息更改，未经授权的披露，未经授权的消息复制或重放。

在开发和辅助过程中，组织应当设计和实施信息系统开发周期内的信息安全策略，制定及应用软件和系统的开发规则，通过使用正式变更控制流程，控制开发生命周期内的系统变更。当操作平台更改时，组织需要审查和测试业务关键应用，以确保该更改不会对组织操作或者安全

产生不利影响。对于软件包变更的情形，组织应该谨慎考虑，将变更限制在必要范围内并且严格加以控制。与此同时，组织应当建立安全系统工程原则，将其文档化，并且应用到任何信息系统实施、维护工作中。

组织须建立并适当保护系统开发环境的安全，在开发的过程中开展安全功能测试，仔细筛选、保护和控制测试数据。对于外包系统的开发活动，组织也应当予以监督监测。

12. 供应商关系

组织应当保护供应商可访问的组织资产，与供应商协商探讨其活动中的信息安全要求，在达成一致后须落实到文件中。此外，与供应商达成的协议也应包括关于处理信息、通信技术服务和产品供应链中信息安全风险的相关规定。

协议达成后，组织应当定期监测、审阅和审计供应商服务交付情况。当供应商服务发生变更时，组织在考虑商业信息的关键性、系统的使用以及风险评估中涉及的过程这些因素的同时，应对供应商服务的变更进行管理，这包括维护、改进现有的信息安全策略、流程等控制措施。

13. 信息安全事件管理

组织应当建立管理职责和流程以快速、有效及有序地对信息安全事态进行响应和处理。当信息安全事态发生时，相关人员应当尽快通过适当的管理渠道向组织进行报告。组织应当要求使用其信息系统和服务的员工或承包商留意并报告在系统或服务中发现或怀疑的信息安全弱点。

如果安全事态被划分为安全事件，组织应对其进行评估与决策，并按流程文件响应。当安全事件涉及个人信息时，组织应当对其进行审查并且确定是否需要对其进行包括通知和记录在内的特定类响应和处理。组织应当从对信息安全事件的分析与解决中学习，以减少恶性事件发生的可能性或者影响。此外，企业应制定和实施关于鉴定、收集、取得和保存可能成为证据信息的程序。

14. 信息安全方面的业务连续性管理

组织应当将信息安全连续性嵌入业务连续性管理体系中。首先，组织应确立其在不利情况下（如危机或自然灾难中）对信息安全和信息安全管理的连续性要求。其次，组织应当建立、记录、实施和维护相应流程及控制措施，以确保在不利情况下信息安全连续性要求能达到规定的等级。最后，组织须对确立和实施的信息安全连续性控制手段进行定期验证，确保它们在不利的情况下仍有效。组织在使用信息处理设施时，也应当确保其有足够的冗余来满足可用性需求。

15. 合规

组织及其信息系统须在文档中明确所有相关的法律法规和合同要求，以及其达到这些要求所须采取的手段和措施。该文档须定期更新。当涉及知识产权及使用具有所有权的软件产品时，组织须采取适当的程序确保其符合法律法规及合同要求。组织应当依据法律法规及合同要求保护记录，以免记录遭到损失、破坏、篡改、未经授权的访问和未经授权的发布。组织应当依照相关的法律法规（如适用），确保隐私以及个人可识别信息的保护。而组织采取密码控制措施也应遵循相关的法律法规及合同的规定。

二、国内的数据合规管理体系标准

对于企业的数据合规管理体系，在《网络安全法》《数据安全法》《个人信息保护法》和《信息安全技术 个人信息安全规范》（GB/T 35273-2020）中均体现出相关的要求和侧重点。

（一）《网络安全法》下的管理体系

对于网络运行安全，《网络安全法》要求，建设、运营网络或者通过网络提供服务，应当依照法律、行政法规的规定和国家标准的强制性要求，采取技术措施和其他必要措施，保障网络安全、稳定运行，有效应对网络安全事件，防范网络违法犯罪活动，维护网络数据的完整性、保密性和可用性。第21条指出，网络运营者应当按照网络安全等级保护制度的要求，履行安全保护义务，包括但不限于制定内部安全管理制度和操作规程，确定网络安全负责人，落实网络安全保护责任；采取防范计算机病毒和网络攻击、网络侵入等危害网络安全行为的技术措施；采取监测、记录网络运行状态、网络安全事件的技术措施,并按照规定留存相关的网络日志不少于6个月;采取数据分类、重要数据备份和加密等措施。

对于关键信息基础设施的运行安全,实施重点保护,处理上述基本的对于网络运行安全的保障措施以外,要求关键信息基础设施的运营者设置专门安全管理机构和安全管理负责人,并对该负责人和关键岗位的人员进行安全背景审查;定期对从业人员进行网络安全教育、技术培训和技能考核;对重要系统和数据库进行容灾备份;制定网络安全事件应急预案,并定期进行演练。

对于网络信息安全,要求企业建立健全用户信息保护制度,加强对其用户发布的信息的管理,并建立网络信息安全投诉、举报制度。

对于网络安全监测预警和信息通报制度,要求企业配合有关部门进行网络以及信息安全工作,制定网络安全事件应急预案,按照事件发生后的危害程度、影响范围等因素对网络安全事件进行分级,并规定相应的应急处置措施。在发生网络安全事件时,企业应当对网络安全事件进行调查和评估,采取技术措施和其他必要措施,消除安全隐患,防止危害扩大,并及时向社会发布与公众有关的警示信息。

(二)《数据安全法》下的管理体系

对于数据分类分级保护制度,要求企业根据数据在经济社会发展中的重要程度,以及一旦遭到篡改、破坏、泄露或者非法获取、非法利用,对国家安全、公共利益或者个人、组织合法权益造成的危害程度,对数据实行分类分级保护,加强对重要数据、核心数据的保护。

在应对数据安全风险上,支持企业建立健全数据安全风险评估、报告、信息共享、监测预警机制,加强数据安全风险信息的获取、分析、研判、预警工作。同时,企业应当建立相应的数据安全应急处置机制,采取相应的应急处置措施,防止危害扩大,消除安全隐患,并及时向社会发布与公众有关的警示信息。

对于重要数据的处理者,明确数据安全负责人和管理机构,落实数据安全保护责任，并要求按照规定对其数据处理活动定期开展风险评估，加强数据出境安全管理。

（三）《个人信息保护法》下的管理体系

建立个人信息分级管理机制。将个人信息分为一般个人信息和敏感个人信息，并进行分类保护，是我国个人信息和数据保护走向成熟和深入的标志。企业应当首先建立个人信息分级管理机制，通过内部制度和操作规程，鉴别和区分企业处理个人信息的不同类别，并着重针对敏感个人信息、未成年人信息设置单独同意等特殊规则。

建立数据全生命周期的管理机制。企业制度体系应至少涵盖以下基础内容：个人信息保护总体合规管理办法，个人信息收集规则，个人信息使用规则，敏感个人信息处理规则，个人信息存储和保护政策，个人信息共享、提供、转让和委托处理规则，个人信息跨境传输规则，个人信息安全事件处置规则，个人信息公开披露规则，等等。

建立个人信息处理规则公开机制。企业在处理个人信息前，应当以显著方式、清晰易懂的语言真实、准确、完整地向个人告知本企业个人信息处理规则。包括企业名称和联系方式，个人信息的处理目的、处理方式以及个人信息种类和保存期限，个人行使法定权利（包括知情权、决定权、查阅复制权、可携带权、更正权、撤回删除权等）的方式和程序，等等。该规则还应便于查阅和保存。

建立个人信息保护影响事前评估机制。企业开展对个人权益有重大影响的个人信息处理活动，应当事前进行个人信息保护影响评估，这是企业开展个人信息处理业务的前置程序，应当引起重视。具体而言，企业在开展如下业务时应进行事前评估：处理敏感个人信息；利用个人信息进行自动化决策；委托处理个人信息、向其他个人信息处理者提供个人信息、公开个人信息；向境外提供个人信息；等等。评估内容包括：个人信息的处理目的、处理方式等是否合法、正当、必要；对个人权益的影响及安全风险；所采取的保护措施是否合法、有效并与风险程度相适应。相关评估报告应当至少保存3年。

建立个人信息处理活动强制记录机制。企业开展对个人权益有重大影响的个人信息处理活动，应对处理情况进行记录。记录的内容包括：处理个人信息的类型、数量、来源，个人信息的处理目的、使用场景及分级管理情况，共享、转让、委托处理、公开披露、出境提供等情况，个人信息处理活动各环节信息系统、组织和人员，等等。个人信息处理记录应当至少保存3年。

建立个人信息保护安全审计机制。企业应当定期对其处理个人信息遵守法律、行政法规的情况进行合规审计。审计内容包括：个人信息保护政策、相关规程和安全措施的有效性，个人信息处理活动监测记录情况，安全事件应急处置情况，个人信息违规使用、滥用及追责情况，等等。此外，还包括个人信息保护风险识别与评估机制、个人信息保护合规审查与咨询机制、个人信息保护合规报告机制、个人信息安全工程"三同步"工作机制等。

（四）《信息安全技术 个人信息安全规范》（GB/T 35273-2020）下的管理体系

在2020年最新修订的版本中，除了补充、完善有关个人信息委托处理、共享、转让部分的要求外，也及时吸收、回应新的业务实践发展，对企业进行数据汇聚融合、接入第三方等提出相应的标准要求。在数据合规管理体系上，从以下方面进行了规定：

1. 明确责任部门与人员

对个人信息安全组织架构进行了规定，主要包括以下四个方面内容：明确法定代表人或主要负责人对个人信息安全负全面领导责任，包括为个人信息安全工作提供人力、财力、物力保障等；任命个人信息保护负责人和个人信息保护工作机构；在满足一定条件时，设立专职个人信息保护负责人和个人信息保护工作机构；个人信息保护负责人和个人信息保护工作机构的职责要求。此外，还要求为个人信息保护负责人和个人信息保护工作机构提供必要的资源，保障其独立履行职责。

2. 个人信息安全工程

要求个人信息控制者在开发具有处理个人信息功能的产品和服务时，应当根据国家有关标准，在需求、设计、开发、测试、发布等系统工程阶段考虑个人信息保护要求，以保证在系统建设时对个人信息保护措施同步规划、同步建设和同步使用。

3. 个人信息处理活动记录

规定要记录个人信息处理活动，但仅将记录行为作为企业自愿实践。推荐记录内容包括：所涉及个人信息的类型、数量、来源（如从个人信息主体直接收集或通过间接获取方式获得）；根据业务功能和授权情况区分个人信息的处理目的、使用场景，以及委托处理、共享、转让、公开披露、是否涉及出境等情况；与个人信息处理各环节相关的信息系统、组织或人员。

4. 开展个人信息安全影响评估

要求建立个人信息安全影响评估制度，评估并处置个人信息处理活动中存在的安全风险。评估内容主要是围绕处理活动是否遵循个人信息安全基本原则，以及个人信息活动是否对个人信息主体合法权益存在影响，内容包括但不限于：个人信息收集环节是否遵循目的明确、选择同意、最小必要等原则；个人信息处理是否可能对个人信息主体合法权益造成不利影响，包括是否会危害人身和财产安全、损害个人名誉和身心健康、导致歧视性待遇等；个人信息安全措施的有效性；匿名化或去标识化处理后的数据集能重新识别出个人信息主体或与其他数据集汇聚后重新识别出个人信息主体的风险；共享、转让、公开披露个人信息对个人信息主体合法权益可能产生的不利影响；发生安全事件时，对个人信息主体合法权益可能产生的不利影响。

在下述几种情况下，要求个人信息控制者进行安全评估，包括：在产品或服务发布前，或功能发生重大变化时，应进行个人信息安全影响评估；在法律法规有新的要求时，或在业务模式、信息系统、运行环境发生重大变更时，或发生重大个人信息安全事件时，应进行个人信息安全影响评估。

关于个人信息安全影响评估，要求形成报告，并以此采取保护个人信息主体的措施，使风险降低到可接受的水平；同时还要求妥善留存报告，确保可供相关方查阅，并以适宜的形式对外公开。

5. 数据安全能力

要求组织根据有关国家标准的要求，建立适当的数据安全能力，落实必要的管理和技术措施，防止个人信息被泄露、损毁、丢失、篡改。

6. 人员的管理与培训

要求组织对涉及个人信息的相关人员进行管理与培训。其中提出了以下 6 点具体的实施要求：应与从事个人信息处理岗位上的相关人员签署保密协议，对大量接触个人敏感信息的人员进行背景审查，以了解其犯罪记录、诚信状况等；应明确内部涉及个人信息处理不同岗位的安全职责，建立发生安全事件的处罚机制；应要求个人信息处理岗位上的相关人员在调离岗位或终止劳动合同时，继续履行保密义务；应明确可能访问个人信息的外部服务人员应遵守的个人信息安全要求，与其签署保密协议，并进行监督；应建立相应的内部制度和政策，对员工提出个人信息保护的指引和要求；应定期（至少每年一次）或在个人信息保护政策发生重大变化时，对个人信息处理岗位上的相关人员开展个人信息安全专业化培训和考核，确保相关人员熟练掌握个人信息保护政策和相关规程。

7. 安全审计

安全审计是个人信息安全管理的重要环节。主要从业务实施角度出发，向组织提出了以下 6 点具体操作要求：应对个人信息保护政策、相关规程和安全措施的有效性进行审计；应建立自动化审计系统，监测记录个人信息处理活动；审计过程形成的记录应能对安全事件的处置、应急响应和事后调查提供支撑；应防止非授权访问、篡改或删除审计记录；应及时处理审计过程中发现的个人信息违规使用、滥用等情况；审计记录和留存时间应符合法律法规的要求。

三、国内领先企业的合规实践

深圳的企业在数据合规及隐私保护的管理建设上走在全国前列。以中兴通讯、腾讯、中国平安为例,深圳的企业根据企业数据安全以及个人隐私保护制定了数据合规白皮书,按照国家相关法律法规的规定,参照相关标准,从高层重视、合规政策、风险评估、流程管控等方面,根据企业业务实践,制定和落实相关的数据合规管理体系。

(一) 中兴通讯

作为在深圳和香港两地上市的公司,中兴通讯建设了符合国际通行标准且与业务实践相一致的一流合规管理体系。中兴通讯管理层与合规团队在合规管理理念上达成高度一致,充分认可合规对于经营价值的守护和增值作用,将人才、合规和内容并举列为公司经营和发展的三大战略基石,投入了相当规模的合规资源,稳步推进合规体系建设。

中兴通讯在合规体系建设之初以管理为导向,围绕合规体系建设八大要素,即管理层承诺、合规管理、合规资源、风险评估、政策指引、流程控制、培训沟通、监管审核,将PDCA(Plan-Do-Check-Act,即计划—执行—核查—处理)循环的模式嵌入合规业务工作中,创设了业务与管理的双循环模式,构建了中兴通讯合规管理体系的核心要素,即合理规则的制定、全面无死角的培训、坚决的执行和有效的稽查。

在规范体系上,中兴通讯持续推进金字塔三级合规规则体系架构的建设,有效将外部的法律法规结合公司经营的风险偏好转换成内部的合规管理规范,搭建政策、手册、操作指引相结合的合规管控全景,保证了规则各位阶的一致性、可操作性和规范性。

在实施体系上,中兴通讯在规则体系明确的前提下,以数字化、可视化、项目化的形式实施和落地。中兴通讯坚持将合规关键管控点嵌入业务流程,通过线上系统操作,实现数字化和可视化,保证合规与业务有机融合。通过项目化运作的方式打破人员之间的行政疆域,横向协同、纵向到底,保证流程运行无断点、漏点和堵点。

在保障体系上,中兴通讯一方面持续强化合规文化建设和资源投入力度,将合规植入公司的文化中,并建设一套符合公司业务实践、正确的合规底层思维和行为逻辑。另一方面专注于合规能力内化,增强合规规则制定和执行能力。同时，中兴通讯通过强化与业界、研究机构的合规交流与合作，加强与供应商合作伙伴的合规共建，将合规价值传递给产业链上下游，积极建设合规生态圈。

在监督体系上，中兴通讯设置了合规管理委员会，在董事会的协同下，建立了合规风险控制的三道防线，各部门各司其职、协调配合，有效参与合规管理，形成管理合力。同时，审计作为合规闭环管理的最后一环，利用审计方法来精准识别更深层次的合规管理漏洞，推进整个合规体系的螺旋型上升和动态调整，发挥防线作用，同时更好地满足公司的经营需求。

随着合规体系建设进入新阶段，中兴通讯在实践中不断探索，通过对合规底层思维的理解和掌握，在自上而下的合规体系建设的基础上，进一步推动自下而上规则的场景化、判例化，以风险为导向，从后端规则遵从向前端合规治理转变，以有效推进合规规则与具体业务的进一步融合，形成契合公司业务实际的合规管理体系。基于此，以风险为导向的合规管理体系建设六步法应运而生：

第一步，建立和梳理合规规则。合规的本质是对法律法规的遵从，合规规则的制定，一方面是将外部法律法规转换为内部管理规范；另一方面是根据模糊的法律法规要求，并基于企业的风险偏好的管理要求，对管理规范进一步细化。在中兴通讯的金字塔三级合规规则架构中，董事会确定公司经营政策，即公司当前经营的风险偏好，明确公司经营中需要遵从的红线，形成规则体系金字塔的第一级。合规专业COE（Center of Expertise，即专家中心）基于外部法律法规遵从的要求，结合公司政策确定本合规领域下合规手册的总则，形成金字塔架构中的第二级。业务单位（Business Unit，BU）合规经理结合具体实际业务开展情况，完善合规分册中不同领域的合规指引和要求，形成金字塔架构的第三级。通过推进金字塔合规规则体系的建设，有效地将需要遵守的外部的法律法规，结合公司的风险偏好转译成内部的合规管理规范，搭建从政策、手册到指引的规则体系，层层递进且互为原因，保证了规则各位阶的一致性。

第二步，逐级梳理合规管控点。中兴通讯基于金字塔的合规规则体系，创立了从法律法规、手册到实际业务流程的三级管控体系。通过梳理嵌入业务的合规管控点，规避了合规手册因规则的完整性和语言的复杂性所导致的篇幅冗长和易读性不强的问题，同时将合规管理要求转换成业务管理动作。梳理后的合规管控要点以业务全景图的方式向全员呈现，让员工知悉自身业务范围内涉及的合规管控点，在这些管控点下需遵循的流程及可能的风险。同时通过数字化方式将合规管控点嵌入流程中落地执行，从可能带来合规风险的行为着手进行管控，使整体业务流程中的合规风险处于可收敛状态，且降低管理成本，同时获取最大的管理效益和成果。

第三步，以风险为导向实现合规分级化管理。结合公司所需遵从的合规规则及公司各级单位的业务活动情况，在全球范围内开展风险评估，以经营活动为依据，以风险为导向，实现合规的分级化管理。即通过各级单位合规风险概率和影响的评估，对业务流程中要求合规管控的遵从按优先级排序，帮助各级单位遵从以风险为导向的合规规则，最终聚焦于具体业务的合规管控点的遵守，同时也为后续检查或抽检提供了方法论支撑。

第四步，精准性合规培训。在逐级梳理合规管控点及遵从度评估后，将在两个维度快速形成培训课程和培训对象，分别是以业务单位为基础的岗位维度，以及合规管控点所对应的一个个流程责任人的场景维度，由此精准性合规培训才成为可能。中兴通讯首创了"1+N"培训模式，即一个岗位培训和N个场景化培训。合规适岗的精准化培训，让每一个合规关键岗位人员清楚自身职责并推动落实合规责任，合规场景化培训也为员工在具体场景中遇到的问题提供操作指引。

第五步，开展常态化检查。中兴通讯通过设立各级合规管控点检查项，形成检查清单，在此基础上构建检查方法论，通过开展业务单位自检、BU合规抽检等不同维度的查漏补缺、效果验证等活动，保证公司合规治理要求及合规管控点的切实可行，并可进一步及时发现合规规则未覆盖的盲点及流程中存在的堵点，有针对性地对规则进行优化、补强,推动合规体系建设的不断完善。

第六步,开展独立合规审计。审计工作是外部法律、标准的企业化认证,将上述第一步、第二步形成的企业标准,在公司范围内开展独立合规审计工作,并对审计结果进行认证。特别是对已通过合规检查或抽检、合规建设工作已经相对完善的业务单位,进行独立审计、认证,并通过形成最佳实践的方式在公司内进行大范围宣传,形成示范效应。同时将认证后的结果和经营活动进行强关联,使业务单位有更大的热情去践行和维护合规体系及制度建设。

中兴通讯创设的以风险为导向的六步法,可以有效地将后端企业合规风险管控升级为前端合规风险治理,在业务活动开展前避免重大合规经营风险,从"要我合规"向"我要合规"转变,从根本上改变合规管理疲于应对风险或危机的局面。通过深度结合企业经营,在业务流程中堵漏建制,撬动企业更深层次、更大范围的治理,有效促进和带动公司运转提效,以持续维护公司经营安全,提升企业竞争力。

(二) 腾讯

腾讯建立起全生命周期的数据管理制度和多维度的隐私保护机制,将数据保护策略制度化、数据管理流程规范化。腾讯针对不同的应用及业务板块,分别制定了《腾讯隐私政策》《产品隐私保护指引》《腾讯SDK 隐私政策》《儿童隐私保护声明》《Cookie 政策》等一系列隐私政策文件,涵盖了通讯与社交、数字内容、金融科技服务、游戏等子项。同时,在数据安全技术上,采用数据加密、数据脱敏、去识别化、Private Set Intersection(PSI)算法、量子加密等技术,通过事前防范、事中保护和事后追溯,全方位保障用户数据安全。

2018 年,腾讯首次发布了《腾讯隐私保护白皮书》(以下简称《白皮书》),通过白皮书的形式全面系统展示腾讯的隐私保护能力。腾讯建立起全生命周期的数据管理制度和多维度的隐私保护机制,实现数据保护策略制度化、数据管理流程规范化。其中涵盖了以下关键核心方法论及技术措施:

其一，P·B·D 隐私保护方法论。对于数据收集、数据管理等重要问题，腾讯提出"科技向善，数据有度"的隐私保护理念。《白皮书》介绍，"数据有度"意指：管理数据有法度、使用数据有态度、收集数据有限度、保护数据有力度、数据服务有温度。关于隐私保护，《白皮书》中提出 P·B·D 隐私保护方法论。其中，P 即 Person，代表以用户为中心，增强隐私保护工作的透明度、提升用户的感知度和参与度；B 即 Button，代表控制力，通过产品设计，将用户对数据的控制转化为实际的按键；D 即 Data，代表数据安全，通过系统有效的安全技术和规范流程，为用户数据安全提供全方位保障。2018 年 11 月，中国消费者协会发布的《100 款 App 个人信息收集与隐私政策测评报告》中，包括微信、QQ、腾讯地图、腾讯视频、腾讯新闻、QQ 邮箱等在十大类别的 App 测评中获得最高分。

其二，建立用户隐私"保护盾"。腾讯结合自身数据处理实践，从合规管理、产品评审、安全保障、内部审计和员工宣导五大维度建立起系统的隐私保护机制。在合规管理上，将数据保护策略制度化、数据操作流程规范化，建立全生命周期的数据管理制度。在产品评审上，采用"三覆盖"的评审原则，开展合规性评估工作，确保产品隐私合规。在安全保障机制上，利用强大的安全能力，运用数据加密、数据脱敏、去识别化等多种安全技术，研发多款内部安全工具和用户终端安全产品，保障数据安全。云端数据安全也被放在了尤为重要的地位。针对云数据安全，腾讯云数盾为数据安全保护构建了全流程保护方案，包括通过数审、数隐、数密和 DABA（Data Access Behavior Audit）等模块构建的一站式全流程保护体系。此外，腾讯通过成立专门的隐私合规审计工作组，确保公司内部合规管理制度和隐私政策有效执行。同时，采取多样化的培训宣导方式，培养和增强员工的隐私保护意识，确保员工拥有识别和处理隐私问题的能力。

其三，成立七大安全实验室。腾讯数据安全技术能力包括研发"宙斯盾系统""门神""洋葱"等多款内部安全工具，为用户数据安全提供保障，同时为用户提供腾讯手机管家和电脑管家等多款终端安全产品，进行实时保护。腾讯成立安全联合实验室矩阵，对外输出安全能力，具体包括云鼎实验室、科恩实验室、玄武实验室、湛泸实验室、反病毒实验室、反诈骗实验室和移动安全实验室，七大专业实验室致力于全面的互联网安全技术与攻防体系的研究及应用。同时，腾讯成立安全应急响应中心，建立及时有效的应急响应机制，负责安全漏洞、入侵事件的发现和处理，与全球安全爱好者建立友好关系，共同建立可信、安全、可靠的线上环境。

根据腾讯在其隐私保护平台上发布的《腾讯隐私政策》，腾讯的隐私保护政策在内容上主要制定了以下隐私保护重点：

其一，关于个人信息的收集，腾讯根据合法、正当、必要的原则，仅收集实现产品功能所必要的信息，并向用户说明收集个人信息的范围。对于如何使用Cookie及类似技术收集信息，《腾讯隐私政策》通过专节和单独的《Cookie政策说明》文件解释Cookie、Cookie的主要类型及其安全性。

其二，关于个人信息的使用，腾讯严格遵守法律法规及与用户的约定，将信息主要用于向用户提供服务、优化产品、进行内容推荐、评估广告效果以及安全等用途。腾讯隐私政策明确，若超出以上用户授权范围，将再次获得用户明确同意。

其三，关于个人信息的分享，对于用户分享的个人信息，腾讯采用字体加粗等方式告知用户谨慎考虑是否披露相关个人敏感信息。对于分享给第三方的个人信息，腾讯遵照法律法规的规定，对于个人信息的分享进行严格限制，并详细列举向第三方披露个人信息的各类情形。

其四，关于个人信息的安全保障，腾讯从技术和管理两个层面进行保障。在技术层面，使用国际领先的加密、匿名等技术来保障个人信息安全。在管理层面，通过规范的内部数据访问权限和权责机制来强化数据安全管理。

其五，关于个人信息的管理，用户可以参照腾讯的隐私保护指引，如《微信隐私保护指引》《腾讯视频隐私保护指引》等来管理个人信息，包括查询、修改和删除等。基于账号安全考虑，腾讯可能会要求用户进行身份认证。

其六，关于个人信息的存储，腾讯积极落实法律法规中有关数据存储的要求，将收集的个人信息存储于境内；对于数据的存储期限，遵循必要性原则。

其七，关于未成年人个人信息的合规，腾讯高度重视未成年人个人信息保护，提醒未成年人在使用腾讯服务时需要取得家长或其他法定监护人的同意。腾讯也在积极开展未成年人保护相关的产品和系统研发工作。2017年，腾讯在旗下的《王者荣耀》游戏中率先启用健康系统，陆续将健康系统的覆盖范围扩大至旗下其他移动游戏和PC游戏产品，其账号会接受公安实名校验，证实相关身份信息真实有效，帮助未成年人健康使用腾讯产品及服务。

（三）中国平安

中国平安以最高标准实施信息安全管理，严格保护客户隐私权，保证提供符合伦理道德审查的人工智能应用。

在信息安全和隐私保护方面，隐私保护是中国平安信息安全管理体系中的重中之重，也是管理的红线。中国平安制定了《信息安全管理政策》《数据管理办法》《对外数据合作管理办法》等制度，包含信息安全方针、信息安全策略、信息安全标准、信息安全程序、信息安全基线、指引和守则等补充制度，执行细则并严格执行和监督，开展一系列数据泄露防御措施，如敏感信息脱敏处理、"最小权限"原则进行授权等。全集团采取了员工上网行为管理、打印控制、文档加密、硬盘加密、水印跟踪等一系列行为控制和安全防护手段。在信息安全管理措施方面，中国平安制定了信息保护的方向，涉及资产分类与控制、信息安全组织、物理及环境安全、通信安全、访问控制、系统开发及维护、业务连续性计划、信息安全合规与第三方服务管理九大工作重点。

在AI治理方面，中国平安人工智能应用场景主要包括金融、医疗、政务、交通、法律等。针对所有的人工智能应用，中国平安遵循"以人为本、人类自治、安全可控、公平公正、公开透明"五大伦理原则，致力于提供符合伦理道德审查的人工智能应用。中国平安从数据、算法、应用三方面制定了伦理目标，建立了 AI 治理框架。针对 AI 伦理在应用边界、人身安全、数据隐私、公平责任、责任认定与社会福祉六大方面，中国平安制定了应对 AI 伦理需要遵守的五大原则，即人类自治、安全可控、公正公开、公开透明、以人为本。针对金融、医疗、政务、交通、房地产、法律等业务领域，分别制定了不同的人工智能道德审查准则。同时，中国平安在数据使用、算法研发、行业应用这三个方面制定了伦理目标，并进行相关问题的监控。在内部管理上，中国平安成立平安 AI 伦理委员会、制定平安 AI 伦理管理体系、落实伦理评估标准；在对外交流上，中国平安加强与政府互动、与国际标准接轨、与高校紧密合作、与同行企业深入交流，通过合理组织协会等方式共同助力 AI 技术应用健康发展。

第二节　管理体系的主要内容

搭建高效的数据合规管理体系，是企业推进数据合规建设的首要任务。本章将结合相关法律法规要求、国际最新相关合规管理体系标准及企业实践，解析企业在构建高效的数据合规管理体系时需关注的要素。具体而言，需关注的方面包括政策及目标、管理职责、风险管理、合规管控、文化与沟通、全面支持、文件化信息、绩效评估、合规措施改进等。

一、政策及目标

组织应确定与其目的相关的、影响其实现数据合规管理体系预期结果的能力的外部和内部问题，识别利益相关方的需求和期望。组织应确定数据合规管理的边界和适用性，以确定其范围。同时，企业应当制定可扩展的、全面的、独立的数据合规管理专项政策。另外，企业的数据合规管理政策应当与其目标相符合和适应。

二、管理职责

领导是合规管理的根本，对于整个组织树立合规意识、建立高效的合规管理体系具有至关重要的作用。对组织的治理机构、最高管理者等如何发挥领导作用作出了规定：一是治理机构和最高管理者要展现出对合规管理体系的领导作用和积极承诺；二是遵守合规治理原则；三是培育、制定并在组织各个层面宣传合规文化；四是制定合规方针；五是确定治理机构和最高管理者、合规团队、管理层及员工相应的职责和权限。

三、风险管理

组织应建立科学、系统、全面、动态的数据合规风险评估程序，以识别、分析、评价、监测和处置风险，并定期对风险评估工作的适宜性和有效性进行评审。对数据合规风险进行专项或者全面的识别管理。同时，企业应结合风险性质、起因、频率、影响程度以及应对措施等因素，对已识别的数据合规风险进行分析；在完成分析后，企业应根据企业的风险偏好、发展阶段、合规管理工具及力量、可能的责任及后果等划分所识别风险的等级。企业应当对数据合规状态及合规风险的形成进行动态监督，提供风险预警。在发生数据合规安全事件时，企业应当根据风险性质、应急预案等制定数据合规风险处理流程。

四、合规管控

运行是立足于执行层面，策划、实施和控制满足合规义务和战略层面规划的措施的相关流程，以确保组织运行合规管理体系。企业可以从以下方面对运行作出规定：一是识别、定义并记录处理所有个人信息的法律依据；二是建立并维护数据清单和数据流分析；三是构建有关个人信息保护影响评估的流程；四是建立数据全生命周期合规管理机制。

五、文化与沟通

企业应当制定相应的教育、宣传、培训计划，提高、增强、测试和保持员工对数据合规管理的认识，确保员工了解他们如何为实现组织的数据合规管理目标作出贡献和不合规的后果。对于数据合规管理建设情况以及相应的反馈，企业应当疏通沟通渠道，建立反馈机制，对沟通和反馈情况进行记录，并配备专门的人员和力量进行跟进、处理，并以此不断反思和改进相关的机制和内容。

六、全面支持

企业应当根据业务规模、业务类型以及企业的发展目标，对数据合规的管理配置提供对应的、充足的资源和支持，保障企业数据合规管理工作的正常运转。包括但不限于选择具有匹配数据合规管理能力的人员，并且具有相应高度合规意识的员工从事专门的管理工作。

七、文件化信息

企业内部应当制作、保存、公开展示其相应的数据合规管理政策以及制度文件，供企业内部以及外部人员查看和了解。另外，企业应当及时更新相应的文件，并且保证相关文件查阅的便捷程度、利用率以及实际操作中的实用性和相应问题的处理。

八、绩效评估

绩效评估是对合规管理体系建立并运行后的绩效、体系有效性评价，对于查找可能存在的问题、后续改进合规管理体系等具有重要意义。关于开展合规管理体系绩效评价的要求：一是监视、测量、分析和评价合规管理体系的绩效和有效性；二是有计划地开展内部审核；三是定期开展管理评审。

九、合规措施改进

改进是对合规管理体系运行中发生不合格或不合规情况作出反应、评价是否需要采取措施，消除不合格或不合规的根本原因以避免再次发生或在其他地方发生，并持续改进以确保合规管理体系的动态持续有效。企业可以从以下方面对改进作出规定：一是持续改进合规管理体系的适用性、充分性和有效性；二是对发生的不合格、不合规情况采取控制或纠正措施。

第三节　数据合规管理组织

合规管理组织能否恰当设立并充分发挥作用，是决定合规管理体系能否在设计、执行和结果上有效的关键要素，作为个人信息处理者的企业应当充分重视《个人信息保护法》及相关法律法规、标准中的要求，明确包括高级管理人员、个人信息保护负责人及个人信息保护工作机构在内的合规管理组织的权责，尽快建立起满足监管要求及业务发展的个人信息保护合规管理体系。

一、高级管理层

结合《个人信息保护法》、《信息安全技术　个人信息安全规范》(GB/T 35273-2020)以及相关国际标准的要求，董事、监事、高级管理人员等企业应当展现对个人信息保护合规管理体系的领导力和承诺，确保建立个人信息保护合规方针和合规目标，并与组织的战略方向保持一致，将个人信息保护合规管理体系要求整合到组织的业务过程中，确保个人信息保护合规管理体系所需资源可用，就个人信息保护合规管理的有效性和符合个人信息保护合规管理体系要求的重要性进行传达，以此确保个人信息保护合规管理体系实现其预期结果，指挥并支持人员为个人信息保护合规管理体系的有效实施作出贡献，促进持续改进。同时，企业高管应当支持其他相关管理角色在其职责范围内展示其领导力。

二、个人信息保护负责人

对于符合国家网信部门规定的个人信息处理数量标准的个人信息处理者而言，必须指定个人信息保护负责人，由其对个人信息处理活动以及采取的保护措施进行监督。未达到法定标准的个人信息处理者，可以根据其业务需要及合规风险实际自行决定是否设置个人信息保护负责人。

结合《个人信息保护法》和《信息安全技术 个人信息安全规范》（GB/T 35273-2020）的规定，个人信息保护负责人承担的合规职责应当包括但不限于：全面统筹实施个人信息保护合规工作，对个人信息保护合规负直接责任；组织制定个人信息保护合规工作计划并督促落实；制定、签发、实施、定期更新个人信息保护合规政策和操作规程；建立、维护和更新个人信息清单和授权访问策略，实行分类管理；开展个人信息保护影响评估，提出合规建议，督促整改违规风险；组织开展个人信息保护安全教育和合规培训；在产品或服务上线发布前进行合规审核，督促采取合适的安全技术措施；公布投诉、举报方式等信息并及时受理投诉举报；开展处理个人信息保护的合规审计；制定并组织实施个人信息安全事件应急预案；与监管部门保持沟通，报告个人信息保护负责人信息、通知事件处置等。

三、个人信息保护工作机构

企业内部应当建立相应的数据安全管理部门以及对应的责任人，建立横向到边、纵向到底的协同组织，并落实数据安全管理责任。

对于提供平台服务、个人信息处理量大、业务类型复杂、业务流程繁多的个人信息处理者而言，在企业内部成立相应的个人信息保护合规委员会或者在已有的合规管理委员会或其他合规领导机构内下设专门的子委员会或工作小组是十分必要的。

高级别的个人信息保护合规委员会或工作小组可以在如下方面发挥作用：确认个人信息保护合规管理战略，明确工作目标；建立和完善个人信息保护合规管理体系，审批内部管理制度、操作规程和重大合规风险治理方案、危机事件应急预案；听取个人信息保护合规管理工作汇报，指导、监督、评价各项工作；等等。

　　承接具体个人信息保护合规工作的组织机构的主要合规职责应当包括但不限于：加强对可适用的与个人信息保护有关的法律法规研究，推动完善合规管理制度，明确合规管理战略目标和规划等，保障个人信息处理活动合法合规；制定内部合规管理制度，明确合规管理要求和流程，督促各部门贯彻落实，确保合规要求融入各项业务领域；组织开展合规检查，监督、审核、评估、处理个人信息行为的合规性，及时制止并纠正不合规行为，对违规人员进行责任追究或者提出处理建议；组织或者协助业务部门、人事部门开展个人信息保护合规教育培训，为业务部门和员工提供合规咨询；建立个人信息保护影响评估和个人信息处理活动记录，组织或者协助业务部门、人事部门将合规责任纳入岗位职责和员工绩效考评体系，建立合规绩效指标；妥善应对个人信息保护安全事件，组织协调资源配合履行个人信息保护职责的部门进行调查并及时制定和推动实施整改措施及其他与个人信息保护合规有关的工作。

第四节　数据合规管理措施

　　企业应当从数据清单、隐私政策、数据安全审核、数据处理规则以及补充保护措施等方面，建立完全、必要、务实的数据合规管理体系。

一、开展个人数据核查，制定数据清单

　　企业应当对收集使用的个人信息抑或隐私等数据有清晰的认知，并对数据进行全生命周期的管理。这就要求企业在对数据处理过程进行全面的调研后，形成清晰的数据清单以及数据映射图表。对于在运营过程中收集、存储、使用、加工、传输、提供的个人信息数据，企业应分别

列出其收集的方式、使用的目的、范围、期限、涉及的第三方、输出物等关键内容，如按照 SIPOC 方法论，从 Supplier（提供者）、Input（输入）、Process（处理）、Output（输出）、Client（接收者）等方面分别列示数据处理活动。同时企业亦应当以数据清单为基础，通过数据映射图表对业务场景、企业岗位职责、对应合规要求等进行划分和风险分析，根据法律法规的监管要求，不断丰富和完善对业务活动的合规管理要求。

二、制定数据合规文件

制定数据合规政策是企业开展数据保护合规工作的具体依据及风向标。企业应当在数据合规政策中集中体现良好的数据保护价值观、卓越的管理措施与技术能力以及企业获得的数据安全认证资质等。在内容上，企业可以从管理体系建设、界定合规管理客体、数据合规一般性要求、专项治理、相关方管理、合规审计等方面制定数据合规的原则性规范。另外，数据合规政策应当与企业发展战略相匹配，引导各部门结合业务场景去识别、应对业务活动中的数据保护风险，并建立基于实际业务操作的行为指引。通过数据合规政策的合理化、透明化，有助于增加用户对企业的信赖度，推动企业数据合规的自律性。

三、落实数据安全审核

企业应当通过建立数据安全保护机制、数据分类分级管理与保护制度，数据出境申报审核等制度，全面落实数据安全审核。其中，企业应当重点针对国家秘密、关键信息基础设施数据、重要数据以及个人信息，根据是否存在被窃取、泄露、毁损或出境，以及是否有可能被国外机构影响、控制、非法利用等风险进行风险排查。比如在发布新产品、新服务时，开展数据保护影响评估。同时，对于数据出境以及域外执法司法活动，应当按照有关法律法规进行安全评估和提交审批申请。对于发现的数据安全漏洞以及潜在威胁，企业应当积极、及时、专业地进行处理和应对，切实增强企业数据安全意识与防范能力。

四、完善数据处理规则

企业应当加强数据主体权利管理，全面支持用户的知情权、访问权、删除权、更正权、拒绝权等权利，将履行合规管理义务的实际行动嵌入业务流程中。对于数据的收集、使用和处理，企业应当对数据主体进行明确的告知，并征得相关主体的同意，不得通过默认同意、强制捆绑、不同意就限制权限等方式违法违规收集和使用相关数据。对于个人信息和重要数据，企业应当进行脱敏处理，并且不得违法违规对用户进行画像或进行强制个性化推送，谨慎处理数据出境事宜。当数据的收集和使用授权到期、被撤回或者数据主体要求销毁数据时，企业应当保障数据传输中断、撤回、销毁等技术手段的安全性、保密性、合法性、彻底性，实现数据全生命周期的安全保障。

五、配套必要保护措施

企业应当加强对数据流通全链条的数据安全合规管理。针对委托第三方进行数据处理或共同处理，以及接收第三方数据信息的情况，应当与相关方签订数据安全保障合约，明确相关人员的信息安全管理职责，制定严格的数据引入、对接、传输、流通的合规管理体系。另外，对网络安全访问、授权验证、大数据风控、数据安全存储及恢复等关键点，在技术上进行完善，在管理上严格要求，围绕业务场景及境内外法律实践制定配套的必要保护措施。同时，企业应当建立健全数据安全事件的申诉和举报路径，保障企业内外部的数据安全沟通渠道，实现数据安全合规闭环。

第五节 数据合规技术要求

技术工具是落实各项安全管理要求的有效手段，也是支撑数据合规管理体系建设的能力基础。企业需要采用全面、有效、可操作的技术合规手段，根据不同业务场景的合规重点和风险监控实现管控。具体而言，首先，企业应当参照国家相关标准，建立数据分类分级保护制度。其次，对于可能影响国家安全、社会重大利益以及个人信息安全的数据进行安全审查与安全评估工作。最后，企业应投入适当资源引入先进的合规管理工具，以提高合规管理的效率。

一、建立数据分类分级保护制度

数据分类分级是根据法律法规以及业务需求，明确组织内部的数据分类分级原则及方法，并对数据进行分类分级标识，以实现差异化的数据安全管理。一方面，企业应制定数据分类分级的管理制度，如分类分级的规则与标准，包括分类分级的规则标准、操作流程，以及对企业员工进行数据分类分级的相关培训。另一方面，企业应当关注本行业的特殊数据监管要求，基于数据在业务场景与运营管理中的处理活动，识别出存储在不同地方的数据信息，以及数据使用与传输的路径。同时，通过各业务部门输出的数据类别、全生命周期路径等，形成各项数据清单。

经过梳理和汇总形成数据清单之后，企业应根据数据的属性对数据进行分类，根据数据对企业业务的重要程度，以及数据泄露后可能造成的影响大小对数据进行分级，为数据安全定级做好基础工作。对于不同级别的数据，企业应制定相应的数据保护要求，如采取不同级别的数据加密手段，以及制定不同的数据备份策略等。对于被判定为核心数据、重要数据、商业机密以及个人信息的数据，企业应厘清其使用及应用场景，并根据企业的风险偏好单独制定合法合规的安全保护策略，明确数据的使用、传输和存储规则、保护和应急管理规则。

根据数据分类分级安全保护策略，企业应对数据分类分级保护制定整体规划设计，建立数据安全防护流程，明确数据安全责任人或专门部门，落实和监督数据分类分级保护制度，并应通过数据保护管控评估矩阵对数据安全保护的落实情况进行监控。

企业还应建立数据资产管理平台，部署数据标签工具，实现数据批量标签管理的自动化，严格管理企业商业机密、核心数据、重要数据以及个人信息的使用、传输和存储，在技术和管理上发挥风险排查和安全堵漏的功能，如及时发现任何员工或部门存在违反企业数据分类分级策略的行为，应当及时纠正和处理。

二、数据安全监控预警

数据安全保护应当以数据安全风险排查与监控为基础。对可能影响国家安全、社会重大利益以及个人信息安全的数据进行安全审查与安全评估工作。同时，企业可以根据数据全生命周期的各项安全管理要求，建立组织内部统一的数据安全监控审计平台，对风险点的安全态势进行实时监测。具体而言，企业可以针对账号使用、权限分配、密码管理、漏洞修复等日常工作的数据安全管理要求，利用监控审计平台开展数据合规审计工作，以一定的监控频率对公司内部的数据安全进行自查自纠，对于数据分类分级策略的落实情况、接口安全情况、特殊数据的加密处理情况、异常操作行为等进行识别与监测。

另外，在专项业务中，企业应当以业务线为集合，定期开展专项数据安全审计工作，包括数据全生命周期安全、隐私合规、合作方管理、鉴别访问、风险分析、数据安全实践应急等多方面内容。在业务运营中严格落实事前、事中、事后全闭环数据合规审核，对服务对象的数据内容、数据用户和使用范围进行安全评估。

数据合规风险评估包括识别、分析和评价三个环节。企业应当建立必要的机制和流程，识别合规要求，分析业务现状与合规要求间的差距以及可能造成违规的原因，并对风险发生的可能性、后果严重程度进行评价，结合业务发展战略、市场环境与风险承受能力确定合规风险优先级。具体而言，企业应当建立合规风险识别、评估和处置的制度和流程，突出重点领域、重点环节和重点人员，对风险发生的可能性、影响程度、潜在后果等进行系统分析，针对发现的风险制定预案，采取有效措施，及时应对处置，切实防范数据安全风险。

三、善用合规管理工具

先进的合规管理工具是企业投入资源开展合规工作最明显和最直接的证据。当前越来越多的公司引入 IT 系统以提高合规管理的效率，对来自不同业务系统的数据进行统计和分析，以形象化的方式展现企业合规风险状况及合规工作成效，支撑业务部门及合规管理部门进行决策。同时，使用 IT 系统进行合规管理，也有助于做好文档保存，将各种信息资产固化在系统中，便于实现经验分享及知识沉淀。

合规工具有助于实现公司内部合规管理及业务管理的标准化，并将合规组织架构与企业组织相结合，每个流程节点的处理都设定明确的匹配规则以便明确职责分工，还可以将合作机构等资源进行统一管理，对外咨询所产生的工作成果、内部工作所产生的经验文档、对既往问题的处理记录等都可以保存下来，形成对企业、对合规工作最有价值的数据资产。通过信息化手段优化管理流程，也有助于加强对管理行为依法合规情况的实时在线监控和风险分析。

第六节　数据合规生命周期管理

数据全生命周期主要涵盖收集、存储、使用、共享和转让、公开、删除阶段，针对数据全生命周期的安全管理也是企业开展数据安全管理的核心和难点工作。针对每一个阶段，均应当识别具体的风险点以及合规要点，部署相应的数据安全策略，保障数据全生命周期的保密性、完整性、真实性和可用性。

一、数据收集

对数据进行收集前，应当对数据的合法性基础进行识别和评估。向个人采集个人信息的，应确保在采集的具体场景中已向个人明示采集的范围、方式、目的和相关数据主体权利义务，并且不存在欺诈、诱骗个人信息主体提供个人信息或者相关虚假陈述或表示。对公开信息进行收集的，应当能够证明确定的收集来源，且在收集公开信息的场景中不存在违法违规对数据进行访问和收集的动作。如通过第三方共享、转让间接获取数据的，应要求第三方提供数据的合法来源并对此进行确认。在数据收集环节，企业应当保留相应的合规性文件，包括合法性基础、收集目的、政策告知的记录、委托处理协议等成文文件或日志记录。

二、数据存储

对于个人信息的保存，要求其存储期限应为实现个人信息主体授权使用目的所必需的最短时间。企业应当基于法律、监管和商业的要求，制定并维持其各类数据的存储时间列表，并从技术和管理上保障相应操作的实施。对于存储介质，企业应当对存储的可移动介质或设备使用予以备份。一般情况下，应当对存储介质进行相应的加密设置，如未进行加密处理的，企业应当采取相应的流程和控制措施以降低数据泄露的风险。

对于去标识化处理，企业在完成对数据的收集后，宜立即进行去标识化处理，并采取技术和管理方面的措施，将去标识化后的信息与可用于恢复识别的个人信息分开存储并加强访问和使用的权限管理。另外，如基于数据的使用目的完成或者处理结束后，或者当企业发生特殊状况需停止运营时，亦应当对个人信息进行去标识化或者相应的删除处理。对于个人生物识别信息，企业应当采用加密等安全保密措施，并且将个人生物识别信息与其他个人身份信息分开存储。

三、数据使用

在业务活动中所使用的个人信息应当具有合法的收集来源，并且与收集目的具有合理关联。以与收集目的不具有合理关联的目的使用个人信息前，企业应当主动向数据主体告知新的使用目的、所涉及的信息类型，并同步告知可选择退出的路径。

关于基于用户画像进行个性化推送时，应当向个人信息主体提供简单直观地退出或者关闭的选项，同时应提供不针对其个人特征的选项。个性化展示的内容应当能够与非个性化展示内容显著区分，如明确标明"定推"等字样，或通过栏目、板块、页面等进行区分。业务运营所使用的系统带有自动化决策算法及功能的，并且该自动化决策可能对个人信息主体的合法利益带来直接影响的，应保障相应的投诉和咨询渠道。

四、数据共享和转让

对于数据的共享与转让，企业应当事先开展个人信息安全影响评估，并依据评估结果采取有效的保护措施。同时，应当向个人信息主体告知共享、转让个人信息的目的、数据接收方的类型，并事先征得个人信息主体的授权同意。如涉及个人敏感信息的，还应当告知涉及的个人敏感信息的类型、数据接收方的身份和数据安全能力，并事先征得个人信息主体的单独、明示的同意。企业应当通过书面合同的方式对数据接收方的数据安全保护责任和义务进行明确约定，并且准确记录和保存数据的共享、转让情况，包括相应的日期、数量、目的、接收方的接收情况和后续跟踪。

当企业发现数据接收方出现违反法律法规规定或者合同约定的义务时，应当采取相应手段立即要求接收方停止相关行为，采取有效的补救措施，如更改口令、切断连接点、回收权限等，控制和消除个人信息面临的安全风险。必要时企业应当解除与数据接收方的业务关系，并要求数据接收方及时删除或销毁相关数据。

五、数据公开

个人信息的公开披露往往涉及个人信息保密性较高程度的侵入，尤其当所公开披露的个人信息为隐私权所保护的私密信息或者属于个人敏感数据时，公开披露将伴随着更高的合规风险。

原则上，禁止将个人生物识别信息和公民的种族、民族、政治观点、宗教信仰等个人敏感数据分析结果对外进行公开披露。如法律授权或需要公开的，企业应当事先开展个人信息安全影响评估，准确记录和保存相应的公开披露的情况、披露的来源与披露的权利合法性基础。

六、数据删除

企业应建立数据销毁机制，明确存储介质删除方法，建立严格的数据删除申报及审批程序，同时采用可靠的技术手段，确保被删除和销毁的用户个人电子信息不能被再次还原。针对不同的存储介质和设备有其不可逆的销毁技术及流程，建立销毁监察机制，严防数据销毁阶段可能出现的数据泄露问题。

第三章
日常运营数据合规

第一节　合格隐私政策的要求
第二节　最小必要原则的理解与适用
第三节　知情同意原则应用中的常见问题
第四节　网站数据合规常见问题及应对策略
第五节　嵌入SDK运营的数据合规管理
第六节　数据爬虫的合法性边界
第七节　用户数据权利请求的合规化应对
第八节　数据泄露危机事件的合规化应对

第一节　合格隐私政策的要求

制定并公开发布隐私政策是个人信息处理者履行个人信息保护合规义务的重要体现，也是保障个人信息主体知情权的重要手段。隐私政策应清晰、准确、完整地描述个人信息处理者的个人信息处理活动，并以便于用户阅读、理解的视角，向个人信息主体展现可能会对个人权益产生影响的重点内容。随着执法活动的越发频繁、新兴业态的不断发展，如何撰写一份合格的隐私政策成为企业面向用户提供产品或服务前需要着重关注的话题。本节汇总了在撰写隐私政策的过程中遇到的高频问题。

一、场景及受众

从适用场景来看，无论是运营 App、小程序、网站，还是公众号，只要企业涉及个人信息收集、使用等处理活动，即应考虑通过制定隐私政策的方式向用户履行告知义务（行业实践中将隐私政策称为个人信息处理规则）。

目前，通信、医疗、智能汽车、金融等行业通常被认为是数据合规监管重点关注的行业，该类行业内的相关企业应重点关注《个人信息保护法》提出的隐私政策制定的要求。

关于隐私政策的受众，根据《个人信息保护法》第 17 条，个人信息处理者在处理个人信息前，应当向个人告知法定事项，告知方式可以采用制定个人信息处理规则，即隐私政策。因此，本质而言，隐私政策是制定给用户个人看的。

二、主要内容

如前所述，制定并公开隐私政策是企业向用户告知个人信息处理相关法定告知事项的方式。因此，隐私政策的主要内容要包括：个人信息处理者的名称或者姓名和联系方式；个人信息的处理目的、处理方式，处理的个人信息种类、保存期限；个人行使《个人信息保护法》规定权利的方式和程序；法律、行政法规规定应当告知的其他事项。

参考《信息安全技术 个人信息安全规范》（GB/T 35273-2020）的有关规定，在隐私政策中应写明的事项还包括：收集、使用个人信息的业务功能，以及各业务功能分别收集的个人信息类型；提供个人信息后可能存在的安全风险及不提供个人信息可能产生的影响；对外共享、转让、公开披露个人信息的目的、涉及的个人信息类型、接收个人信息的第三方类型，以及各自的安全和法律责任（如有）；涉及数据出境的相关情况等事项。

另外，如果前述事项发生变更，企业还应当将变更的部分告知个人。

三、常见问题及建议

在明确隐私政策的场景、受众及主要内容后，本部分将重点讨论隐私政策撰写过程中的常见问题，为企业撰写合格的隐私政策提供参考。

典型问题一：

如何确定公司的哪些产品或场景需要制定隐私政策？

回复：

通常语境下，隐私政策即个人信息处理规则，用于向用户展示可能会对个人权益产生影响的重点内容。因此，企业要确定哪些产品或场景需要制定隐私政策，首先应判断自身提供的哪些产品或者场景涉及个人信息的处理。如需判断是否涉及个人信息处理活动，过程中需要识别个人信息以及具体的个人信息处理行为。

第三章　日常运营数据合规

典型问题二：

隐私政策内容太长太复杂了，用户看不懂提出了很多疑问，企业该怎么办？

回复：

由于法律法规的规定，隐私政策需要对个人信息处理规则进行"全量告知"，难免冗长烦琐，对于普通用户而言，阅读友好性较差。因此，企业可以考虑提供隐私政策摘要，或者提供简化版的隐私政策。如选择制作简化版隐私政策的，企业在制作时可以考虑通过以下步骤梳理思路：

在内容上，优先提炼隐私政策的核心规则，即用户最关心的问题，包括但不限于主要业务功能收集和使用的必要个人信息、敏感个人信息情况以及用户关心的权限调用情况等。

在呈现形式上，可以考虑将简化版隐私政策放到完整版隐私政策正文的顶部，或与完整版隐私政策以并列超链接的形式在弹窗中展示。

在风险控制上，于简化版隐私政策的显著位置说明该文本仅为简化版隐私政策，不应被视为对用户进行告知的完整文件，关于企业的个人信息处理规则以完整版隐私政策中告知的内容为准。

典型问题三：

需要收集的个人信息类型很多，包括姓名、性别、出生日期、居住地、手机号、昵称、头像……且 App 的业务功能也很多，不同的业务功能所要收集的个人信息类型和收集目的又不尽相同，因此收集和使用的个人信息类型、目的、方式难以一一列举，可以用"等""例如""包括但不限于"这类词语来概括吗？

回复：

不可以。《个人信息保护法》第 17 条对于告知事项有"真实、准确、完整"的要求，企业在每个业务功能或场景下说明其所收集和使用的个人信息种类时，应逐项列举，不应使用"等""例如""包括但不限于"等表述。

典型问题四：

隐私政策里要说明向第三方提供个人信息的情况，提供第三方插件的清单是否可以？

回复：

需视情况判断。第三方插件清单不等同于向第三方（其他个人信息处理者）提供个人信息情况的说明。第三方插件清单主要说明在企业的产品上嵌入了哪些第三方供应的插件，对于插件的披露并不区分插件运营主体和企业之间的法律关系；而向第三方提供个人信息情况的说明是基于《个人信息保护法》等法律法规的要求，对于企业向其他个人信息处理者提供个人信息这一行为所对应的相关事项进行完整的说明，包括该行为下接收方的名称或者姓名、联系方式、处理目的、处理方式和个人信息的种类。此外，企业除了通过嵌入第三方插件的方式向其他个人信息处理者提供个人信息外，还可以通过其他方式进行提供。

因此，仅提供第三方插件的清单，不一定能够保证企业已经充分履行了向其他个人信息处理者提供个人信息的相关告知义务。企业应当梳理与第三方主体之间的个人信息处理法律关系，根据法律法规的要求通过隐私政策等文本进行告知。

典型问题五：

公司不存在个人信息出境的情形，这块内容可以直接省略吗？

回复：

虽然企业不涉及向境外提供个人信息的情况，但是如果在隐私政策中直接删除该部分内容可能引发用户对隐私政策文本完整性的怀疑。对此，企业可以考虑通过对个人信息存储地区的描述来说明个人信息不存在向境外提供的情况，避免常规内容的缺失而引起用户关注。

典型问题六：

用市面上的自动化合规检测工具测试隐私政策，已经显示合格，是否代表隐私政策合规？

回复：

隐私政策合规属于产品合规的重要部分，仅凭文本内容的表面合规并不能确保企业充分履行了个人信息保护合规义务。隐私政策的合规，依赖业务流、个人信息流的梳理工作，过程中需要进行充分的调查，确保摸清每个业务、功能或场景下的个人信息处理情况。通过套用行业标杆的模板，或简单地仅通过自动化工具进行检测，都不能保证企业的隐私政策符合法律法规的基本要求。

因此，企业可以通过自动化工具初步审查隐私政策可能存在的问题，但是还需通过多种核查手段进行深入、彻底的内部调查，方能实现撰写一份合格的隐私政策的目标。

上述问题只是在撰写隐私政策时可能会遇到的部分问题，需要企业深入思考并妥善解决的问题远不止这些。总体而言，一份合格的隐私政策，不仅需要满足法律法规的基础要求，还需要充分考虑企业自身实际情况，同时在呈现上还需要实现用户友好。随着个人信息保护执法活动的越发频繁、个人的个人信息保护意识不断提升，企业需要更加关注隐私政策撰写的合规问题。

第二节　最小必要原则的理解与适用

最小必要原则作为我国个人信息保护领域立法的基本原则之一，贯穿我国相关领域立法的多个层级，在法律、行政规章、国家及行业标准等规范性文件中均有体现。自 2019 年 App 治理工作开展以来，基于最小必要原则，工信部、网信办等监管部门始终将"超范围收集个人信息""强制授权""过度索权"作为 App 监管检查的重点领域，而围绕最小必要原则，司法实践中也涌现了一批包括公益诉讼案件在内的典型案件。本节就 App 运营者应当如何理解并适用最小必要原则展开讨论。

一、内涵与要求

最小必要原则是国内外个人信息保护立法中被普遍采纳的个人信息处理原则，其源自传统的比例原则。对最小必要原则的理解，应包含以下内容：

"最小必要"的基础为存在"必要性"，个人信息处理活动应仅限于"必要"范围。判断某一个人信息处理活动是否具有必要性，需根据个人信息处理目的进行分析。如果不开展某一活动，则无法实现特定个人信息处理目的，那么该类活动即是"必要"的。关于特定场景下如何界定个人信息处理目的，仅从用户角度考虑用户的服务需求，还是也需考虑 App 运营者的商业需求、提供服务的成本负担、数据财产的价值释放等问题，以及如何在二者之间取得平衡，目前法律并未给出指引，需结合具体场景具体分析。

"最小必要"以"最小"对"必要"进行限定，意味着个人信息处理应限制在为实现特定目的所必不可少的范围内，即离开某项个人信息的处理，就无法合理地通过其他手段实现该目的。"最小"的内涵包括以尽可能减小对个人信息主体权益可能造成的影响和侵害为基本逻辑，实现处理类型尽可能少、处理范围尽可能小、存储时间尽可能短、共享范围尽可能小、处理频率尽可能低等。

二、执法实践

（一）行政执法实践概述

实践中，自 2019 年 App 治理工作全面开展以来，工信部、网信办等监管机构始终将最小必要原则作为治理工作的重点，并在发布的治理公告中加以强调，"App强制授权、过度索权、超范围收集个人信息的现象大量存在，违法违规使用个人信息的问题十分突出"。数年来，App治理工作组对数千款App进行了检测，其中大量被通报整改的App涉及的违规事项包括"违反必要性原则收集使用个人信息"。

尽管相关检测整改通报中未就App"违反必要性原则收集使用个人信息"的具体情形、超范围收集个人信息的类型、判定标准等进行说明，但通过监管机构发布的相关报告、出台的相关规范可以看出行政监管机构倾向于采取严格适用最小必要原则的立场。

根据《App违法违规收集使用个人信息行为认定方法》（国信办秘字〔2019〕191号）的规定，App运营者只有实现现有业务功能需要，才能收集个人信息；不得仅以改善服务质量、提升用户体验或定向推送信息等为由强制要求用户同意收集个人信息。

《常见类型移动互联网应用程序必要个人信息范围规定》（国信办秘字〔2021〕14号）对39类常见应用程序的必要个人信息的范围进行界定，该界定从用户的角度出发，将必要个人信息的范围限定为最小值。

国家计算机网络应急技术处理协调中心与中国网络空间安全协会于2021年12月发布的《App违法违规收集使用个人信息监测分析报告》中也提到，部分App出于精准用户画像、推广营销等商业目的，想方设法超出实现功能的必要范围收集更多个人信息。

（二）行政执法具体案例

2021年5月，网信办对输入法类App进行了检测，并对包括搜狗等在内的15款输入法App进行了点名，以"违反必要原则，收集与其提供的服务无关的个人信息"为由要求在10个工作日内完成整改。根据《常见类型移动互联网应用程序必要个人信息范围规定》，输入法类App基本功能服务为"文字、符号等输入"，用户无需提供个人信息即可使用基本功能服务。此后，仅有百度输入法按期完成整改，其他App均因未能限期完成整改而被下架，其中讯飞第一个获批重新上架。

从审核未遭下架的百度输入法 App 与率先恢复上架的讯飞输入法 App 在专项治理前后采取的具体整改措施，可以看出 App 专项治理的主要关注点（见表2）：

表2

App 名称	治理阶段	隐私政策条款
百度输入法	未下架	逐项列明每种业务功能分别对应收集的个人信息种类，且明确打字功能为基本业务功能。
讯飞输入法	下架前	未逐项列明每种业务功能分别对应收集的个人信息种类，不同业务功能条款界限不清。
讯飞输入法	重新上架	逐项列明每种业务功能分别对应收集的个人信息种类；说明打字功能为其基本业务功能，且不需要收集任何信息。

可以看出，讯飞输入法 App 针对最小必要原则进行 App 专项治理整改时，在隐私政策条款方面对不同业务功能下收集的个人信息进行了逐项列明，使得不同业务功能之间，尤其是基本业务功能与扩展业务功能之间的信息收集界限明确清晰，同时当用户仅使用基本业务功能时仅收集最小范围的个人信息。

三、合规管理建议

在 App 个人信息保护的监管态势逐步深化的当下，App 运营者更需要密切关注个人信息保护相关立法及实践的发展动态，将数据合规的思维以及最小必要原则充分融入 App 的设计、研发、运营、管理等全周期中。对于最小必要原则在 App 个人信息收集活动中的运用，建议 App 运营者从以下角度进行合规建设。

第一，明确 App 基本业务功能与扩展业务功能。建议 App 运营者在 App 产品设计和研发之初就明确该款 App 的基本和扩展业务功能，并在隐私政策条款中尽可能对基本和扩展业务功能进行区分，逐一列明不同业务功能项下所对应的个人信息收集范围、处理目的、处理方式等。

第二，确定基本业务功能所能收集的个人信息的最小范围。为最大限度规避行政合规风险，建议 App 运营者对照《常见类型移动互联网应用程序必要个人信息范围规定》（国信办秘字〔2021〕14 号）确定基本业务功能下可收集的必要个人信息的范围。对于超出上述范围的与基本业务功能相关的个人信息收集，应当向用户明示其所收集个人信息的目的并经用户自主选择同意。

第三，对扩展业务功能所需个人信息的处理，应当向用户明示其所收集个人信息的目的并经用户同意，且该同意不应以强制绑定、若不同意则拒绝提供基本业务功能等方式获取。建议运营者考虑通过交互界面设计（如弹窗、文字说明、填写框、提示条、提示音等形式），向用户逐一告知所提供的扩展业务功能及所必需收集的个人信息，并允许用户对扩展业务功能逐项选择同意或拒绝。

需要特别说明的是，目前存在部分头部平台及运营者，对于扩展业务功能采取"Option-out"的架构设计，即通过隐私政策获取用户对个人信息处理的概括性授权，即默认开启某种扩展功能（如"个性化推荐"功能），同时通过隐私政策等形式明确提示相关功能的关闭路径，并在App中设置单独的权限管理按钮，允许用户对相关功能及个人信息处理授权进行独立于其他功能的单独控制。根据当前的监管实践，尽管尚未见到任何公开案例显示监管部门不认可此种架构设计的合规性，但仍建议运营者关注此类安排的合规风险与监管动向。

第三节　知情同意原则应用中的常见问题

知情同意原则是数据合规实践的入口，是数据处理最重要的合法性基础。对"知情"和"同意"的拆分或组合进行准确理解，是确保数据处理行为合规的重要前提。实践中常见的未充分履行告知义务、未经同意收集、超范围收集等数据违规行为，多是由于对该原则的理解和执行不到位造成的。本节将结合现有文件规定，系统性梳理数据合规实践中常见的知情同意原则违规类型，也便于数据从业者类别化掌握这一数据合规的首要原则。

一、常见违规类型

依据《个人信息保护法》、《App 违法违规收集使用个人信息行为认定方式》、《信息安全技术 个人信息安全规范》(GB/T 35273-2020)等文件的规定,企业在数据合规实践中的常见违规类型如下:

(一)未履行告知义务

个人信息处理者在不具备法定无须告知事由的情形下,不履行告知义务即构成违规,以下三种情形可视为没有履行告知义务:(1)未向个人信息主体告知收集信息的目的及种类等,便开始收集个人信息;(2)在网站或 App 中没有隐私政策,或者隐私政策中没有收集使用个人信息规则;在 App 首次运行时未通过弹窗等明显方式提示用户阅读隐私政策等收集使用规则;(3)隐私政策等收集使用规则难以访问、难以阅读。

(二)未充分履行告知义务

如果信息处理者履行了告知义务,但由于不符合告知要求,也会被认定为未充分履行告知义务:(1)向个人信息主体告知采集信息的目的、方式、范围不全;(2)未逐一列出 App(包括委托的第三方或嵌入的第三方代码、插件)收集使用个人信息的目的、方式、范围等;(3)收集使用个人信息的目的、方式、范围发生变化时,未以适当方式及时通知用户;(4)在申请打开可收集个人信息的权限,或申请收集用户身份证号、银行账号、行踪轨迹等个人敏感信息时,未同步告知用户其目的,或者目的不明确、难以理解;(5)有关收集使用规则的内容晦涩难懂、冗长烦琐,用户难以理解,如使用大量专业术语等。

(三)未经同意收集和提供个人信息

未经同意收集和对第三方提供个人信息的情形包括以下:

同意前收集:征得用户同意前就开始收集个人信息或打开可收集个人信息的权限。

拒绝后收集:用户明确表示不同意后,仍收集个人信息或打开可收集个人信息的权限，或频繁征求用户同意、干扰用户正常使用。

授权外收集：实际收集的个人信息或打开的可收集个人信息权限超出用户授权范围。

默示同意收集：以默认选择同意隐私政策等非明示方式征求用户同意。

更改权限：未经用户同意更改其设置的可收集个人信息权限状态，如 App 更新时自动将用户设置的权限恢复到默认状态。

未提供非算法选择：利用用户个人信息和算法定向推送信息，未提供非定向推送信息的选项。

误导收集：以欺诈、诱骗等不正当方式误导用户同意收集个人信息或打开可收集个人信息的权限，如故意欺瞒、掩饰收集使用个人信息的真实目的。

未提供撤回同意选项：未向用户提供撤回同意收集个人信息的途径、方式。

与隐私政策不符：违反其所声明的收集使用规则，收集使用个人信息。

非法向第三方提供：既未经用户同意，也未做匿名化处理，App 客户端直接或通过后台服务器、接入第三方应用等方式，向第三方提供个人信息。

（四）超范围收集个人信息

以下情形将被认定为超范围采集个人信息：

目的不相关：收集的个人信息类型或打开的可收集个人信息权限与现有业务功能无关。

目的不明确：仅以改善服务质量、提升用户体验、定向推送信息、研发新产品等为由，强制要求用户同意收集个人信息。

范围扩大化：新增业务功能申请收集的个人信息超出用户原有同意范围，若用户不同意，则拒绝提供原有业务功能。

频度非必要：收集个人信息的频度等超出业务功能实际需要。

信息非必要：因用户不同意收集非必要个人信息或打开非必要权限，拒绝提供业务功能。

一键授权同意：要求用户一次性同意打开多个可收集个人信息的权限，用户不同意则无法使用。

二、违规案例与合规建议

【案例一】微博诉脉脉案[①]

在"微博诉脉脉案"中，涉及个人信息处理行为的"知情同意"问题。北京微梦创科网络技术有限公司（以下简称微梦公司）与北京淘友天下技术有限公司（以下简称淘友技术公司）、北京淘友天下科技发展有限公司（以下简称淘友科技公司）之间签订的《开发者协议》中约定："2.5.1 规定：开发者应用或服务需要收集用户数据的，必须事先获得用户的同意，仅应当收集为应用程序运行及功能实现目的而必要的用户数据和用户在授权网站或开发者应用生成的数据或信息。开发者应当告知用户相关数据收集的目的、范围及使用方式，以保障用户的知情权。"淘友技术公司、淘友科技公司在合作过程中获取了非脉脉用户的新浪微博信息并将其使用于脉脉用户的"一度人脉"中，但未获得非脉脉用户的同意。

【问题聚焦】

淘友技术公司、淘友科技公司未取得用户同意收集并使用非脉脉用户的相关新浪微博信息，侵犯了用户的知情权和自由选择权，违背了互联网企业在利用用户信息时应当遵守的一般商业道德。

新浪微博用户选择对公众公开个人信息，并不意味着淘友技术公司、淘友科技公司可以未经新浪微博用户的同意，获取用户头像信息、标签信息、职业信息、教育信息并展示在脉脉软件的人脉详情中。《消

[①] 本案例根据（2016）京 73 民终 588 号判决书整理而成。

费者权益保护法》第29条第1款规定:"经营者收集、使用消费者个人信息,应当遵循合法、正当、必要的原则,明示收集、使用信息的目的、方式和范围,并经消费者同意。经营者收集、使用消费者个人信息,应当公开其收集、使用规则,不得违反法律法规的规定和双方的约定收集、使用信息。"《全国人民代表大会常务委员会关于加强网络信息保护的决定》第2条第1款规定:"网络服务提供者和其他企业事业单位在业务活动中收集、使用公民个人电子信息,应当遵循合法、正当、必要的原则,明示收集、使用信息的目的、方式和范围,并经被收集者同意,不得违反法律、法规的规定和双方的约定收集、使用信息。"网络服务提供者收集、使用用户信息应当遵循合法、正当、必要的原则并经被收集者同意,这是互联网企业在利用用户信息时应当遵守的一般商业道德。

OpenAPI开发合作模式中数据提供方向第三方开放数据的前提是数据提供方取得用户同意,同时,第三方平台在使用用户信息时还应当明确告知用户其使用的目的、方式和范围,再次取得用户的同意。因此,在OpenAPI开发合作模式中,第三方通过OpenAPI获取用户信息时应坚持"用户授权""平台授权""用户授权"三重授权原则。淘友技术公司、淘友科技公司没有基于《开发者协议》在取得用户同意的情况下读取非脉脉用户的新浪微博信息,未尊重用户的知情权及自由选择权,一定程度上破坏了OpenAPI合作开发模式。互联网技术飞速发展,各种新型的开发模式及应用不断涌现,难免会出现技术的不足或管理的缺陷,当面临可能触及消费者利益时,网络经营者应当本着诚实信用的原则,遵守公认的商业道德,以保护消费者的利益为优先选择。在大数据时代,如何对用户数据信息进行保护以及如何进行合法的商业化利用必将成为重要的课题,这需要所有网络经营者及互联网参与者的共同努力。

【案例二】滴滴侵犯个人信息行政处罚案[①]

根据网络安全审查结论及发现的问题和线索，国家互联网信息办公室依法对滴滴全球股份有限公司（以下简称滴滴公司）涉嫌违法行为进行立案调查。经查实，滴滴全球股份有限公司违反《网络安全法》《数据安全法》《个人信息保护法》的违法违规行为事实清楚、证据确凿、情节严重、性质恶劣。2022年7月21日，国家互联网信息办公室依据《网络安全法》《数据安全法》《个人信息保护法》《行政处罚法》等法律法规，对滴滴全球股份有限公司处人民币80.26亿元罚款，对滴滴全球股份有限公司董事长兼CEO程维、总裁柳青各处人民币100万元罚款。

【问题聚焦】

滴滴公司在该行政处罚案中存在过度收集个人信息、强制收集敏感个人信息、App频繁索权、未尽个人信息处理告知义务、未尽网络安全数据安全保护义务等违法违规行为。

滴滴公司存在的违法事实包括八个方面：一是违法收集用户手机相册中的截图信息1196.39万条；二是过度收集用户剪切板信息、应用列表信息83.23亿条；三是过度收集乘客人脸识别信息1.07亿条、年龄段信息5350.92万条、职业信息1633.56万条、亲情关系信息138.29万条、"家"和"公司"打车地址信息1.53亿条；四是过度收集乘客评价代驾服务时、App后台运行时、手机连接桔视记录仪设备时的精准位置（经纬度）信息1.67亿条；五是过度收集司机学历信息14.29万条，以明文形式存储司机身份证号信息5780.26万条；六是在未明确告知乘客情况下分析乘客出行意图信息539.76亿条、常驻城市信息15.38亿条、异地

[①] 本案例根据国家互联网信息办公室于2022年7月21日发布的对滴滴全球股份有限公司依法作出网络安全审查相关行政处罚的决定及国家互联网信息办公室有关负责人就对滴滴全球股份有限公司依法作出网络安全审查相关行政处罚的决定答记者问整理而成。参见《国家互联网信息办公室对滴滴全球股份有限公司依法作出网络安全审查相关行政处罚的决定》，http://www.cac.gov.cn/2022-07/21/c_1660021534306352.htm。

商务/异地旅游信息 3.04 亿条；七是在乘客使用顺风车服务时频繁索取无关的"电话权限"；八是未准确、清晰说明用户设备信息等 19 项个人信息处理目的。

滴滴公司违法违规行为情节严重，结合网络安全审查情况，应当予以从严从重处罚。一是从违法行为的性质来看，滴滴公司未按照相关法律法规规定和监管部门要求，履行网络安全、数据安全、个人信息保护义务，置国家网络安全、数据安全于不顾，给国家网络安全、数据安全带来严重的风险隐患，且在监管部门责令改正情况下，仍未进行全面深入整改，性质极为恶劣。二是从违法行为的持续时间来看，滴滴公司相关违法行为最早开始于 2015 年 6 月，持续时间长达 7 年，持续违反 2017 年 6 月实施的《网络安全法》、2021 年 9 月实施的《数据安全法》和 2021 年 11 月实施的《个人信息保护法》。三是从违法行为的危害来看，滴滴公司通过违法手段收集用户剪切板信息、相册中的截图信息、亲情关系信息等个人信息，严重侵犯用户隐私，严重侵害用户个人信息权益。四是从违法处理个人信息的数量来看，滴滴公司违法处理个人信息达 647.09 亿条，数量巨大，其中包括人脸识别信息、精准位置信息、身份证号等多类敏感个人信息。五是从违法处理个人信息的情形来看，滴滴公司违法行为涉及多个 App，涵盖过度收集个人信息、强制收集敏感个人信息、App 频繁索权、未尽个人信息处理告知义务、未尽网络安全数据安全保护义务等多种情形。

第四节　网站数据合规常见问题及应对策略

作为传统的内容展示平台，网站无需安装，在浏览器输入网址即可进行访问。上述特征使得用户使用网站的随意性较强、黏性较低。此外，相较于基于高度便携的手机设备能够通过多种方式与用户互动的 App，网站与用户交流互动的方式单一，仅在表单填写、在线客服等特定场景下可实现与用户的互动交流。并且，由于网站界面内容丰富，单一链接难以引起用户注意。由于上述特点，网站在隐私政策制定、个人同意的获取、Cookie 使用等多方面容易出现合规问题，本节旨在对网站数据合规常见问题进行总结分析，并提出合规对策。

一、告知同意义务履行常见问题

告知处理规则并取得用户个人的明示同意是企业能够合规处理用户个人信息的重要合法性基础之一；而隐私政策则是企业向用户告知个人信息处理规则并取得同意的主要工具。

在网站运营者的告知同意场景中，存在如下较为常见的问题：

（一）未制定隐私政策或其内容未包含依法应告知的全部事项

《个人信息保护法》第 17 条规定了个人信息处理者处理个人信息前应向个人告知的具体事项，包括处理个人信息的目的、方式、个人信息处理者的名称及联系方式、处理的个人信息种类及保存期限、个人行使权利的方式和程序等。

数据合规实践中，依照《信息安全技术 个人信息安全规范》（GB/T 35273-2020）（本节简称《个人信息安全规范》）第 5.5 条的规定，制定并要求用户阅读隐私政策（个人信息保护政策），是企业响应上述合规要求的常见手段。

但是，由于相较于 App，网站收集个人信息的场景、渠道较少，网站运营者相对容易忽视网站中发生的个人信息收集行为，并进而出现通过网站收集个人信息，但并未制定、公布并要求用户阅读隐私政策，或者制定的隐私政策内容不符合相关法规要求的情况。

如下隐私政策制定方面的典型违规情形和应对策略，供企业参考：

违规场景 1：未制定隐私政策

违规情形：某论文查重网站的"联系我们"栏目要求用户填写姓名、联系电话、论文题目、毕业时间等信息，涉及收集个人信息，但网站未制定隐私政策，用户无从了解该网站收集及后续处理其个人信息的目的、方式、范围等规则。

合规对策：制定隐私政策，同时依照《信息安全技术 个人信息安全规范》（GB/T 35273-2020）第 5.5 条第 d 项的规定，在网站主页等显著位置进行公开；依照《信息安全技术 个人信息安全规范》（GB/T 35273-2020）第 5.5 条第 e 项的规定，通过弹窗等交互方式向用户逐一送达该政策。

违规场景 2：隐私政策内容未包含依法应告知的全部事项

违规情形：某摄影交流网站在用户注册时向用户收集了姓名、联系电话、邮箱、摄影时长等信息，但仅通过简单的隐私声明，向用户告知处理、使用其个人信息的目的为提供摄影行业相关资讯等。并未向用户告知个人信息存储期限、个人行使权利的方式和程序等其他依法应告知的事项。

合规对策：确保隐私政策的内容包括个人信息处理者的姓名及联系方式、个人信息的处理目的及处理方式、处理的个人信息种类及保存期限、个人行使权利的方式和程序、向第三方提供个人信息情况等。

（二）因未就全部处理目的获得用户同意，构成未经同意处理个人信息

根据《个人信息保护法》第 13 条，除非符合该条规定的合法处理个人信息的其他情况，否则个人信息处理者在处理个人信息前，应向个人信息主体明示个人信息处理目的、方式、范围等规则，并获得个人信息主体的同意。

然而，网站的信息处理者对于其收集的某项或某些个人信息可能具有多种处理目的和处理方式。网站有可能未向用户告知全部处理目的，进而就部分处理目的未能获得个人同意，并导致相关处理构成未经同意处理个人信息。

如下未就全部处理目的获得用户同意的典型违规情形和应对策略，供企业参考：

违规场景：未依法告知处理个人信息的全部目的，进而未就未告知的处理目的获得用户同意

违规情形：某法考机构网站创设教师互动问答栏目，要求用户提问时需填写姓名、联系方式、年级等个人信息。该法考机构网站主要将上述信息用于一对一回答用户问题和推销课程。然而，该网站隐私政策仅提及了答疑目的，并未披露推销目的。在上述情况下，即使该网站用户点击同意了隐私政策，由于该隐私政策未列举推销目的，该网站将用户信息用于推销法考课程构成未经同意处理个人信息。

合规对策：全面梳理对各类个人信息开展的处理活动及相应处理目的；确保通过隐私政策或其他方式，向个人全面告知处理目的；依法获得个人同意，如涉及处理敏感个人信息，应获得用户的"单独同意"。

（三）难以履行特定情况下的"重新获得个人同意"义务

根据《个人信息保护法》第 14 条第 2 款相关规定，如下情况发生变更的，应当告知个人信息主体并重新取得个人同意：个人信息的处理目的；个人信息的处理方式；处理的个人信息种类。

相较于基于高度便携的手机设备能够通过多种方式与用户互动的 App，网站与用户联系互动的方式较为单一。因此，对网站而言，联系到用户并重新获得其同意困难重重。

如下未能履行特定情况下的"重新获得个人同意"义务的典型违规情形和应对策略，供企业参考：

违规场景：改变个人信息处理目的，但未重新取得个人同意

违规情形：某儿童生日派对策划网站收集用户生日、联系方式等信息。2020 年时，该网站主要使用上述信息与签约客户联系以提供策划服务，其在原隐私政策中也仅写明了这一处理目的。2022 年起，为唤醒老客户，该网站决定使用用户的生日、联系方式，向用户发送生日祝福并附送服务优惠信息。就上述新增目的，网站选择通过网页弹窗提供更新版隐私政策并重新征求同意。但是，由于历史用户较少重新访问该网站，许多收到生日信息的用户并未提前访问该网站并同意更新版隐私政策。在上述情况下，该网站对未进行重新同意的用户发送信息，违反了《个人信息保护法》第 14 条第 2 款的规定。

合规对策：网站对用户个人信息的处理目的、处理方式或处理种类发生变更的，需注意重新获得用户同意。若企业曾收集用户的手机号码、邮箱等联系方式，可考虑通过短信或邮件告知用户隐私政策的更新内容或相关更新内容的查看链接，并向用户说明如何表示同意更新内容，例如，请用户通过明确回复表示同意，或用户不回复反对即表示同意，具体需要根据变更内容依法确定；通过网页弹窗声明变更情况、提供更新版隐私政策，并重新取得用户个人同意。若通过上述方式，仍未重新取得部分用户的同意，则针对该部分用户的个人信息应按照原隐私政策条款进行处理。若难以实现上述区分处理，则建议停止处理相关个人信息，直至重新取得该部分用户的同意。

二、Cookie 合规常见问题

Cookie 是保存在用户电脑等设备的本地的小型文本文件，可以用来记录用户信息、追踪用户访问行为。由于其强大的用户追踪功能，欧盟、美国等司法辖区多年前即出现了针对 Cookie 应用的法律规定、监管实践。

我国虽暂未出现针对 Cookie 的立法，但由于通过 Cookie 收集的相关信息可能属于个人信息，网站在使用 Cookie 技术时仍需注意遵守相关个人信息处理合规义务。建议企业关注如下典型违规场景，从相关方面入手，提升网站使用 Cookie 技术的合规性。

违规场景 1：未充分履行处理个人信息的告知义务

违规情形：某网站使用的 Cookie 会记录用户的登录信息与访问行为。该网站设置了 Cookie 横幅，征求用户关于使用 Cookie 的同意。但是，该横幅中未包含任何关于 Cookie 所涉个人信息处理情况与规则的说明。用户在选择是否授权 Cookie 前，难以了解个人信息处理情况和规则。

合规对策：网站使用的 Cookie 涉及处理个人信息时，网站应以公开且易于访问的形式向用户告知个人信息处理情况及规则。网站可以考虑起草相关说明文本，并以明显的字体字号将该文本的访问链接呈现于同意选择框旁的显著位置，且保持链接跳转流畅。

违规场景 2：个人同意的获取不合理

违规情形：某网站在 Cookie 横幅中仅设置了"同意"选项，"拒绝"选项被放置于个人信息处理规则说明页面的页末，用户难以发现且需多次点击才能拒绝。用户因此可能因为拒绝程序太过烦琐而放弃，被迫选择同意。

合规对策：企业在设计 Cookie 横幅时，应注意遵守《个人信息保护法》第 14 条的规定，确保个人"自愿"作出同意。针对上述情形，网站需注意使选择"拒绝"与选择"同意"具有同样的便捷度。具体而言，可考虑在 Cookie 横幅中并排设置"同意"与"拒绝"选择框。

违规场景 3：个人同意的撤回不便捷

违规情形：某些网站并未提供 Cookie 撤回同意的路径；或将撤回同意的选项放置于页面底端，字号小且颜色浅，以至于用户无法便捷地撤回同意。

合规对策：根据《个人信息保护法》第 15 条第 1 款的规定，基于个人同意处理个人信息的，个人有权撤回其同意。并且，个人信息处理者应当提供便捷的撤回同意的方式。此外，参考《信息安全技术 个人信息告知同意指南（征求意见稿）》第 9.3.2 条的规定，撤回同意的操作容易程度应当与授予同意的操作等同。基于上述规定，建议网站使用 Cookie 横幅征求个人同意时，在横幅中明确用户有权撤回同意，并详细说明撤回同意的路径和方式。

三、无障碍要求及合规建议

信息无障碍指的是任何人在任何情况下都能平等地、方便地、无障碍地获取信息、利用信息。对于视力障碍者、听力障碍者、阅读障碍者等特殊需求群体而言，网站无障碍服务能力建设工作十分关键。

早在 2016 年 3 月 7 日，中国残疾人联合会、国家互联网信息办公室公布《关于加强网站无障碍服务能力建设的指导意见》。该意见提出，到 2020 年底，包括国务院各部门政府网站在内的各级政府门户网站无障碍服务能力应能够满足残疾人的基本需求；同时，要积极引导各级各类公共企事业单位、新闻媒体、金融服务、电子商务等网站的无障碍服务能力达到基本水平，为残疾人平等获取信息、享有公共服务提供便利。

对于企业而言，从践行社会责任的角度出发，想要积极采取相应的无障碍措施，从而帮助残疾人获取信息，需注意较多网站设计要求，相关要求可能贯穿网站搭建的全流程，需要在建设之初就纳入考量。以浏览网页遇到问题最多的视力障碍者为例，网站运营者应注意对纯粹装饰性图片设置屏幕阅读器的屏蔽功能、为鼠标设置悬浮菜单的同时提供键盘交互方式、除图片验证码外补充提供语音验证码或短信验证码等视力障碍者友好型验证方式等。

第五节 嵌入 SDK 运营的数据合规管理

《软件开发包（SDK）安全研究报告（2021 年）》显示[1]，目前国内平均每款 App 集成了超过 20 款 SDK（Software Development Kit）。可以说，每款运营中的 App 背后都活跃着诸多 SDK 的身影。随着个人信息合规监管工作的逐步深入，2022 年以来工信部及其他行政监管部门在 App 侵害用户权益的多轮通报中[2]，开始将 SDK 与 App 并列检测与通报处理，意味着 SDK 已经成为数据合规监管工作又一重点方面。

尽管 SDK 大多由第三方提供，但是其运行往往内嵌在 App 的功能

---

[1] 参见《中国信通院联合腾讯发布〈软件开发包（SDK）安全研究报告（2021年）〉》，https://mp.weixin.qq.com/s/VkaZsJkUEhtddylj9INRFQ。

[2] 参见工信部《关于侵害用户权益行为的APP通报（2022年第1批，总第21批）》，https://www.miit.gov.cn/jgsj/xgj/gzdt/art/2022/art_ad107d53a5fb45479a31a22a20990c33.html;《关于侵害用户权益行为的APP通报（2022年第5批，总第25批）》，https://www.miit.gov.cn/jgsj/xgj/gzdt/art/2022/art_f48b3bac7eac47d48a146b2cb0dcc824.html。

中体现。这一方面要求 App 履行个人信息处理者职责；另一方面又要求 App 注意防范 SDK 的不合规行为对自身造成的危害，给 App 数据合规带来了更大的挑战。本节将从 App 为何要嵌入 SDK 运营、SDK 运营的数据合规风险以及 App 的应对建议三方面对这一问题展开讨论。

一、SDK 的主要应用场景

SDK 是指，一些被软件工程师用于为特定的软件包、软件框架、硬件平台、操作系统等创建应用软件的开发工具的集合。简言之，是第三方服务商提供的实现产品软件某项功能的工具包。

对于 App 而言，嵌入 SDK 运营有诸多优势。

第一，App 开发者可以集中力量开发核心功能，缩短开发周期、节省开发成本。例如，App 开发者为了实现用户可以通过微信、微博等第三方社交软件的账户登录本 App 的功能，需要根据第三方社交软件的要求设计出相匹配的代码程序。此时，App 开发者通过嵌入第三方软件提供的登录类 SDK，则可以直接实现需求，不需要担心代码不符合第三方软件的要求导致程序不能正常运行。

第二，App 开发者可以接入功能类型丰富的 SDK，以提升服务多样性。根据中国信息通信研究院的分类，SDK 被细分为 15 个大类 31 个子类，涵盖广告类、支付类、安全风控类、第三方登录类等诸多功能。App 开发者通过接入 SDK 可以为用户额外提供更多的产品功能。例如，在问答类 App 运营早期主要依靠的问答功能积累用户。在具备一定的用户数量基础后，开发者可以通过嵌入商城类 SDK、支付类 SDK，快速搭建起知识消费产品的销售场景，为用户提供知识类商品购买服务。

第三，App 开发者通过嵌入具备相应资质和能力的开发者发布的 SDK，可以在自身不满足行政资质要求的情况下，通过第三方提供服务的形式实现需求。这是因为某些服务功能的开发和实现具有一定的行政准入门槛或需要满足一定的行政制度要求。例如，根据 2021 年自然资源厅颁布的《测绘资质管理办法》和《测绘资质分类分级标准》规定，导航电子地图制作、提供互联网地图服务需要取得相应的测绘资质。

二、嵌入 SDK 运营的数据合规风险

尽管 SDK 因难以替代的灵活性与实用性在 App 运营中受到广泛青睐，但是其给 App 运营带来的潜在数据合规风险却长期未受到重视。根据中国信息通信研究院技术与标准研究所副所长汤立波介绍[①]，在工信部截至 2022 年 9 月共 25 批次的抽检中，发现存在个人信息保护问题的 App 中，超过 20% 是因第三方 SDK 所造成的。可见，对于 App 运营者而言，做好 SDK 数据合规是难以绕开的重要工作。

SDK 造成的数据合规风险主要体现为以下三个方面：

（一）个人信息收集处理不合规

从工信部以及网信办公布的问题通报来看，行政监管机构对于 App 嵌入 SDK 运营过程中的首要关注问题即为个人信息收集处理是否合法合规。从执法实践来看，SDK 在个人信息收集处理层面会造成的合规风险主要有：未告知收集个人信息的目的、方式、范围，未逐一列出嵌入第三方 SDK 收集使用个人信息的目的、类型；未经授权同意收集、使用、对外提供个人信息，利用 SDK 工具收集与其提供的服务无关的个人信息；超出必要范围收集个人信息，SDK 插件存在高频率收集读取个人信息；等等。

（二）SDK 潜藏安全漏洞

由于 App 开发者没有自行设计第三方 SDK，所以对其安全状态无法做到全面准确的认知。SDK 的安全性受限于开发者的设计水平和防范意识，可能会成为网络攻击者作为影响或攻击 App、窃取用户个人信息的突破口。按照漏洞产生的原因，通常可以将 SDK 安全漏洞划分为五类：源文件安全、内部数据交互安全、本地数据存储安全、通信数据传输安全、防御检测。

从公开渠道发布的消息看，SDK 在强势发展的过程中，也不断被曝

---

① 参见《信通院汤立波：超两成 App 存在个人信息保护问题系因 SDK》，https://new.qq.com/rain/a/20220909A080UU00。

光出存在安全漏洞隐患，涉及规模巨大的用户信息安全事件，其中不乏国内外知名的第三方 SDK 服务商。例如，2017 年 6 月多媒体框架类 SDK "FFmpeg" 被曝出存在漏洞，攻击者通过该漏洞可以在远程任意读取服务器文件内容。由于该 SDK 为开源框架，涉及大部分主流视频应用，一旦漏洞被利用将造成巨大影响。[1] 同年 12 月，国内消息推送 SDK 厂商 "友盟" 开发的 SDK 也被曝出存在可越权调用未导出组件的漏洞，攻击者通过该漏洞可以实施任意虚假消息的通知、远程代码执行等行为。经检测，共有 7000 多款 App 受该漏洞影响。[2] 尽管上述安全漏洞均在被实际利用前被报告并修复，但其潜在影响范围之广，应当引起 App 运营者的更多关注。

（三）SDK 恶意行为

除个人信息收集处理不合规以及由 SDK 安全漏洞引发的安全事件以外，实践中还常常发生 SDK 自身实施恶意行为。相较于 SDK 无意引发的安全漏洞，SDK 主动的恶意行为不仅可以通过热更新实施从而在行为上更为隐蔽，还可能会对 App 的安全性造成巨大影响，给用户信息安全造成严重威胁。实践中，典型的 SDK 恶意行为包括流量劫持、资费消耗、隐私窃取等。

例如，2019 年嘉兴市中级人民法院审理的广告 SDK 涉刑第一案。[3] 该案中，被告人团伙与手机商合作，将 SDK 预装入手机系统中，一旦用户开机联网即可与服务器连接，并根据需要向用户推送广告。最终，法院判处被告人欧某等 28 人构成非法控制计算机信息系统罪。又如，2020 年义乌市人民法院审理的另一起广告 SDK 案件。[4] 该案中，手机厂商金立的子公司与第三方 SDK 服务商合作，向金立手机的 "故事锁屏" App 中嵌入 SDK，并通过热更新在用户不知情的情况下实施 "拉活"（拉升

---

[1] 参见 Hackerone 平台报告，https://hackerone.com/reports/226756。
[2] 参见《友盟 SDK 越权漏洞分析报告》，https://paper.seebug.org/477/。
[3] 参见（2019）判决书浙 04 刑终 71 号判决书。
[4] 参见（2020）判决书浙 0782 刑初 844 号判决书。

App 用户使用活跃度）指令，赚取费用分成。最终，法院判处被告人致璞公司（金立子公司）及其直接负责的主管人员构成非法控制计算机信息系统罪。

App 运营方如明知 SDK 实施非法控制行为而提供帮助，也同样承担涉嫌刑事犯罪的风险。

三、App 合规应对建议

在数据合规监管工作日趋严格的态势下，建议 App 运营方应当高度重视 SDK 带来的数据合规风险。根据本节梳理的 App 嵌入 SDK 产生的数据合规风险类型，建议 App 运营方应当对 SDK 进行全流程合规应对。以下将从接入期、运营期、退出期三个阶段详述具体的应对措施。

（一）SDK 接入阶段：未雨绸缪

在 SDK 正式接入 App 之前，App 运营方应当充分考虑嵌入 SDK 可能造成的合规风险以及双方可能承担的责任状况并提前作出相应安排。通常，App 运营方应当对 SDK 的来源、代码及行为安全性进行审查。

1. 来源安全性评估

对于 App 运营方而言，挑选 SDK 合作方时首先应当明确排除含有安全漏洞和恶意代码的 SDK，避免引狼入室。因此，SDK 来源安全性成为运营方应当考量的首要因素。

对于闭源 SDK，由于 App 运营方难以直接了解其代码状况，无法直接判别其安全性，因此建议 App 运营方应当尽可能选择成熟的第三方服务商合作。该类服务商的 SDK 产品已经具备一定市场规模，安全性已经由市场予以检验。除了在技术与运营经验上的积累更为深厚，一般还配备了安全维护团队，对于安全事件具有相应的应急处理能力，可以为 App 运营提供安全性保障。对于开源 SDK，App 运营方尽管可以了解 SDK 代码状况，囿于可能存在的技术限制，也仍然应当尽可能选择有一定安全性保障的开源平台。

近期，中国信息通信研究院在工信部的指导下，牵头搭建了全国

SDK管理服务平台[①]，为SDK和App开发运营者提供SDK政策标准发布、产品信息公示、监管问题处置、用户使用反馈等服务，并且将逐步建成开放的SDK个人信息保护技术检测服务能力，目前已经有50余家企业的400余款SDK向平台报送产品信息。随着该管理服务平台不断建设完善，该平台将成为App开发者选择SDK接入方的首要去处。

2. 行为与代码安全性评估

App运营方在接入SDK前，在可能的情况下还应当从SDK的代码和运行行为方面进一步考察是否存在安全合规风险。

行为与代码的安全性评估包括但不限于以下内容：收集个人信息类型、目的、频率；调用敏感信息的权限、目的、频率；个人信息传输服务器地址；是否存在热更新行为及是否能关闭；是否存在自启动或关联启动行为；数据传输是否经过加密处理；代码是否存在安全漏洞；是否存在恶意代码；等等。

（二）SDK运营阶段：面面俱到

在App正式嵌入SDK开始运营后，App运营方需要从告知同意义务的履行、定期安全评估、个人信息主体权利等方面履行个人信息处理者责任。App运营方应当着重关注以下方面：

1. 制定完善隐私政策，充分履行告知同意义务

根据相关法律法规要求，App运营方作为个人信息处理者应当向用户说明嵌入的所有收集个人信息的第三方SDK名称，SDK收集个人信息的目的、方式、种类，以及其个人信息处理规则。建议App运营方可以在隐私政策中以附件形式单独对内嵌SDK的个人信息收集处理情况予以公示告知。

2. 持续或定期进行安全评估，并对合规风险及时响应

由于第三方SDK并不在App运营方的实时控制下，为避免第三方SDK通过热更新插入恶意代码或存在安全漏洞未被发现，建议App运营

---

① 参见全国SDK管理服务平台，https://sdk.caict.ac.cn/official/#/home。

方应当设立专门技术人员，对已嵌入的 SDK 开展持续或不定期安全监测工作，重点评估代码安全性、收集处理个人信息情况是否与事前约定一致。如经检测发现不合规行为，应当及时通知 SDK 运营方整改或暂停、终止相关 SDK 使用。

3. 提供关闭 SDK 服务的渠道和方式，保障用户拒绝及撤回同意权利

根据《个人信息保护法》的规定，个人信息主体有权随时撤回同意，个人信息处理者应当提供便捷的撤回同意方式。除处理个人信息属于提供产品或者服务所必需外，个人信息处理者不得以个人不同意处理其个人信息或者撤回同意为由，拒绝提供产品或者服务。

建议 App 运营方应当为用户提供关闭 SDK 服务的渠道和方式。App 运营方可以参考《常见类型移动互联网应用程序必要个人信息范围规定》的规定，对于为实现基本功能服务而嵌入的 SDK，在关闭时提示用户将影响基本功能服务的实现；对于为实现补充业务功能而嵌入的 SDK，不应当因用户关闭 SDK 服务而影响其基本业务功能的实现。

（三）SDK 退出阶段：有始有终

在经历接入与运营阶段之后，App 运营方可能因为产品功能架构的改变，或寻找到可供替代的 SDK 服务商，又或者因 SDK 存在数据不合规行为需要停止合作而进入 SDK 退出阶段。在此阶段，App 运营方仍然需要采取以下行动以保障用户个人信息安全。

1. 敦促 SDK 及时删除或匿名化个人信息

根据《个人信息保护法》规定，在处理目的已实现、无法实现或者为实现处理目的不再必要，个人信息处理者停止提供产品或者服务的情况下，又或者根据 App 运营方与 SDK 运营方签订的数据合作协议约定的退出条件发生时，SDK 运营方因此前服务所收集、存储的用户个人信息，应当及时予以删除或采取匿名化处理。

2. 及时移出 SDK 代码

在 App 与 SDK 已经结束数据合作关系后，建议 App 运营方应当及时采取断开连接以及移除代码等措施，主动断开 SDK 继续收集、处理用户个人信息的渠道，避免用户数据被传输给已经不受双方数据协议约束的第三方服务商。App运营方对移除代码或断开连接等操作应留下相应的书面文件或数据操作记录，以便应对将来可能发生的数据泄露争议。

第六节　数据爬虫的合法性边界

随着大数据应用技术的快速发展，网络爬虫（Web Crawler/Spider）在互联网数据产品研发、网络舆情监控等方面发挥了越来越重要的作用，但由于这项技术的滥用，也频频招致监管部门的处罚，甚至引发了多起刑事犯罪案件。以致现在提及网络爬虫时，几乎顺理成章地将其等同于"害虫"，成为不法行为的代名词。从技术中立的角度来看，网络爬虫实际上背负了过多的道德批判，对这项技术的价值及其应用过程，应客观理性地进行分析，把握其合法性边界，才能为原本向善的爬虫技术正名。

一、网络爬虫的基本原理

网络爬虫是一种功能强大的信息采集程序，可以针对互联网系统内的底层组织直接进行信息调取和信息处理。它本质上是一种由机器模仿人的行为抓取数据的工具，爬虫的活动一般表面显现为正常用户的操作[1]。爬虫技术在搜索引擎、舆情监控、大数据挖掘等方面有广泛的应用。

网络爬虫的基本工作原理是：首先选取作为"种子"的统一资源定位符（Uniform Resource Locator，URL），下载相关网页，随后从该网页开始发现和提取更多的URL，基于所获得的URL，利用正则表达式等工

---

[1] See Kathleen C. Riley, *Data Scraping as a Cause of Action: Limiting Use of the CFAA and Trespass in Online Copying Cases*, 29 Fordham Intellectual Property, Media & Entertainment Law Journal 245, 260（2019）.

具提取内容并存储有用的新信息,一直重复上述操作直至达到一定标准为止[1]。工作原理如图 1 所示:

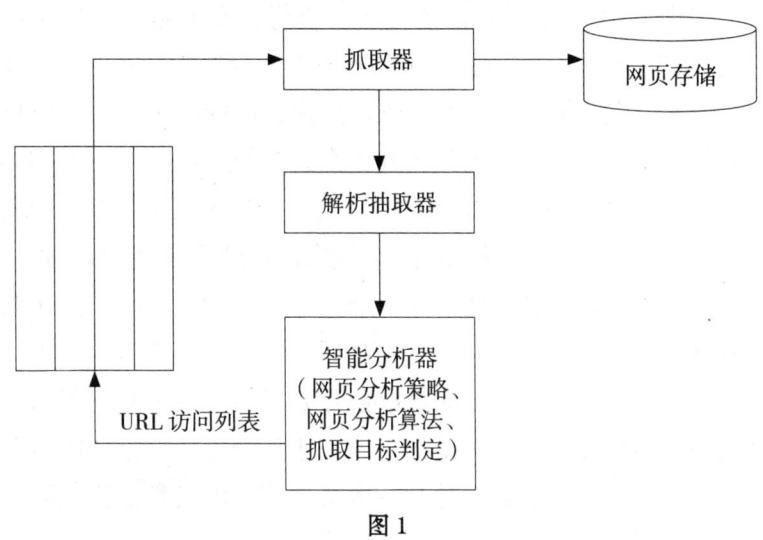

图 1

二、网络爬虫行为的合法性判断标准

在当前技术环境下,网络爬虫已不仅仅是自动化的数据抓取程序,还包括抓取数据过程中突破反爬机制的技术手段。比如,验证码的自动识别(反向图灵测试)、数据解密、代理 IP 池、模拟浏览器访问、伪造用户代理、JS 逆向解析等。这项技术具有显著的"双刃剑"特性,它不仅构筑了搜索引擎系统中的核心内容,为数据收集和用户查询带来极大便利,同时也因为不当运用,在网络安全、数据安全及个人信息保护领域带来了一系列新问题。

判断网络爬虫行为是否合法,可以从以下六个方面综合考量:

---

[1] 参见周德懋、李舟军:《高性能网络爬虫:研究综述》,载《计算机科学》2009 年第 8 期;杨定中、赵刚、王泰:《网络爬虫在 Web 信息搜索与数据挖掘中应用》,载《计算机工程与设计》2009 年第 24 期;Alyssa Knutson, *Proceed with Caution: How Digital Archives Have Been Left in the Dark*, 24 Berkeley Technology Law Journal 437, 444-445(2009)。

(一) 被爬取数据是否为公开数据

网络爬虫应是针对公开数据的爬取，利用爬虫获取公开数据在对象上具有合法性。公开数据既包括自然人自行公开的数据，也包括依据法定事由公开的数据。现行法律对公开数据的保护程度较低，《民法典》第1036条豁免了信息处理者处理他人公开数据的民事责任（但自然人明确表示拒绝或处理公开数据侵害其重大利益的除外）。与此相对应地，非公开数据因涉及大量商业秘密及个人隐私，处于机密状态，信息处理者不愿被他人知晓①，因此爬取非公开数据的行为不具有合法性。

应当注意，公开数据的爬取也并非都是合法的。网络爬虫获取公开数据也有其合法性边界，这种边界不应是基于数据控制者的意志，而应是基于用户的"数据主权"，即获取公开数据的行为不能侵犯用户的隐私权及其对自身数据的控制权。并且，由于部分公开数据的内容受到刑法保护，如公民个人信息和著作权内容等，即便网络爬虫爬取的内容处于公开状态，爬取行为仍可能存在刑事风险。

(二) 爬虫是否扰乱对方网站的经营

爬虫技术的恶意利用也往往对被爬的网站带来巨大负担，包括服务器资源负担、影响浏览速度，甚至出现宕机等。较普遍的是DDOS攻击、网络刷票和抢票。2018年春运期间，12306网站最高峰时1天内页面浏览量达813.4亿次，其中近90%是爬虫所为。爬虫技术的这种恶意利用如果是出于挤压竞争对手的目的，则可能涉嫌违反《反不正当竞争法》第2条的规定，《反不正当竞争法》背后本质的法定利益是竞争秩序，扰乱对方经营，破坏竞争秩序的行为可能会被认定为不正当竞争行为。

(三) 是否故意规避被爬网站的反爬虫程序

为了避免网站数据的过度爬取，一些网站设置了反爬措施，包括设

---

① 郭旨龙：《非法获取计算机信息系统数据罪的规范结构与罪名功能——基于案例与比较法的反思》，载《政治与法律》2021年第1期。

置 robots 协议、防火墙、发送禁止告知函、在 robots 协议中设置黑名单、当一段时间内的访问次数超过系统设限时自动弹出验证码、直接设立账号密码限制用户访问等。遵守网站反爬措施的爬虫程序，一般被称为善意爬虫，这类爬虫对网站公开数据的爬取行为是合法的；如果爬虫程序针对反爬措施升级访问技术，拥有超过反爬措施技术水平的"反反爬措施"，通过伪造相关字段、模拟浏览器访问、代理 IP 池、分布式爬虫等手段，规避、绕过、突破上述所设置的计算机技术屏障，从而获得网站不愿意公开的数据，则爬虫可能被认定为具有"侵入性"的恶意爬虫[1]，从而可能构成侵权甚至犯罪。涉嫌的罪名包括侵犯公民个人信息罪、非法获取计算机信息系统数据罪、非法侵入计算机信息系统罪、非法控制计算机信息系统罪、提供侵入/非法控制计算机信息系统程序、工具罪等[2]。

需要注意的是，反爬措施并非总是合理的。我国在《互联网搜索引擎服务自律公约》中明确指出"限制搜索引擎抓取应有行业公认合理的正当理由"。目前中国司法审判实践在有关民事判决中已经明确承认互联网的"互联、互通、共享、开放精神"，并反对因爬虫协议禁止搜索引擎爬取数据而使"互联网变成信息相互隔绝、无法自由流动的信息'孤岛'"，可见人为阻止爬虫爬取数据并不一定符合互联网之法理，若不涉及非法获取公民个人信息等特殊数据或产生破坏计算机信息系统等严重后果，其合法性就需要根据具体场景详加斟酌[3]。

（四）爬取数据的使用行为是否具有正当性

涉爬虫案件中真正侵害公开数据控制者合法权益的，经常是数据爬取方对数据的不正当使用，这也是在法律实践中相关主体通常通过《反

---

[1] 杨志琼：《数据时代网络爬虫的刑法规制》，载《比较法研究》2020 年第 4 期。
[2] 刘艳红：《网络爬虫行为的刑事规制研究——以侵犯公民个人信息犯罪为视角》，载《政治与法律》2019 年第 11 期。
[3] 参见（2017）京民终 487 号判决书，北京百度网讯科技有限公司、百度在线网络技术（北京）有限公司诉北京奇虎科技有限公司不正当竞争纠纷案。

不正当竞争法》对数据的财产权益进行保护的重要原因。从竞争秩序角度来看，公开数据的使用行为应有利于提高效率、促进创新。基于此，可以从以下两个角度对数据使用行为是否具有正当性进行判断：其一，判断使用行为是对原平台功能的实质性替代，还是提供了一种新的选择，甚至填补了社会需求的空白；其二，关注使用行为是否通过信息整合，提高社会决策效率和正确率等。如果爬取者采取的精准推送广告、优化自身算法等公开数据使用行为没有促进社会经济层面的效率和创新，反而通过"搭便车""不劳而获"等行为损害了数据控制者的商业利益，抑制了数据控制者收集、维护数据的积极性，那么应当认定该使用行为具有不正当性。

应当注意，许多以数据为资源的数据产品并未对数据控制者产生实质性替代；相反，一些控制大量数据的经营者在发现数据产品创新时，希望通过控制数据限制其他企业的创新，再利用自己的数据优势大量占据新兴业务行业的市场份额，由此可能产生涉嫌违反《反垄断法》第17条的滥用市场支配地位法律问题。因此，随着时代的发展，曾经有利于行业发展的惯例可能会成为限制行业发展的障碍，对行业惯例的使用应始终保持审慎的态度，看其是否与当前的互联网生态相符合。

（五）爬虫与被爬虫平台的性质和特征

认定爬虫抓取数据行为正当性时，还应考虑爬虫与被爬虫平台的性质和特征，确定数据抓取、合理使用的边界。如果爬虫平台是基于公共利益需要或互联网用户群体的需求而抓取时，应更多地允许数据被抓取和使用。例如，合法的搜索引擎的数据抓取，一般都是允许的，因为搜索引擎的使用，是互联网中信息互联互通的关键，具有互联网公共基础设施的特点，如过多限制搜索引擎的抓取，将会阻碍信息的交流。如果爬虫平台是基于本平台商业利益的需要而抓取其他平台经过一系列投入才获得的数据，则应遵守被爬虫平台的抓取要求和限制。因为经过创造性劳动得到的数据，他人的抓取行为便很可能是一种"搭便车"的行为。例如，新浪诉脉脉案，抓取的新浪微博的用户数据是一个集合体，是经过微梦公司创造性劳动获得的，新浪依法对此享有数据权益，有权利限制他人的任意抓取。

（六）形式标准与实质判断

对爬虫行为的合法性认定，既要遵循《网络安全法》《个人信息保护法》等有关信息保护的合法性原则，也要结合爬虫协议和爬虫限制措施，将遵循该协议和限制措施的爬虫行为定性为善意爬取，将破解反爬措施的行为定性为恶意爬取，从而综合判断爬虫行为是否"以其他方法非法获取公民个人信息"。合法性原则与爬虫协议及爬虫限制措施，是判断爬虫行为是否非法的形式标准。

在实质层面，实施爬虫技术的行为人在权限许可范围内通过爬虫行为获取公民个人信息的，不属于"非法"。特别是，行为人通过爬虫行为收集的是无法识别特定自然人身份的公民个人信息，即便爬虫行为性质上非法，也不构成犯罪。因此，通过爬虫行为获取公民个人信息的，不仅要从形式上判断行为是否合法、是否正当，还要从实质上判断违法行为是否有正当化阻却的事由。

第七节　用户数据权利请求的合规化应对

妥善应对用户提出的个人信息主体权利请求，对企业而言是法定的合规义务，也是保护企业声誉、防止用户流失的重要举措。根据《个人信息保护法》第四章的规定，个人对其个人信息的处理享有知情权、决定权、查阅权、复制权、更正权、补充权、删除权、要求解释说明权、转移权等权利。本节将从管理制度和具体措施层面阐述企业在面对用户提出的个人信息主体权利请求时，应如何应对以实现企业合规与个人信息主体权利保障的共赢。

一、优先预防：从企业管理体系层面建立应对机制

法律赋予个人明确的个人信息主体权利。企业面对的个人信息主体人数众多、要求各异，难以逐一应对。为更好、更快地应对用户的个人信息主体权利请求，企业就需要在组织架构和管理体系搭建及产品设计等环节，结合业务模式、管理习惯采取相应预防举措，具体包括：（1）建立并完善个人信息主体权利请求响应机制，针对不同的个人信息主体权利确定处理应对的组织架构、流程；（2）基于响应机制的规定，配套建立个人信息主体权利请求的响应流程、一般话术内容及记录表单等一般规范文件；（3）通过组织内部培训，确保一线的接线人员和后台的支持人员充分理解个人信息处理规则的内容并能够积极、准确地落实响应机制等文本的规定；（4）引入监督机制，对公司个人信息保护负责人及所涉及的其他相关责任人员就具体个人信息主体权利请求作出的响应处理进行有效的监督。

二、积极应对：主要类型的用户个人信息主体权利请求及应对建议

为积极应对用户提出的个人信息主体权利请求，企业应当明确作为个人信息处理者应当满足的合规要求，并结合自身业务场景确定应对方法。以下将从主要类型的个人信息主体权利出发，帮助企业了解主要合规要求并结合场景示例提出应对建议。

（一）知情权

1. 主要合规要求

企业处理用户的个人信息应当遵循公开、透明原则。

除有法律、行政法规规定应当保密或者不需要告知的情形外，企业在处理个人信息前，应当以显著的方式和清晰易懂的语言真实、准确、完整地向用户告知个人信息处理者的相关信息、处理的个人信息种类及对应的处理目的、方式和保存期限，以及用户行使权利的方式和程序等事项。

企业若以制定个人信息处理规则的方式告知上述事项，应当公开处

理规则。

如为 App，还应注意在首次运行时通过弹窗等显著方式提示用户阅读个人信息处理规则（如隐私政策），并提供便于阅读、便于理解（文字不可过小过密等）、便于获取（保证进入 App 后点击 4 次以内即可获取）的个人信息处理规则。

2. 场景示例

用户因报名某考试使用了一次考试机构指定快递公司的服务，过后该用户联系该快递公司客服，询问曾因使用其快递业务而提供的个人信息会在公司内部保存多久。

应对建议——该快递公司应当/可以：（1）如有对应标准话术的，由接线客服通过对应的标准话术进行回复；（2）如无对应标准话术的，由接线客服在公司依法制定的个人信息处理规则中寻找与个人信息存储相关的内容并准确、清晰地告知用户；或将用户提出的权利请求反馈给对应的业务人员，得到业务人员反馈的情况后，通过规范的文字准确、清晰地告知用户；（3）如有需要，可同时提供公司依法制定的完整的个人信息处理规则供用户了解个人信息存储的规则。

（二）决定权

1. 主要合规要求

除非符合《个人信息保护法》第 13 条规定的合法处理个人信息的其他情况，企业在处理个人信息前，应获得用户的同意；涉及敏感个人信息处理、向第三方提供个人信息或向境外提供个人信息的，企业还应获得用户的单独同意；该同意应当由用户在充分知情的前提下自愿、明确作出。

若个人信息的处理目的、处理方式和处理的个人信息种类发生变更的，企业应当重新取得用户的同意。

企业应当为用户提供便捷的撤回同意方式；并在撤回同意后，主动删除或匿名化相关个人信息。

如为 App，还应遵守：不得在 App 更新时自动将用户设置的权限恢复到默认状态；如果利用用户个人信息和算法定向推送信息，必须同时提供非定向推送信息的选项。

2. 场景示例

用户在某个人生活分享平台注册时提供了自己为女性、23 岁、学生身份等个人信息，开始使用平台后，刷到的内容多为护肤品、时装、宿舍用品等。用户认为该平台采用了自动化决策方式进行商业营销，要求平台停止对自己的该种推送方式。

应对建议：该平台应向用户提供不针对其个人特征的选项或者提供便捷的拒绝方式，比如，在平台中提供用户可以自行选择是否接受个性化推荐的功能按钮。

（三）查阅权、复制权

1. 主要合规要求

除法律法规规定应当保密、不需要告知或者告知将妨碍国家机关履行法定职责的情形外，用户请求查阅、复制个人信息的，企业应当及时提供。

2. 场景示例

因担心个人信息泄露，用户致电 W 电商平台客服，要求披露其收集的所有该用户的个人信息。在收到客服反馈后，用户对客服提示的"在 App 个人中心查看"的路径不满，对该路径披露个人信息的完整性提出疑问。

应对建议——该电商平台应当 / 可以：（1）首先对用户提出的"所有信息"这一请求进行分类梳理，确认需要披露的信息类别；（2）在确认需要披露的信息类别后，应及时整理相关个人信息，对于企业与用户的交互界面中的查阅复制途径可以查到的信息，应向用户披露具体的查阅复制方法；对于已有查阅复制途径无法查到的信息，应提供结构化的、通用的、可读的、便捷的个人信息副本；（3）建立个人信息处理收集清单和第三方共享个人信息清单，将个人信息收集情况和与第三方共享个人信息情况定期整理并于平台内公布；如技术可行的，可以考虑建立支持实时动态更新的清单。

（四）更正权、补充权

1. 主要合规要求

用户请求更正、补充其个人信息的，企业应当对其个人信息予以核实。

核实无误后，企业应及时更正、补充上述个人信息，不得设置不必要或不合理的条件。

如为 App，还应提供有效的更正个人信息功能。

2. 场景示例

用户发现在某支付类 App 上认证学生身份，可以获得多个店铺的消费优惠，因而请求客服帮助自己补充认证学生身份。

应对建议——该 App 运营主体应当/可以：（1）在 App 中提供补充认证学生身份的功能按钮；（2）如需要审核后补充相关个人信息的，在承诺期限（最长 15 个工作日）内完成用户身份验证和审核，并在 App 前端页面和后台均予以补充。

（五）删除权

1. 主要合规要求

企业应主动删除的情形：对于处理目的已实现、无法实现或者为实现处理目的不再必要的个人信息；停止提供产品或服务或者保存期限已满的个人信息；个人撤回同意的；企业违法违规或违约处理的个人信息；法律法规特别规定的情形。

对于在以上情形下企业未主动删除的，用户有权请求删除，企业应当及时删除相应的个人信息。

对于法律、行政法规规定的保存期限尚未届满，或者删除个人信息从技术上难以实现的情形，企业应当停止除存储和采取必要的安全保护措施之外的处理。

如为 App，还应为用户提供有效的删除个人信息及账户注销功能，且不得设置不必要或不合理的条件；功能未响应操作而需人工处理的，应在承诺的时限内（不超过 15 个工作日）完成核查与处理；个人信息删除或账户注销后，应在 App 后台及时删除相关个人信息或匿名化处理；

因法律法规规定需要留存个人信息的，不应再次将其用于日常业务中。

2. 场景示例

用户为了试驾某品牌 202×年新款新能源汽车，在该新能源汽车 App 上填写了个人姓名和联系方式。试驾后的一个月内，用户频繁收到销售人员来电询问是否购车，在用户明确对 App 客服提出删除其所留的联系方式后，仍然持续接收到销售人员的来电。

应对建议——该新能源汽车 App 运营主体应当/可以：（1）立即停止继续使用其个人信息的行为，及时于后台删除该用户的联系方式；（2）向接收过该用户联系方式的销售人员发送通知，要求其删除在自有手机通讯录及其他任何设备、软件中留存的该用户联系方式（如基于其他目的收集的除外，但不得再用于销售该新能源汽车之目的）。

（六）要求解释说明权

主要合规要求：用户要求企业对其个人信息处理规则进行解释说明的，企业应当及时说明。

1. 主要合规要求

用户要求企业对其个人信息处理规则进行解释说明的，企业应当及时说明。

2. 场景示例

一款流行的在线购物平台收集了用户的个人信息，包括姓名、地址和购买偏好。一名用户在购物过程中注意到平台提供了个性化的购物建议，这些建议似乎基于他的购买历史和浏览习惯。该用户希望得知平台如何使用和分析他的个人信息，并希望了解更多关于信息处理规则的细节。

应对建议：（1）根据《个人信息保护法》的规定，个人信息处理者应当向用户提供清晰、易于理解的信息处理规则解释。这包括但不限于如何收集、存储、分析以及使用用户的个人信息来提供个性化推荐的详细说明。（2）确保平台的隐私政策中包含一个易于访问的"信息处理规则"部分，该部分详细描述了个人信息的处理流程和目的。此外，应提供一个直接通道（如客户服务热线或专门的反馈表格），以便用户能够提出有关个人信息处理的进一步问题或要求。（3）在向用户解释个人信息处理规则时，还应明确指出用户如何能够管理和控制自己的个人信息，例如限制某些类型的数据处理或完全撤回同意。

第八节　数据泄露危机事件的合规化应对

对企业而言，合规化应对数据泄露事件具有重要意义。发生数据泄露事件时，企业不仅可能面临数据资产流失、声誉损失，还可能因未尽数据安全义务或个人信息保护义务承担法律责任。为帮助企业合规化应对数据泄露事件，本节在规划与准备、发现与报告、评估与决策、响应与经验总结等环节提出规范化应对建议，供企业参考。

合规化应对数据泄露事件，需区分事前、事中与事后三个阶段，采取相应措施。事前，需提前规划数据泄露应对所需的人员、方案和机制；事中，需充分执行信息通报、等级评估、事项决策与响应等流程；事后，需注意开展调查与总结、反思与改进工作。

一、"有备无患"——完善的战略准备是妥善应对数据泄露事件的前提

（一）建立数据泄露应急响应相关工作机构

企业宜设置专门的工作机构、明确数据泄露事件处置的职责分工，从而避免数据泄露事件发生后，因内部职责分配不清而影响事件的处置效率。

上述工作机构可以基于企业的日常组织架构建立，除负责处置数据泄露事件外，也可以作为其他信息安全事件处置的工作机构。该机构人员宜由负责管理、业务、技术和行政后勤等不同业务的员工组成，分别负责数据泄露事件处置相关的审批支持、技术应对、咨询建议、具体执行、日常

运维等事项。必要时，企业可以聘请具有相应资质的外部专家。

（二）制定详细的数据泄露事件应急预案

根据《网络安全法》第 25 条、《个人信息保护法》第 51 条的规定，针对信息泄露事件等网络安全事件、个人信息安全事件，企业应当制定应急预案。关于该应急预案的具体内容，参考《信息安全技术 信息安全应急响应计划规范》（GB/T 24363-2009）、《信息技术 安全技术 信息安全事件管理第 2 部分：事件响应规划和准备指南》（GB/T 20985.2-2020）等标准的规定，其应与数据泄露事件的规划和准备、发现和报告、评估和决策、响应和经验总结等工作相关联，规范开展以上工作的过程、准则。

此外，企业宜通过开展应急响应计划的培训、测试、改进与维护，确保该预案能够在事件发生时得到充分执行，持续具有有效性并得到持续优化。

具体而言，企业应定期组织相关人员进行应急响应测试、培训和应急演练，使其掌握岗位职责和应急处置策略与规程。并且，企业应对上述应急预案测试、培训和演练的过程进行记录、评估其效果，从而相应改进应急预案。此外，为维护和改进应急预案，企业还需注意在发生业务流程变化、人员变化时，及时更新应急预案，并定期评审和修订应急预案。

（三）建立并实施数据泄露事态监测、预警与报告机制

1. 监测

加强数据安全监控可以从源头上控制数据泄露事件，故而企业应加强数据安全监测、分析工作，建立通畅的数据泄露事件报告与通报制度。

具体而言，企业应监控并记录系统和网络活动；通过人工或自动方式，发现并报告数据泄露事态的发生或者数据安全脆弱性的存在；收集有关数据泄露事态或脆弱性的信息等。

2. 预警与报告

具体而言，应急响应工作机构中负责日常运行的人员在接到数据泄

露事件报告后，应当初步核实，将有关情况及时向有关领导报告，并进行情况分析；有关领导根据具体情况召集协调会，决策行动方案。

二、"临危不惧"——积极有序的处置是应对数据泄露事件的关键

（一）信息通报

畅通迅捷的信息通报渠道能够提高数据泄露事件的处置速度，防止事态未得到及时处置，影响极速扩大。

1. 组织内信息通报

数据泄露事件发生后，通知任务应分两步走：第一步，通知应急响应工作机构中负责日常运行的人员，以帮助其确定事态的严重程度和下一步将要采取的行动；第二步，在损害评估完成后，通知有关领导部门或人员以完成决策、响应等后续流程。就通知方式而言，固定电话、移动电话、电子邮件均可，但要确保可及时得到有效回复。

2. 相关外部组织通报

为帮助受到负面影响的外部机构、单位系统以及重要用户等其他方及时了解事件经过并作出响应举措，企业应及时向其通报相关情况。

（二）评估和决策

确定数据泄露事件的严重程度是应急启动的第一步。事件处理者应依据收集到的数据泄露相关信息安全事态的相关信息、情况来评估该事态是否可能确实构成数据泄露事件，并进一步根据《信息安全技术 信息安全事件分类分级指南》（GB/Z 20986-2007）第四章与第五章的规定对该事件进行分类与定级。

企业宜基于数据泄露事件的分类与定级以及了解到的其他相关信息，进一步确定按照应急预案应如何响应。响应过程中，企业也需注意不断加深对事件的调查与分析，并在必要时调整事件的定级与响应计划。

（三）事件响应

应急响应工作机构中的有关领导部门或岗位应当根据对数据泄露事件的评估和决策结果，进行事件响应。具体的响应措施主要可分为两类：

1. 技术／管理措施

根据事件可能产生的影响采取必要措施控制事态、消除隐患。例如，根据所涉数据是否加密，防控措施是否有效，决定是否需采取封锁环境、限制访问、更改密钥等进一步措施。

根据泄露事件所波及的数据的重要性进行排序，以对补救上述数据所需要进行的事项分出优先级，并优先开展最重要的事项。

若需要寻求外部机构的应急响应支持，则可按照响应预案中的信息披露策略，与其他内部和外部人员或组织就数据泄露事件的存在进行沟通并共享细节，通知资产所有者以及相关内外部组织以获得对事件管理和解决的帮助。

2. 法律法规所规定的措施

根据《网络安全法》第 25 条、《数据安全法》第 29 条及《信息安全技术 个人信息安全规范》（GB/T 35273-2020）第 10.1、10.2 条的规定，企业应完成如下响应措施：

根据数据泄露事件的严重程度，上报有关主管部门。企业应按照《国家网络安全事件应急预案》等有关规定及时上报有关主管部门，报告内容包括但不限于涉及主体的类型、数量、内容、性质等总体情况，事件可能造成的影响，已采取或将要采取的处置措施，事件处置相关人员的联系方式，等等。

若涉及个人信息泄露，需注意判断该事件是否可能给个人信息主体的合法权益造成严重危害，如敏感个人信息泄露，应及时将事件相关情况告知受影响的个人信息主体，告知方式包括邮件、信函、电话、推送通知等；难以逐一告知个人信息主体时，应采取合理、有效的方式，如通过新闻媒体发布与公众有关的警示信息。

（四）事件记录

准确地记录事件，可以为后续流程提供准确完备的材料依据，对于判断事件进展、作出重要决策、事后追责、总结经验均具有重要的意义。记录的事项应准确、全面，包括但不限于发现事件的人员、时间、地点，涉及的数据及人数，发生事件的系统名称，对其他互联系统的影响，是否已联系执法机关或有关部门，等等。

三、"前覆后戒"——充分的反思改进为预防数据泄露事件提供经验

"前事不忘，后事之师。"一旦结束一个数据泄露事件，对企业而言，迅速找出和总结经验，并确保所得结论付诸实践是具有重要意义的环节，唯此可帮助企业发现原有应急处置计划的缺陷并进行改进，以更加游刃有余地面对数据泄露风险。

在应急处置之后进行的工作应当包括分析原因、总结现象、评估损害程度和损失、分析和总结应急处置记录、与合作伙伴共享事件信息、评估应急响应预案的效果和效率并提出改进建议等。

第四章
数据出境合规管理

第一节　数据出境场景梳理和合规操作要点
第二节　重点监管的数据类型
第三节　数据出境自评估
第四节　数据出境安全评估
第五节　个人信息跨境处理活动安全认证
第六节　个人信息出境标准合同
第七节　中欧个人信息跨境传输合规机制比较
第八节　中欧个人信息跨境传输标准合同的异与同

第一节　数据出境场景梳理和合规操作要点

个人隐私保护和国家数据主权新需求的出现，对各国数据跨境立法产生了深刻影响。在此背景下，随着《网络安全法》《个人信息保护法》《数据安全法》的颁布和实施，加之《数据出境安全评估办法》等一系列规范的落地，我国数据出境监管体系日渐成熟。梳理数据出境的场景并掌握合规操作要点，是中国企业在参与国际经营和跨境资本运作的过程中确保不触及数据监管红线的首要步骤，值得深入研究和关注，本节将就企业数据出境相关合规事项进行系列分享。

一、数据出境监管框架

个人隐私保护和国家数据主权新需求的出现促使数据跨境立法不断出台，我国对境内企业数据出境的监管体系日渐成熟，整体形成了"3+N"的数据出境合规监管框架，包括《网络安全法》《数据安全法》《个人信息保护法》"3"项主要法律，以及在多个特殊领域（如金融、医疗、出行、通信、出版等）由行业主管机构发布的行政法规、部门规章、规范性文件及团体或行业标准等"N"项规范文件。（见表3）

表3

行业/属性	文件名称	发布机构
"3"项主要法律		
—	《网络安全法》	全国人民代表大会常务委员会
—	《数据安全法》	全国人民代表大会常务委员会
—	《个人信息保护法》	全国人民代表大会常务委员会
"N"项规范文件		
行业/属性	文件名称	发布机构
—	《数据出境安全评估办法》	国家互联网信息办公室
—	《数据出境安全评估申报指南（第一版）》	国家互联网信息办公室

续表

行业/属性	"N"项规范文件 文件名称	发布机构
—	《个人信息出境标准合同办法》	国家互联网信息办公室
—	《网络安全标准实践指南——个人信息跨境处理活动安全认证规范》	全国信息安全标准化技术委员会
—	《数据安全管理办法（征求意见稿）》	国家互联网信息办公室
—	《网络数据安全管理条例（征求意见稿）》	国家互联网信息办公室
金融	《征信业管理条例》	国务院
金融	《保险公司开业验收指引》	中国保险监督管理委员会[①]
金融	《个人金融信息保护技术规范》（JR/T 0171—2020）	中国人民银行
金融	《金融数据安全 数据生命周期安全规范》（JR/T 0223—2021）	中国人民银行
金融	《网上银行系统信息安全通用规范》（JR/T 0068—2020）	中国人民银行
医疗	《信息安全技术 健康医疗数据安全指南》（GB/T 39725—2020）	国家市场监督管理总局 国家标准化管理委员会
医疗	《人口健康信息管理办法（试行）》	国家卫生和计划生育委员会[②]
交通	《网络预约出租汽车经营服务管理暂行办法》	交通运输部、工业和信息化部等六部委
出版	《网络出版服务管理规定》	工业和信息化部 国家新闻出版广电总局[③]

二、企业数据出境场景盘点

依据《数据出境安全评估申报指南（第一版）》，针对数据处理者在境内运营中收集和产生的数据，涉及数据出境包括双向六种具体行为：境内向境外传输、存储；境外的机构或者个人向境内查询、调取、下载、导出。在企业当前运营实践中，这六种数据出境行为主要涉及三类场景：跨境资本活动、跨国企业管理活动、企业业务活动。

---

① 该机构现已撤销。
② 该机构现已撤销。
③ 该机构现已撤销。

（一）跨境资本活动中的数据出境

《网络安全法》出台之前，赴境外上市的企业的发行人基于数据跨境流动产生的数据安全和个人隐私保护等问题，没有受到监管部门的特别重视，只要发行人不触及《保守国家秘密法》《档案法》等列明的对国家安全或者公共利益有显著不利影响的信息，一般属于企业商业秘密保护的范畴，签署保密协议后可完成信息出境。

《网络安全法》出台后，特别是中央网信办于2018年3月挂牌之后，我国监管机构对于境内企业境外发行上市的数据安全管理趋严。依据《国务院关于境内企业境外发行证券和上市的管理规定（草案征求意见稿）》《关于加强境内企业境外发行证券和上市相关保密和档案管理工作的规定》《会计师事务所从事中国内地企业境外上市审计业务暂行规定》《关于依法从严打击证券违法活动的意见》就数据出境的相关条文规定，境内企业境外发行上市涉及向外提供个人信息和重要数据及工作底稿的，应当建立完善的跨境信息提供机制与规范的流程管理，报有审批权限的主管部门批准或备案，确保数据和信息安全。

跨境资本活动涉及的数据出境行为通常包括：（1）境内企业在境外直接发行上市或间接发行上市过程中向境外投行、境外律师事务所披露有关数据；（2）境外会计师事务所从事境内企业境外发行证券和上市相关审计业务，查看境内企业在境内运营中收集和产生的数据；（3）境内企业申请境外发行上市过程中及上市后履行披露义务并接受监管，依据上市地监管要求向境外监管机关提供有关数据；（4）境内企业在境外并购目标企业过程中向境外投行、境外律师事务所及并购活动相关境外监管机构披露有关数据。

（二）跨国企业管理活动中的数据出境

总部位于境外的跨国公司，日常经营管理中也可能涉及数据出境，通常包括：

1. 供应商管理

总部为了对供应商进行集中管控（如招投标），可能收集来自全球各地区供应商的相关信息，敏感字段包括联系人姓名、职务、电话、电子邮件、财务账号等信息。

2. 采购管理

总部为了确保合同有效签署及履行，也可能收集全球供应商的相关对接人个人信息，并汇总至总部进行集中管理和使用。敏感字段包括对接人姓名、国籍、地址、电话等。

3. 财务管理

公司总部对财务的管控一般比较直接，涉及员工费用报销、报税、个人薪酬发放等场景时，将有大量的个人敏感信息进行跨境传输。敏感字段包括员工姓名、个人账户、电话、身份证号码/护照号码、纳税信息等。

4. 人事管理

在员工招聘、薪酬绩效考核、期权管理等环节，跨国公司总部与境内外分支机构之间需要传输大量的个人信息，以完成管理职能。敏感字段包括员工姓名、个人账户、电话、身份证号码/护照号码、纳税信息、工作履历、教育背景、家庭情况等。

5. 档案管理

为了满足文档管理、知识共享等需求，跨国公司也需要对来自全球各地的文件资料统一进行存储、管理和使用。相关敏感字段包括内部管理制度、交易文本、履约过程资料等。

（三）企业业务活动中的数据出境

境外企业如涉及在境内从事国际业务，也会有大量的数据出境需求，具体包括：

1. 品牌推广

企业参加各种展会、组织进行品牌营销等活动时，有时也采集境内合作方的个人信息并传输至总部，供总部统一决策使用。敏感字段包括参会人员姓名、性别、国籍、电话、电子邮箱、联系地址等。

2. 市场营销

企业进行全球市场调研、敏感群体分析、客户关系维护等场景下，也需要采集和使用相关个人及客户的个人信息。敏感字段包括潜在客户及伙伴的姓名、电话、邮箱等。

3. 远程运维

境外企业对中国境内的分支机构或客户进行远程网络技术支持、故障维修与处理等场景下，也可能涉及境内外员工及客户的个人信息。敏感字段包括电话号码、IMSI、IP 地址、呼叫记录等信息的出入境。

4. 供应链管理

在全球采购、国际货物运输和仓储管理等环节，企业也可能采集供应商、物流和仓储服务提供商、收货人等相关的个人信息，交由总部统一进行管理和使用。敏感字段包括客户及合作伙伴的姓名、电话、传真、货物收发地址、邮箱、财务账户等信息。

5. 公共关系管理

为了能够开拓及维护当地市场，跨国公司一般在业务所属地设立 PR 部门或专职人员，专门处理和维护当地公共关系，并应对各种危机公关事件，此类场景下也涉及数据跨境。敏感字段包括当地关系渠道的联系人姓名、电话、地址、财务账户等信息。

三、企业数据出境操作要点

依据《数据安全法》、《数据出境安全评估办法》、《信息安全技术 个人信息安全影响评估指南》（GB/T 39335-2020）等相关文件的规定，对数据出境应当进行全链路的衔接管理，包括数据出境前评估（含自评估、安全评估等）、数据出境过程中执行措施、数据出境后的管理措施等，以确保数据安全、国家安全及个人信息的完整保护。（见图 2）

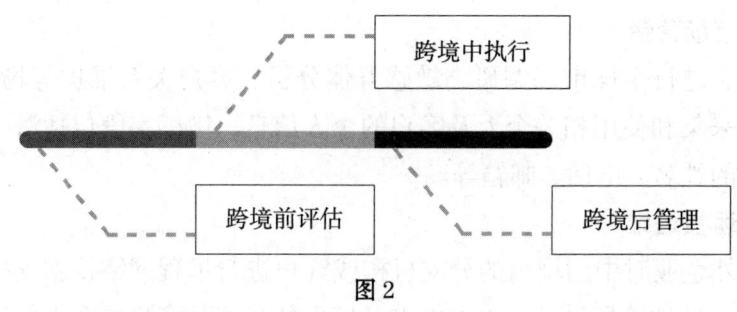

图 2

（一）跨境前评估

跨境前评估是保护个人信息安全和数据安全的第一道防线。企业在开展数据跨境传输活动前，应有序开展以下工作：盘点数据资产，履行个人信息主体告知义务并获得授权，审查数据出境的合法性、正当性、必要性，统计出境数据的规模、范围、种类、敏感程度，了解个人信息去标识化处理情况，开展跨境字段最小化评估，约定境外接收方的责任义务并审查安全保障能力，约定数据出境方的安全保护责任义务，梳理数据跨境流转路径，构建出境前后的侵权风险处置及个人权益维护渠道，明确发生个人信息安全事件后的补救措施，审查向监管机构备案或申请安全评估的情况。（见图3）

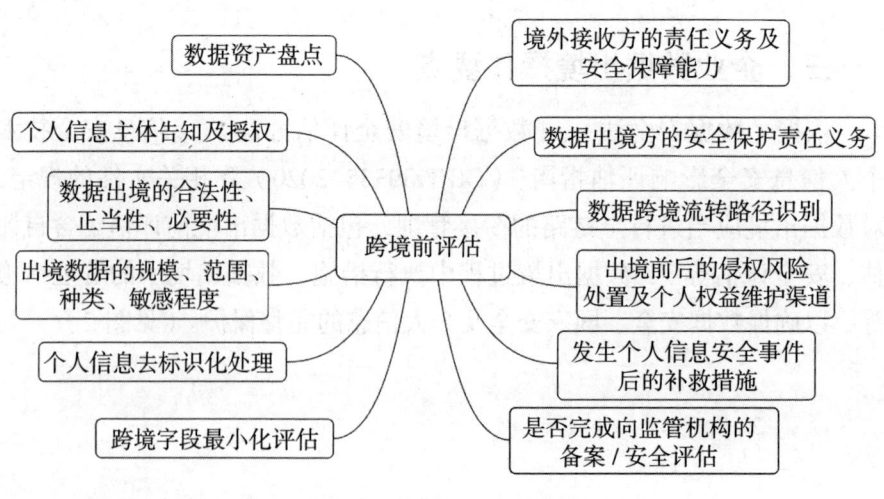

图 3

（二）跨境中执行

在执行过程中，企业首先需在内部依照流程完成批准、授权及会签工作，签署与所有境外接收方相关的数据跨境文件。采取安全传输手段开展数据传输工作后，企业应如实记录数据流转的全过程，限制和管控被传输数据的访问权限。同时，监控和防范数据泄露风险并准备应急处理预案。此外，企业应为个人信息主体行使个人信息权益提供便利的渠道和途径。（见图4）

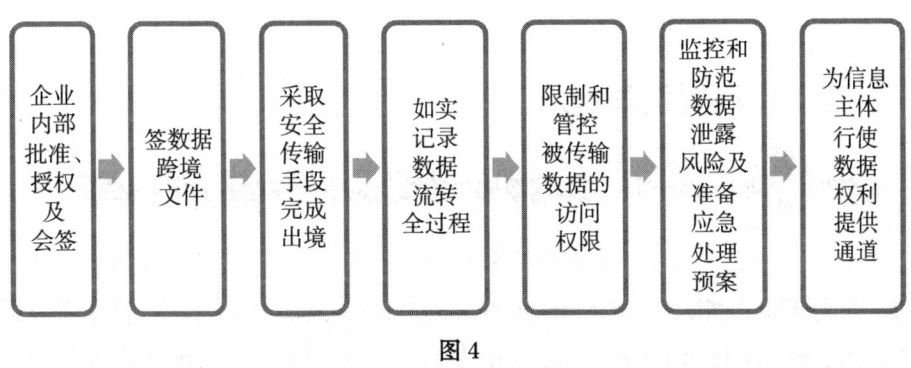

图4

（三）跨境后管理

数据出境活动的顺利开展并不意味着数据出境合规管理工作的结束，出境合规管理工作的链路应当延续至数据跨境传输后。具体来说，在数据出境活动结束或传输目的达成后，境外接收方应及时删除或销毁数据。企业应当对持续进行的数据出境活动开展合规审计和评估，如存在审计不达标的情况，企业应终止数据出境活动，整改完成后再重新申报评估。如数据出境活动超出最初的评估目的、范围，或发生其他重大变化，企业应当暂停数据出境活动并重新启动评估。（见图5）

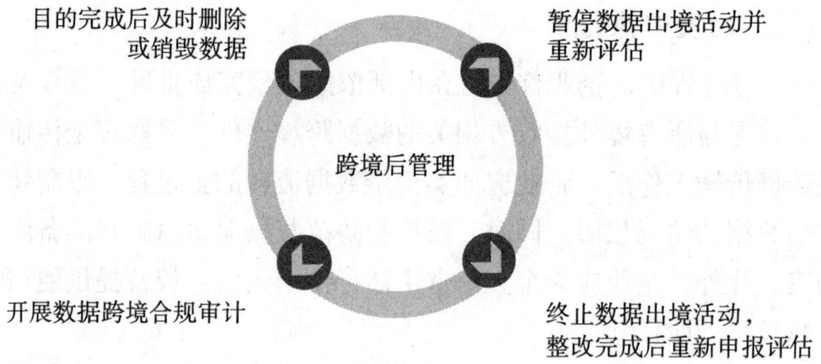

目的完成后及时删除或销毁数据　　　　暂停数据出境活动并重新评估

跨境后管理

开展数据跨境合规审计　　　　终止数据出境活动，整改完成后重新申报评估

图 5

四、违规案例与提示

【案例】Facebook 爱尔兰公司数据出境处罚案下中国企业的应对之策[①]

2023 年 5 月 22 日，爱尔兰数据保护委员会（Data Protection Commission）宣布对 Facebook 爱尔兰公司即 Facebook 在爱尔兰的所有者 Meta Platforms Ireland（Meta IRL）采取执法行动，对其处以创纪录的 12 亿欧元罚款。该决定写明，Meta IRL 被认为违反欧盟 GDPR 第 46 条第 1 款，即在将欧盟用户的数据转移至美国时，未提供适当的数据保障措施，如可执行的数据主体权利及数据主体的补救措施[②]。无独有偶，自 2018 年 5 月被认为"世界最严"的欧盟 GDPR 生效后，众多互联网巨头因此被罚以重金，如 Amazon、WhatsApp 以及 Instagram 等。

欧盟 GDPR 作为"史上最严"数据保护规则，已成为该领域先进标杆，对包括我国在内的诸多国家的个人信息立法产生深远影响。在实践方面，GDPR 自生效以来，频频对 Meta 等各大全球知名企业施以重罚，推动诸多企业在数据收集与处理上对接欧盟 GDPR 标准，提高个人信息

[①] 参见《Meta 被重罚！GDPR 下数据出境，中国企业如何应对欧盟规则？》，https://panewslab.com/zh/articledetails/6mxki68sdmy0.html。

[②] 本案例的具体处罚情况参见本章第六节"个人信息出境标准合同"中的案例二"Facebook 爱尔兰公司数据出境处罚案"。

保护水平。但由于各个国家和地区数据监管水平确有较大差异，且在斯诺登事件的影响下，各国数据保护均有加强，跨国企业进行跨境数据转移面临着较大的合规挑战。Meta 此次被罚，也为跨国企业数据合规问题敲响了警钟。

【问题聚焦】

中国作为欧盟第一大贸易伙伴，有针对性地参照 GDPR 进行数据出境合规，避免巨额处罚风险，不仅有助于企业树立良好形象、降低经营风险，还有助于在实践中推动我国数据跨境转移规则的完善。以下是对中国企业跨境数据转移的三点建议：

第一，关注中国与欧盟的法律规定的差异。现在，数据领域未形成统一的国际条约，且由于实践时间短，也未形成国际惯例，各个国家与地区的规定差别较大。

其一，各国对于某些基本概念的认定存在较大不同。例如，在个人敏感信息的认定上，我国《个人信息保护法》以可能危害信息主体人身财产安全为标准，而 GDPR 主要将种族、性别等可能招致歧视的信息界定为个人敏感信息，故我国规定的个人敏感信息相较于 GDPR 范围较广，因此我国对个人敏感信息的处理规定较为宽松——GDPR 原则上完全禁止了个人敏感信息的处理，而我国要求收集个人敏感信息时需要获得主体明示同意。再如，根据 GDPR 规定，即使在未被认定、未签订标准性合同的情形下，若用户在被告知风险的前提下明确同意，该数据跨境也是合法的。对于"同意"的认定，GDPR 仅规定一种同意方式，即第 7 条规定的"同意"须具体清晰，且在一定情形下可以撤销，而我国《个人信息保护法》根据不同情形设置了多种"同意"，包括同意、单独同意、书面同意。因此我国企业在需要获取用户同意时，应根据相应国家地区法规，尽可能采用较高的标准。

其二，在法律适用上，由于欧盟与我国在相关法规中均设置了域外效力条款，故可能导致法律适用冲突。例如，欧盟所设立的国外监管机构在执行其职权时可能要求中国企业提供某些数据，但该数据根据中国法律被禁止传输，此时即产生法律适用冲突。企业应认知该种风险与复杂性，关注当地监管要求，尽量避免因此而导致的损失。

第二，主动适用 GDPR，完善企业数据内控体制。从此次 Meta 被罚一案可以确定，欧盟严格要求数据接收方的数据保护水平与欧盟完全等同。在 GDPR 管辖范围内的跨国企业，可根据 GDPR 要求完善公司规则，建立被欧盟认可的内控机制；另外，企业数据保护水平也影响企业与欧盟签订的"标准性合同"的有效性——例如，在 Meta 案中，Meta 与欧盟签订的标准性合同被认为实际上无法弥补保护不足，一旦标准性合同被认定实施效力不足，采用该标准性合同的该国企业则将受到普遍性的影响。

尽管欧盟目前尚未在司法案件中评估中国数据保护环境，这并不意味着中国企业的数据管理水平已达到欧盟要求。良好的企业内部数据管理制度体系是在长期实践中应对各类问题而建立的，中国企业不应以消极态度逃避 GDPR 监管，也不应对此抱有侥幸心理，应当未雨绸缪，尽早完善企业内部数据跨境管理机制。此外，主动适用较为严格的 GDPR 有利于树立良好的企业形象，便于企业在该地区的业务拓展。

第三，将 GDPR 合规要求贯穿数据出境的技术细节中。欧盟对数据跨境传输除了在立法上给出原则性要求外，还对企业提出了相应的技术标准。例如，欧盟《数据保护官指南》（Guidelines on Data Proteciton Officers）中就曾明确给出了数据携带和出入境的技术标准。就企业跨境传输而言，其需要在以下层面将合规要求体现在技术细节中：

其一，构建可信的数据传输路径。数据跨境转移是将数据从一国境内服务器传输至境外服务器的过程，包含境内服务器发出数据包、通过互联网转发、到达境外服务器三个子过程，在此期间需要经过多个中继点。为保证数据在传输过程中的安全，企业无论是作为数据接收方还是数据发出方，均有必要在建立传输信道时尽可能多地进行压力测试，防止数据泄露、损毁、丢失等安全风险。

其二，搭建尽可能灵活的软件架构。欧盟对数据控制和传输的要求较为严格和多样，这就要求企业在进行跨境数据传输的时候针对使用数据的

App 采取较为灵活的设计结构，方便及时应对最新法律规定的变化和修改。例如，若企业针对境外用户开发某个 App 并将收集到的数据传输至境内储存，则可能需要为进行数据收集和传输的 API 加上"开关"，保证其随时可以便利地擦除或修改指定数据，以应对 GDPR 对数据最小化和数据准确性的要求。

其三，针对有特别规定的数据做个性化处理。GDPR 对特殊类型数据的规定较为细化，我国在这方面则相对较宽泛，这就使得企业可能不太注重 GDPR 识别特殊类型数据的特征（如种族、性别、政治观念、宗教信仰等）。因此，企业有必要在考虑产品所面向的用户群体画像之基础上，对有特别规定的数据做个性化处理并将其落实到开发层面。

数据出境问题之所以复杂，既有企业内部的原因（管理和业务场景多元化），也有外部原因（监管规定体系复杂且效力层级多变），稍有不慎便可能招致法律责任；再叠加属地管辖、本地化要求、数据安全、国家数据主权、隐私保护等多方面因素的考量，导致数据出境成为当前十分重要的监管难题，对出境企业影响广泛且深刻。但万变不离其宗，只要准确识别出境场景，扎实掌握监管要求，数据安全出境就是有章可循的。

第二节　重点监管的数据类型

重要数据与达到一定数量的个人信息是两类受出境监管的数据类型。《数据出境安全评估办法》与《信息安全技术 重要数据识别指南（征求意见稿）》均对重要数据作了定义，《信息安全技术 重要数据识别指南（征求意见稿）》还规定了识别重要数据遵循的原则、考虑的因素。此外，部分行业的法规或标准中也对重要数据有所定义。

《个人信息保护法》与《信息安全技术 个人信息安全规范》（GB/T 35273-2020）均对个人信息作了定义，《数据出境安全评估办法》对敏感个人信息作了定义。判断某项信息是否属于个人信息，应考虑识别与关联两条路径，符合二者之一的，均应判定为个人信息。

除数据出境的一般要求外，部分行业和特殊情形对数据出境有限制禁止或本地化储存的专门要求，企业需要同时满足数据出境安全评估要求与特殊行业及情形的监管要求。

一、重要数据

依据《数据出境安全评估办法》第4条规定，数据处理者向境外提供重要数据，应当通过所在地省级网信部门向国家网信部门申报数据出境安全评估。

（一）重要数据的定义

根据《数据出境安全评估办法》规定，所谓重要数据，是指一旦遭到篡改、破坏、泄露或者非法获取、非法利用等，可能危害国家安全、经济运行、社会稳定、公共健康和安全等的数据。截至目前，相关主管部门尚未根据《数据安全法》出台重要数据目录。

2022年1月13日，全国信息安全标准化技术委员会发布了《信息安全技术 重要数据识别指南（征求意见稿）》（2022年1月13日版本）（以下简称《重要数据识别指南》），后为了与政策文件相衔接，相应更新了《信息安全技术 重要数据识别指南（征求意见稿）》（2022年3月16日版本）（以下简称《重要数据识别规则》）。《重要数据识别指南》和《重要数据识别规则》对重要数据定义的差别见表4：

表4

《重要数据识别指南》	《重要数据识别规则》
3.1 重要数据 　　以电子方式存在的，一旦遭到篡改、破坏、泄露或者非法获取、非法利用，可能危害国家安全、公共利益的数据。 （注：重要数据不包括国家秘密和个人信息，但基于海量个人信息形成的统计数据、衍生数据有可能属于重要数据。）	3.1 重要数据 　　特定领域、特定群体、特定区域或达到一定程度和规模的数据，一旦被泄露或篡改、损毁，可能直接危害国家安全、经济运行、社会稳定、公共健康和安全。 （注：重要数据不包括国家秘密。）

（二）重要数据的识别

鉴于重要数据目录尚未出台，目前识别数据主要依据的是现有的国家标准征求意见稿以及部分行业的法规。

1. 原则

根据《重要数据识别规则》第 4 条的规定，识别重要数据遵循以下原则：

（1）聚焦安全影响

从国家安全、经济运行、社会稳定、公共健康和安全等角度识别重要数据，仅影响组织自身或公民个体的数据一般不作为重要数据。

（2）突出保护重点

通过对数据分级，明确重点保护对象，使重要数据在满足安全保护要求前提下有序流动。

（3）衔接既有规定

充分考虑地方已有管理要求和行业特性，与地方、部门已经制定实施的有关数据管理政策和标准规范紧密衔接。

（4）综合考虑风险

根据数据所在领域、覆盖群体、用途、面临威胁等不同因素，综合考虑数据遭到篡改、破坏、丢失、泄露或者非法获取、非法利用等风险，从保密性、完整性、可用性、真实性、准确性等多个角度分析判断数据的重要性。

（5）定量定性结合

以定量与定性相结合的方式识别重要数据，并根据具体数据类型、特性不同采取定量或定性方法。

（6）动态识别复评

随着数据用途、共享方式、重要性等发生变化，动态识别重要数据，并定期复查重要数据识别结果。

2. 考虑因素

根据《重要数据识别规则》第 5 条的规定，重要数据的识别可以考虑的因素有 19 条，主要可以分成以下四个总体类别：

（1）国家安全利益相关

直接影响国家主权、政权安全、政治制度、意识形态安全，如用以实施社会动员的数据属于重要数据；直接影响领土安全和国家统一，或反映国家自然资源基础情况，如未公开的领陆、领水、领空数据等属于重要数据。

（2）战略经济相关

直接影响市场经济秩序或国家经济命脉安全，如支撑关键基础设施所在行业、领域核心业务运行或重要经济领域生产的数据等属于重要数据；反映全局性或重点领域经济运行、金融活动状况，关系产业竞争力，可造成公共安全事故或影响公民生命安全，可引发群体性活动或影响群体情感与认知，如未公开的统计数据、重点企业商业秘密，以及危化品制作工艺、危险品储存地点等属于重要数据。

（3）自然资源与环境类

反映水资源、能源资源、土地资源、矿产资源等资源储备和开发、供给情况，如未公开的水文观测数据、未公开的耕地面积或质量变化情况等属于重要数据。

（4）其他

反映我国语言文字、历史、风俗习惯、民族价值观念等特质，如历史文化遗产信息等属于重要数据；未公开的政务数据、情报数据、执法司法数据，如未公开的统计数据等属于重要数据。

《重要数据识别规则》第5条还规定了一条兜底因素，即其他可能影响国家政治、国土、军事、经济、文化、社会、科技、网络、生态、资源、核、海外利益、太空、极地、深海、生物等安全的数据属于重要数据。

3. 特殊行业

此外，部分特殊行业的法规或标准中对重要数据有所定义，如《汽车数据安全管理若干规定（试行）》规定，重要数据是指"一旦遭到篡改、破坏、泄露或者非法获取、非法利用，可能危害国家安全、公共利益或者个人、组织合法权益的数据，包括：（一）军事管理区、国防科工单位以及县级以上党政机关等重要敏感区域的地理信息、人员流量、车辆流量等数据；（二）车辆流量、物流等反映经济运行情况的数据；（三）汽车充电网的运行数据；（四）包含人脸信息、车牌信息等的车外视频、图像数据；（五）涉及个人信息主体超过 10 万人的个人信息；（六）国家网信部门和国务院发展改革、工业和信息化、公安、交通运输等有关部门确定的其他可能危害国家安全、公共利益或者个人、组织合法权益的数据"；《基础电信企业重要数据识别指南》（YD/T 3867-2021）规定，基础电信企业的重要数据是指企业在运营收集、产生、控制的不涉及国家秘密，但与国家安全、经济发展、社会稳定，以及公共利益密切相关的数据，特别是与国家基础通信网络安全密切相关的数据。

二、个人信息

《数据出境安全评估办法》第 4 条规定，数据处理者向境外提供数据，符合下列情形之一的，应当通过所在地省级网信部门向国家网信部门申报数据出境安全评估：关键信息基础设施运营者和处理 100 万人以上个人信息的数据处理者向境外提供个人信息；自 2021 年 1 月 1 日起累计向境外提供 10 万人个人信息或者 1 万人敏感个人信息的数据处理者向境外提供个人信息；等等。

（一）个人信息的定义

根据《个人信息保护法》第 4 条规定，个人信息是指"以电子或者其他方式记录的与已识别或者可识别的自然人有关的各种信息，不包括匿名化处理后的信息。个人信息的处理包括个人信息的收集、存储、使用、加工、传输、提供、公开、删除等"。根据《信息安全技术 个人信息安全规范》（GB/T 35273-2020）第 3.1 条规定，个人信息是指"以电子或者其他方式记录的能够单独或者与其他信息结合识别特定自然人身份或者反映特定自然人活动情况的各种信息"。

（二）个人信息的识别

根据《信息安全技术 个人信息安全规范》（GB/T 35273-2020），判定某项信息是否属于个人信息,应考虑以下两条路径:一是识别,即从信息到个人,由信息本身的特殊性识别出特定自然人,个人信息应有助于识别出特定个人;二是关联,即从个人到信息,如已知特定自然人,由该特定自然人在其活动中产生的信息(如个人位置信息、个人通话记录、个人浏览记录等)即为个人信息。符合上述两种情形之一的信息,均应判定为个人信息。另外在实践中值得注意的是,虽然部分企业掌握的数据属于无法单独依靠其自身识别、关联到特定自然人的数据,如某出行平台掌握车辆的行程轨迹,但只要该数据经过加工处理(与第三方数据进行交叉比对),就能识别或关联特定自然人,那么无论企业自身是否拥有加工处理该数据的能力,均不影响该数据被认定为个人信息。

依据《数据出境安全评估办法》规定,在最近两年内累计达到1万人的敏感个人信息也是数据出境监管的重要类型。所谓敏感个人信息是指,一旦泄露或者非法使用,容易导致自然人的人格尊严受到侵害或者人身、财产安全受到危害的个人信息,包括生物识别、宗教信仰、特定身份、医疗健康、金融账户、行踪轨迹等信息,以及不满十四周岁未成年人的个人信息等。

三、限制禁止出境或有本地化要求的数据

除上述数据出境的要求外,部分行业和特殊情形对数据出境也有专门的要求。一般情形下,除非相关行业主管部门明确说明,否则企业需要同时满足特殊行业及情形的监管要求和数据出境安全评估要求,才可将数据传输出境。

(一)国家秘密

根据《保守国家秘密法》及《中华人民共和国保守国家秘密法实施条例》规定,机关、单位应当加强对国家秘密载体的管理,任何组织和个人不得邮寄、托运国家秘密载体出境。

（二）地图

根据《地图管理条例》规定，互联网地图服务单位应当将存放地图数据的服务器设在中华人民共和国境内，并制定互联网地图数据安全管理制度和保障措施。

（三）人类遗传资源

根据《中华人民共和国人类遗传资源管理条例》规定，外国组织、个人及其设立或者实际控制的机构不得在我国境内采集、保藏我国人类遗传资源，不得向境外提供我国人类遗传资源。

（四）网约车

根据《网络预约出租汽车经营服务管理暂行办法》规定，网约车平台公司应当遵守国家网络和信息安全有关规定，所采集的个人信息和生成的业务数据，应当在中国内地存储和使用，保存期限不少于2年，除法律法规另有规定外，上述信息和数据不得外流。

（五）司法协助

根据《数据安全法》和《个人信息保护法》规定，非经中华人民共和国主管机关批准，境内的组织、个人不得向外国司法或者执法机构提供存储于中华人民共和国境内的数据或个人信息。

除上述情形外，对征信数据、快递数据、医疗健康数据、保险数据等也有特殊要求。有本地化存储要求的数据如果要出境，必须接受数据安全评估，且只能在获得批准后才可出境。可以认为，本地化存储要求与数据安全评估是一体两面的关系，二者紧密相关。

四、违规案例与提示

【案例】亚朵酒店境外上市完成网络安全审查[①]

美国纳斯达克证券交易所网站披露[②]，Atour Lifestyle Holdings Limited（以下简称亚朵酒店）于2023年6月5日提交的F-1文件显示，亚朵酒店是一家开曼群岛控股公司，通过其在中国的子公司在中国开展和经营业务。其业务涉及收集和保留大量内部和客户数据，包括个人信息，通过信息技术系统进行输入、处理、汇总和报告。当客户在酒店办理在线入住或在线预订时，亚朵酒店会向客户收集身份证照片和个人照片等敏感个人信息，以核实个人身份。

亚朵酒店已于2022年11月在美国纳斯达克证券交易所上市。此前，在亚朵酒店准备境外上市的过程中，境内相继出台了《数据安全法》《网络安全审查办法》《个人信息保护法》《数据出境安全评估办法》《国务院关于境内企业境外发行证券和上市的管理规定（草案征求意见稿）》等相关监管新规。其中，国家互联网信息办公室和其他12个相关部门于2021年12月28日共同发布了修订后的《网络安全审查办法》，并于2022年2月15日施行。新修订的《网络安全审查办法》第7条规定："掌握超过100万用户个人信息的网络平台运营者赴国外上市，必须向网络安全审查办公室申报网络安全审查。"亚朵酒店作为一家拥有超过100万用户个人信息的网络平台运营商，已根据《网络安全审查办法》于2022年11月就美国存托股票在纳斯达克上市完成了网络安全审查。

2023年6月5日，亚朵酒店公布了第二次美国存托凭证发行计划，是继亚朵酒店上市半年后的再一次发行，亚朵酒店于本次提交的招股说明书中载明：截至本招股说明书签署日，我们尚未收到国家互联网信息

[①] 本案例根据亚朵酒店招股说明书等公开信息整理而成。
[②] 详细内容可参见美国纳斯达克证券交易所网站：https://www.nasdaq.com/market-activity/stocks/atat/sec-filings。

办公室根据《网络安全审查办法》认定我们为关键信息基础设施运营者的任何通知。招股说明书未包含有关亚朵酒店涉及数据出境以及进行数据出境安全评估、申报、备案的内容。

【问题聚焦】

修订后的《网络安全审查办法》规定了四种触发网络安全审查的情形：（1）关键信息基础设施运营者采购网络产品和服务，适用对象为涉及公共通信、能源、交通、金融等关键行业的关键信息基础设施运营者，触发条件为采购的网络产品和服务可能影响国家安全，关键条款为《网络安全审查办法》第 2 条及《关键信息基础设施安全保护条例》；（2）网络平台运营者开展数据处理活动，适用对象主要是大型网络平台运营者，触发条件为开展的数据处理活动可能影响国家安全，关键条款为《网络安全审查办法》第 2 条；（3）掌握超过 100 万用户个人信息的网络平台运营者赴国外上市，适用对象为拥有大量用户数据的网络平台，触发条件为掌握的个人信息超过 100 万用户且计划赴国外上市，关键条款为《网络安全审查办法》第 7 条；（4）主管部门依职权审查，触发条件为网络安全审查工作机制成员单位认为某些网络产品、服务或数据处理活动可能影响国家安全，执行方式为网络安全审查办公室按程序进行审查，可能包括主动审查或接受举报后发起的审查，关键条款为《网络安全审查办法》第 16 条。

根据《网络安全审查办法》第 10 条的规定，网络安全审查重点评估的国家安全风险因素包括产品和服务使用后带来的关键信息基础设施被非法控制、遭受干扰或者破坏的风险，产品和服务供应中断对关键信息基础设施业务连续性的危害，产品和服务的安全性、开放性、透明性、来源的多样性，供应渠道的可靠性以及因为政治、外交、贸易等因素导致供应中断的风险，产品和服务提供者遵守中国法律、行政法规、部门规章情况，等等。评估内容涵盖产品服务风险、法律风险、政治风险、网络安全风险等多个方面。

企业应当定期对其网络产品和服务进行安全和合规性评估，特别是在采购新的网络产品和服务前，评估是否符合《网络安全审查办法》的要求，防范潜在的国家安全风险。当企业处于适用《网络安全审查办法》审查的情形时，应及时熟悉并遵循审查申报的流程和要求，包括准备和提交所需的申报材料，以免因审查不合格影响业务运营。此外，企业应当注重对核心数据、重要数据及个人信息的安全管理和保护，确保数据处理活动符合国家关于数据安全和个人信息保护的相关法律法规，降低因数据安全问题导致的审查风险。

第三节 数据出境自评估

在制度规范层面，《数据出境安全评估办法》（本节简称《安全评估办法》）、《数据出境安全评估申报指南（第一版）》（本节简称《申报指南》）、《网络安全标准实践指南—个人信息安全影响评估指南》（本节简称《PIA指南》）、《网络安全标准实践指南—个人信息跨境处理活动安全认证规范》以及《个人信息出境标准合同办法》等文件，共同组成了《个人信息保护法》《数据安全法》《网络安全法》项下就数据出境相关评估规定的落地实施框架要求。对应的数据出境涉及三类评估：自评估、个人信息保护影响评估、安全评估。本节将以数据出境前的企业自评估作为切入点，对数据出境前自评估的法律规制框架、适用要点进行初步探析，并提出相关工作落地的合规建议，以供业界参详。

一、数据出境前评估的法律规制

依据上述法规文件，数据出境涉及三类评估：自评估、个人信息保护影响评估、安全评估。这三类评估的许多内容是相同的，但也有重要区别：第一，数据类型差异。自评估针对的数据类型包括重要数据、敏感个人信息及达到一定数量的普通个人信息；个人信息保护影响评估主要适用的数据类型为敏感个人信息及普通个人信息；安全评估针对的数据类型与自评估相同。第二，评估侧重点差异。自评估侧重于考虑数据如何顺利出境，便于企业开展业务；个人信息保护影响评估则主要考虑数据处理对信息主体的合法权益带来何种影响及相应的安全风险；安全评估侧重于数据出境行为对国家安全、公共利益、个人和组织的合法权益带来的风险。第三，安全角度差异。自评估从出现数据泄露、篡改等非法获取、非法利用的风险后，个人信息权益维护的渠道是否通畅的角度进行评价；个人信息保护影响评估关注所采取的保护措施是否合法、有效且与风险程度相适应；安全评估则从境外接收方所在国家或地区的数据安全保护法律、政策、网络安全环境，以及个人信息权益是否能够得到充分有效保障的角度进行评价，更加关注国家安全。

依据上述框架要求，风险自评估在三类评估中尤为值得关注，这是数据出境过程中非常重要的前置性程序和必备条件，对数据出境的顺利开展有重要影响。根据《安全评估办法》第5条、第6条的规定，数据处理者在申报数据出境安全评估前，应当开展数据出境风险自评估，向主管部门申报数据出境安全评估时需提交数据出境风险自评估报告（自评估报告）。《申报指南》附件4为企业开展风险自评估提供了《数据出境风险自评估报告（模板）》（自评估报告模板），并就自评估工作简述、出境活动和风险评估需要涵盖的要点予以明确，为拟申报企业开展出境风险自评估提供了重要参考。

二、企业数据出境前自评估的要点

（一）风险自评估的适用场景

向境外提供重要数据。根据《安全评估办法》第19条，重要数据是指一旦遭到篡改、破坏、泄露或者非法获取、非法利用等，可能危害国家安全、经济运行、社会稳定、公共健康和安全等的数据。重要数据的出境，无论数量多少，均受到严格的限制。

向境外提供个人信息。在个人信息出境的场景下，需要进行安全评估的情形有：(1) 关键信息基础设施运营者（CIIO）向境外提供个人信息；(2) 处理100万人以上个人信息的数据处理者向境外提供个人信息；

（3）自上年1月1日起累计向境外提供10万人个人信息或者1万人敏感个人信息的数据处理者向境外提供个人信息；（4）国家机关处理的个人信息，需要向境外提供的；（5）兜底条款，国家网信部门规定的其他需要申报数据出境安全评估的情形。

（二）自评估报告需涉及的内容

数据处理者在向省级网信办提交数据出境安全评估材料时需一并提交自评估报告。自评估报告的内容应包含"自评估工作简述""出境活动整体情况""拟出境活动的风险评估情况""出境活动风险自评估结论"四个部分，以下重点分析出境活动整体情况和拟出境活动的风险评估情况。

1. 出境活动整体情况

（1）数据处理者的基本情况

除对企业股权结构等基础信息的介绍外，企业还应当注意对业务和数据管理情况进行梳理和介绍，以便监管机关了解企业组织架构（包括数据安全管理机构的设置）以及涉及数据出境的业务和数据与企业整体业务和数据的关系。

（2）对数据出境涉及业务和信息系统的评估

企业应全面介绍数据出境涉及的业务和数据情况、所属系统和数据中心情况以及境内和境外数据中心之间的链路情况。

（3）对拟出境数据的评估

企业应结合数据出境及境外接收方处理数据的目的、范围和方式，分析拟出境数据的规模、范围、种类、敏感程度、境内外存储情况、数据出境后再提供情况，判断数据出境的合法性、正当性、必要性。

（4）对数据处理者数据安全保障能力的评估

企业应从数据安全管理能力、数据安全技术能力、数据安全保障措施有效性证明、遵守数据和网络安全相关法律法规的情况四个维度综合评估数据处理者的安全保障能力。

（5）对境外接收方的评估

企业应对境外接收方的基本情况，境外接收方处理数据的用途、方式以及境外接收方处理数据的全流程过程进行介绍，并基于对境外接收方所在国家或地区数据安全保护政策法规和网络安全环境情况的研判，对境外接收方的数据安全保障能力进行判断。

（6）对法律文件约定数据安全保护责任义务的评估

企业在审阅、起草、谈判数据出境相关法律文件（包括标准合同）的过程中，应对照《安全评估办法》第9条的要求进行，确保符合法律法规要求。

2. 拟出境活动的风险评估情况

企业应比照《安全评估办法》第5条所列的6项重点自评估事项进行逐项说明，重点说明评估发现的问题和风险隐患，以及相应采取的整改措施及整改效果。从提高效率角度出发，建议企业在安排风险自评估工作时，同时对标《安全评估办法》第8条涉及的安全评估内容，提前进行风险应对和分析，并在可行的情况下在风险自评估的适当位置进行说明和回应。

（三）风险自评估期限及第三方机构参与

承诺书和自评估报告模板明确要求，自评估工作应当在安全评估申报之日前3个月内完成，且至申报之日未发生重大变化。如有第三方机构参与自评估的，亦应在自评估报告中说明第三方机构的基本情况及参与评估的情况。

三、自评估工作落地合规建议

企业数据出境自评估目前仍然存在难以准确甄别数据出境场景、重要数据如何确定、自评估中识别出的风险如何整改等问题，有待在制度实施过程中由监管机关进一步澄清。为应对此类不确定性带来的合规挑战，对相关企业提出以下建议：

第一，尽早开展数据出境前自评估的准备工作。鉴于《安全评估办法》《PIA 指南》等文件均规定企业应当自行开展数据跨境相关的风险评估工作，建议尽快对照各适用规范中规定的评估内容和要求，准备相应评估材料，对相关评估结果完善存档要求，并持续关注公司业务和数据出境变动情况，确保评估材料的时效性和有效性。需要注意的是，《安全评估办法》规定施行后的宽限期为6个月。在此期限届满前，具有数据出境现实需要且已达到安全评估申报要求的企业应尽快准备相关申报事宜，以避免在期限届满时未完成评估无法开展数据出境活动甚至构成违规的不利后果。

第二，尽早布局内部组织架构调整，设置相应的管理机构和负责人。自评估报告模板要求企业详细说明数据安全管理机构信息，《个人信息保护法》和《PIA指南》也对设置个人信息保护负责人和个人信息保护机构进行了规定，故建议企业尽早设立符合规定的负责机构和负责人，并为其履行职责提供必要的人力、财力、物力保障等资源。

第三，持续完善内部制度和自身内控体系。对于已开展或者拟开展数据出境活动的企业而言，制定和实施完善的数据处理制度和数据管理制度（包括但不限于内部数据出境行为识别和自评估等方面）将是数据出境活动合规的重要保障。企业还应着眼于完善自身内控体系，以期确保企业就数据管理和出境合规等事宜制定的制度得以运行和落实。

第四，与境外接收方保持密切沟通，并促使其配合企业完成数据出境涉及的自评估工作。一方面，境外接收方的基本信息、处理数据的用途、方式以及数据安全保障能力等方面是企业进行风险自评估及申报数据出境安全评估需披露的重要信息；另一方面，企业与境外接收方订立的法律文件是企业进行风险自评估工作的必要条件，而该等要求的落实均离不开境外接收方的配合。除上述外，企业还应关注境外接收方所在国家或地区数据安全保护政策法规和网络安全环境情况，如经评估企业拟实施的数据出境活动将会导致合规风险或实施数据出境后相关国家或地区的法规和政策发生重大变化，企业应及时采取应对措施，包括调整出境数据范围、出境方式、与境外接收方终止合作等。

第五，必要时引入第三方机构协助企业完成数据出境自评估相关工作。《申报指南》和《PIA指南》均提及了第三方机构，考虑到数据出境相关风险评估工作的多维性和专业性，为提高工作效率，企业可考虑适时聘用第三方机构承担部分评估工作，并对评估过程中发现的问题及时采取补救措施和形成报告存档备查。

第六，除关注自身合规建设和合作方情况外，建议企业持续密切关注国家网信部门等监管机关出台的各类对数据跨境流动的规定、实操下的指导意见和执法动态，就所适用的业务模式和场景等与相关监管机关保持实时沟通，针对数据出境问题所涉及的不明确的重点、难点问题及社会热点问题主动及时沟通，以避免因某一环节的遗漏而影响数据出境，从而对公司业务开展、日常经营管理、跨境资本运作等带来不利影响。

第四节　数据出境安全评估

《个人信息保护法》第 38 条规定了企业数据出境的四种途径：(1) 通过安全评估后出境；(2) 进行个人信息保护认证后出境；(3) 签署标准合同后出境；(4) 其他。关于第二种出境方式，全国信息安全标准化技术委员会于 2022 年 6 月 24 日发布的《网络安全标准实践指南—个人信息跨境处理活动安全认证规范》就认证主体和基本要求作出了规定，但当前实践中通过此方式完成出境的案例仍不多见；关于第三种出境方式，因目前《个人信息出境标准合同办法》生效不久，通过签署出境标准合同的方式完成数据出境的案例也仍待考察。当前实践中已有大量企业完成了向国家网信办的数据出境安全评估申报，该方式对数据安全管控的要求最高，难度也最大，值得深入研究和探讨。

一、申报前的准备工作

（一）判断公司自身业务行为是否属于"出境场景"

《数据出境安全评估申报指南（第一版）》(本节简称《申报指南》) 规定了数据出境的两类情形：一是数据处理者将在境内运营中收集和产

生的数据传输、存储至境外；二是数据处理者收集和产生的数据存储在境内，但境外的机构、组织或者个人可以查询、调取、下载、导出。

在判断出境场景时，应注意三点：(1)判断公司自身是否属于《个人信息保护法》所称的"数据处理者"，即是否属于在个人信息处理活动中能够自主决定处理目的、处理方式的组织；(2)判断该类数据是否在境内运营中收集和产生，如果纯属数据中转过境，则不属于"出境场景"；(3)判断公司业务是否确需"向境外传输、存储"以及境外的合作方确需"查询、调取、下载、导出"。

(二) 准确识别数据出境的关键要素

准确理解出境语义中的"境"。凡是在物理上跨越国界，或者在司法管辖区域上涉及跨越独立主权国家或独立主权地区的，皆属于跨"境"。

准确理解"境内运营"。数据处理主体无论是否在国内注册成立，只要在国内实际开展业务，提供商品或服务，即属"境内运营"；还要判断是否收集了境内公民个人信息和重要数据，如不涉及，则不属于"境内运营"；特殊情况下，如果数据提供方和接收方都在国内，但归属不同的司法管辖，相互之间提供数据仍属于"境内运营"。

对照监管文件准确理解"个人信息""敏感个人信息""重要数据""关键信息基础设施运营者"等基础概念，在涉及数量计算时，注意均是以"人头数"为计算单位，而非以"信息条数"为计算单位。

(三) 完成数据出境安全风险自评估

《数据出境安全评估办法》规定了数据处理者在申报数据出境安全评估前开展数据出境风险自评估，重点评估数据出境和境外接收方处理数据的目的、范围、方式等的合法性、正当性、必要性等问题，并形成自评估报告。

二、申报方式及流程

经判断如果符合数据出境申报安全评估的情形，企业应在完成自评估后将完备的申报材料提交省级网信办，由省级网信办对材料完备性进行查验，若通过查验，则报送国家网信办决定是否受理；若材料未齐备，企业应当按照要求补充或更正材料。国家网信办完成评估后，企业对评估结果有异议的，可以申请一次复评，复评结果为最终结果。而对于国家网信办不予受理的决定是否可以继续提出异议，当前并未有文件明文规定。

结合《申报指南》相关规定，数据出境安全评估的申报流程梳理见图6：

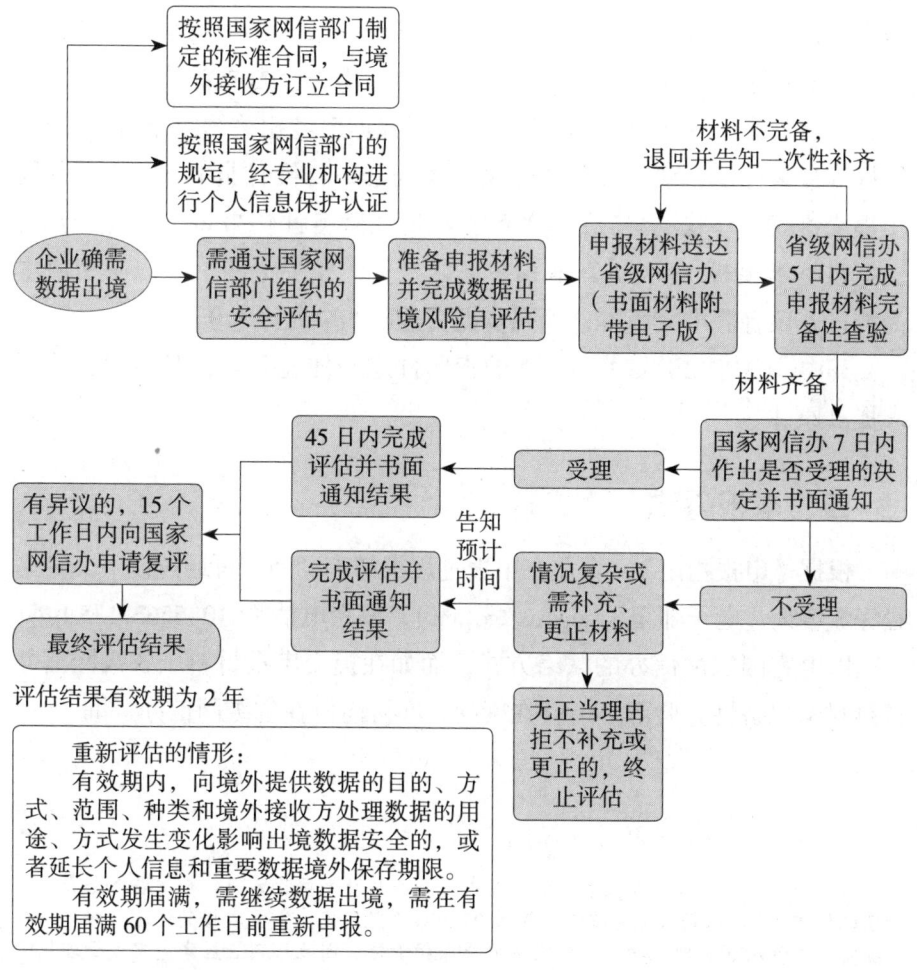

图6

三、申报材料

《申报指南》对《数据出境安全评估办法》要求的申报材料进行了进一步细化。

根据《申报指南》，企业申报数据出境安全评估，应当提交以下书面材料，并以光盘形式提交电子版：（1）统一社会信用代码证件影印件；（2）法定代表人身份证件影印件；（3）经办人身份证件影印件；（4）经办人授权委托书（《申报指南》已提供标准模板）；（5）数据出境安全评估申报书（《申报指南》已提供标准模板），申报书包括承诺书、数据出境安全评估申报表[①]两部分内容，模板中已有较为详细的填表说明以供参考；（6）与境外接收方拟订立的数据出境相关合同或者其他具有法律效力的文件影印件（《申报指南》要求对数据出境相关约定条款作高亮、线框等显著标识；法律文件以中文版本为准，若仅有非中文版本，须同步提交准确的中文译本）；（7）数据出境风险自评估报告（《申报指南》已提供标准模板）；（8）其他相关证明材料（相关证明材料以中文版本为准，若仅有非中文版本，须同步提交准确的中文译本）。

其中，（1）（2）（3）（6）项的影印件应当加盖公章，其余材料均要求提供原件。

四、申报咨询

根据《申报指南》，企业在申报过程中如有疑问，可通过以下2种途径完成咨询：电子邮箱（sjcj@cac.gov.cn）；联系电话（010–55627135）。

以上为国家网信办的联络方式，而如在提交申报材料、省级网信办进行材料完备性查验等环节存在疑问，亦可向所在省级网信办咨询。

[①] 值得注意的是，申报表中需填写申请企业与境外接收方的"数据安全负责人和管理机构信息"。依据《数据安全法》第27条第2款规定，重要数据的处理者应当明确数据安全负责人和管理机构，落实数据安全保护责任。因此，企业应事先完成管理机构与负责人的选定。

五、地方规范

《数据出境安全评估办法》及《申报指南》生效后，江苏省网信办率先公布了《江苏省数据出境安全评估申报工作指引（第一版）》以指引该省数据出境安全申报工作。虽然该指引仅适用于注册地为江苏省的开展数据处理活动的企业，但鉴于其他省份尚无相关规范性文件，该指引对于其他地区企业也存在一定借鉴意义。

在申报数据出境安全评估的具体操作层面，江苏省指引对《申报指南》要求的申报材料第6项范围作出了细化，即"与境外接收方拟订立的数据出境相关合同或者其他具有法律效力的文件影印件"应当至少包括：（1）数据出境的目的、方式和数据范围，境外接收方处理数据的用途、方式等；（2）数据在境外保存地点、期限，以及达到保存期限、完成约定目的或者法律文件终止后出境数据的处理措施；（3）对于境外接收方将出境数据再转移给其他组织、个人的约束性要求；（4）境外接收方在实际控制权或者经营范围发生实质性变化，或者所在国家、地区数据安全保护政策法规和网络安全环境发生变化以及发生其他不可抗力情形导致难以保障数据安全时，应当采取的安全措施；（5）违反法律文件约定的数据安全保护义务的补救措施、违约责任和争议解决方式；（6）出境数据遭到篡改、破坏、泄露、丢失、转移或者被非法获取、非法利用等风险时，妥善开展应急处置的要求和保障个人维护其个人信息权益的途径和方式。

六、违规案例与提示

【案例一】全国首个获批数据出境安全评估案例

根据北京网信办公布的信息，截至2023年1月18日，北京网信办已组织指导本市社交媒体、医疗、金融、汽车、民航等重点领域16家单位递交正式申报，10家单位申报材料通过完备性查验，2家单位已通过数据出境安全评估，首都医科大学附属北京友谊医院与荷兰阿姆斯特丹大学医学中心合作研究项目成为全国首个通过数据出境安全评估的案例，中国国际航空股份有限公司项目作为全国第二例也成功获批通过。同时需要注意的是，第一个案例即中外医学合作研究项目可能涉及人类遗传资源信息等重要数据类别，根据《人类遗传资源管理条例》，若该医学合作项目向外国组织提供的数据同时构成人类遗传资源信息时，应当同时通过国务院科学技术行政部门组织的安全审查、接受备案并完成提供信息备份等要求。

【案例二】焦点科技通过数据出境安全评估成为跨境电商领域全国首个数据出境案例

2023年5月，焦点科技股份有限公司"中国制造网外贸电商平台业务"通过国家网信办数据出境安全评估，成为跨境电商领域全国首个数据合规出境案例。中国制造网（Made-in-China.com）创立于1998年，由焦点科技开发及运营。作为全链路外贸服务综合平台，中国制造网致力于为中国供应商和海外采购商挖掘全球商机，为双方国际贸易的达成提供一站式外贸服务，现已成为中国外贸企业走向国际市场的重要桥梁和海外采购商采购中国产品的重要网络渠道。平台拥有百万级中国供应商和千万级全球采购商会员，年访问量超过22亿人次，是规模较大、极具代表性的跨境电商平台。该案例可能涉及《数据出境安全评估办法》第4条第2项或第3项规定的处理或向境外提供达到一定数量规模的个人信息的情形。

【案例三】挪威Ferde AS公司违反GDPR向中国传输数据处罚案

根据挪威数据保护局于2021年5月6日发布的通知，挪威Ferde AS公司在过去1—2年内涉嫌违反GDPR规定的多项义务。其中，挪威数据保护局初步认定其在向中国的数据处理者跨境传输个人数据时缺乏适用的法律依据，认为该公司在2017年9月至2019年春季向位于中国的数据处理者跨境转移个人数据，具体表现为该期间内位于中国的员工可以通过网络等方式访问获取相关车牌图像及与这些图像有关的信息，因而涉嫌违反 GDPR 第 44 条规定的跨境传输个人数据的一般性原则，并且该公司也不存在 GDPR 第 49 条规定的特殊情形下的克减。

【问题聚焦】

从案例三对与中国企业相关的个人数据跨境传输常见场景、GDPR 对于个人数据跨境传输的路径规定及对中国的影响进行梳理：

（1）与中国企业相关的个人数据跨境传输常见场景

这是一起自 GDPR 生效以来比较少见的涉及中国的跨境传输处罚决议。事实上，伴随着外国公司在中国的投资布局、中国企业出海的全球布局以及以云计算、大数据、移动互联网以及物联网等为背景的信息化浪潮的推动，涉及中国的个人数据跨境传输（包括企业将国内个人信息跨境传输至境外，以及境外企业将个人信息传输至中国境内）的场景非常频繁，例如：①外商投资企业根据全球人事管理的统一要求，向境外母公司提供境内员工个人信息，或是中国企业海外子公司基于全球统一管理的理由向境内公司传输员工个人信息或是境内收集的客户数据信息；②中国企业作为境外公司数据处理商接收境外数据控制者企业向其传输的个人数据，或是外国客户委托中国企业向其提供商业服务的过程中涉及的个人数据传输；③位于中国境内的企业将其在境内经营过程中收集的个人信息外包给境外专业的数据处理者进行处理；④境外的司法或者执法机构出于反腐败调查、境外诉讼或执法等需要要求中国企业提供存储于中国境内的个人信息。

（2）GDPR 对于个人数据跨境传输的路径规定及对中国的影响

根据 GDPR 第 44 条至第 49 条的规定，个人数据的跨境转移需要满足 GDPR 规定的基本前置条件后方可进行。

第一，充分性认定。

欧盟委员会已作出认定，认为相关的第三国具有充足保护（adequate level of protection）。

第二，适当的保障措施（Appropriate Safeguards）。

在缺乏欧盟委员会作出的充分性认定的情况下，控制者或处理者只有提供适当的保障措施，以及为数据主体提供可执行的权利与有效的法律救济措施，才能将个人数据转移到第三国。适当的保障措施具体包括：①公共机构或实体之间签订的具有法律约束力和可执行性的文件；②符合第47条的有约束力的公司规则（Binding Corporate Rules）；③欧盟委员会制定或通过的数据保护标准合同条款（SCC条款）；④根据第40条制定的行为准则（Codes of Conduct），以及第三国的控制者或处理者为了采取合适的安全保障而作出的具有约束力和执行力的承诺，包括数据主体的权利；⑤根据第42条而被批准的验证机制（Certification），以及第三国的控制者或处理者为了采取合适的安全保障而作出的具有约束力和执行力的承诺，包括数据主体的权利。

第三，克减（Derogations）。

如果不存在上述情况，只有满足如下情形之一才能进行：数据主体明确同意预期的数据转移；转移对于履行数据主体与控制者之间的合同是必要的；实现数据主体的必要利益、必要的公共利益；为了确立、行使或辩护法律性主张所必须的；转移是根据欧盟法或成员国法律为了向具有一般性公众或个人提供咨询的登记册而进行的；非重复性的、关乎很小一部分数据主体、对于实现控制者压倒性的正当利益是必要的转移。

考虑到仅有少数国家获得了欧盟委员会出具的充分性认定，并且克减情形只能在特定情形下使用、并非常规化数据跨境传输的合法依据，一般而言，为数据主体提供适当的保障措施对绝大多数企业来说是相对切实可行的选择。而在提供适当保障措施的路径中，由于有约束力的公司规则等机制适用成本较高，大多数企业会倾向于使用欧盟委员会制定或通过的数据保护标准合同条款作为常见的个人数据跨境传输方案。

欧盟委员会于2020年11月12日发布了新版数据跨境传输标准合同条款的草案。值得一提的是，欧盟法院（CJEU）于2020年7月16日作出了著名的Schrems Ⅱ案判决，认定美国与欧盟之间的跨境数据转移机制"隐私盾"（Privacy Shield）无效，并强调了SCC条款的有效性取决于数据跨境传输在目的地国家的合法合规性。

无论是在欧盟、中国还是其他第三方国家，立法机关及主管部门对包括个人数据跨境传输在内的个人数据保护制度越来越重视。尤其是从近期发布的法律法规来看，中国对个人数据保护的保护标准、方式及力度与欧盟所采取的保护力度逐步靠拢，也印证了国家对于该领域的监管态度。从企业的角度来看，重视包括跨境传输在内的个人数据保护，不仅是法律合规的需要，也是进军国际市场、布局全球的核心竞争力之一。

第五节 个人信息跨境处理活动安全认证

作为"3+N"的数据安全与合规管理体系配套文件，全国信息安全标准化技术委员会发布了《网络安全标准实践指南—个人信息跨境处理活动认证技术规范（征求意见稿）》（本节简称《征求意见稿》），并于2022年6月24日发布了《网络安全标准实践指南—个人信息跨境处理活动安全认证规范》正式稿（本节简称《认证规范》）。《认证规范》基于《个人信息保护法》第38条[①]"按照国家网信部门的规定经专业机构进行个人信息保护认证"的要求，为认证机构开展认证工作提供了参考依据。从《征求意见稿》的发布到《认证规范》的正式落地，体现了我国监管层面对于个人信息跨境处理活动趋于严格、明晰的监管态度。本节旨在对认证规范进行全面的梳理及评析，为从事个人信息跨境处理活动、有意向申请安全认证的企业提供合规思路。

---

① 《个人信息保护法》第38条第1款规定："个人信息处理者因业务等需要，确需向中华人民共和国境外提供个人信息的，应当具备下列条件之一：（一）依照本法第四十条的规定通过国家网信部门组织的安全评估；（二）按照国家网信部门的规定经专业机构进行个人信息保护认证；（三）按照国家网信部门制定的标准合同与境外接收方订立合同，约定双方的权利和义务；（四）法律、行政法规或者国家网信部门规定的其他条件。"

一、《认证规范》体现的监管态度

（一）较高的认证标准——引入《信息安全技术 个人信息安全规范》（GB/T 35273-2020）作为合规基准要求

根据《认证规范》的摘要所述，申请个人信息保护认证的个人信息处理者应当符合《信息安全技术 个人信息安全规范》（GB/T 35273-2020）的要求。此标准代表国家标准，规定了开展收集、存储、使用、共享、转让、公开披露、删除等个人信息处理活动应遵循的原则和安全要求；适用于规范各类组织的个人信息处理活动，也适用于主管监管部门、第三方评估机构等组织对个人信息处理活动进行监督、管理和评估。《认证规范》引入国标级的合规要求意味着企业在处理个人信息的合规整改方面有了更加明确的依据，同时也需要企业投入更高的合规成本。

（二）较为明确的适用范围——跨国公司、同一经济或事业实体下属子公司、关联公司之间的个人信息跨境处理活动以及《个人信息保护法》第3条第2款规定的境外处理境内自然人个人信息的活动

相较于《征求意见稿》，《认证规范》进一步明确了适用本规范的以下情形：跨国公司或者同一经济或事业实体下属子公司或关联公司之间的个人信息跨境处理活动；《个人信息保护法》第3条第2款规定的境外处理境内自然人个人信息的活动[①]。值得注意的是，"关联公司之间的个人信息跨境处理活动"为《认证规范》正式稿中新增的情形，这使得可以申请认证的主体进一步扩大。在第一种情形下，安全认证的申请主体为境内方；在第二种情形下，申请主体为境外个人信息处理者在境内设

---

① 《个人信息保护法》第3条第2款规定："在中华人民共和国境外处理中华人民共和国境内自然人个人信息的活动，有下列情形之一的，也适用本法：（一）以向境内自然人提供产品或者服务为目的；（二）分析、评估境内自然人的行为；（三）法律、行政法规规定的其他情形。"

置的专门机构或指定代表。

（三）自愿性认证

为了充分发挥认证在加强个人信息保护、提高个人信息跨境处理效率方面的作用，个人信息跨境处理活动认证属于国家推荐的自愿性认证，鼓励符合条件的个人信息处理者和境外接收方在跨境处理个人信息时自愿申请个人信息跨境处理活动认证。因此，在《认证规范》适用的范围内，企业可以进行自愿申请认证作为个人信息出境的合规路径。

（四）注重对个人信息处理者和境外接收方的规范要求

《认证规范》第 5.2 条规定了针对个人信息处理者和境外接收方的系统性责任义务。包括向个人信息主体告知个人信息处理者及境外接收方的基本情况，以及提供个人信息的目的、类型和保存时间，并取得其单独同意；不得超出约定的范围处理个人信息；及时响应个人信息主体的查阅、复制、更正、补充或者删除等要求；难以保证跨境个人信息安全时，及时中止跨境处理个人信息；对于个人信息泄露、篡改、丢失等情况，立即采取补救措施；应个人信息主体的请求，提供法律文本中涉及个人信息主体权益部分的副本；承担损害个人信息主体权益的法律赔偿责任；承诺接受认证机构的监督，包括答复询问、例行检查等。

此外，《认证规范》在第 4 条"基本要求"项下明确了个人信息处理者和境外接收方在签署法律协议、组织管理（包括指定个人信息保护负责人及设立个人信息保护机构），以及开展个人信息保护影响评估等方面要求。

（五）注重对个人信息主体的权利保障

《认证规范》第 5.1 条规定了个人信息主体享有知情权、决定权、限制权和拒绝权等权利。值得注意的是，相较于《征求意见稿》，正式出台的《认证规范》新增了个人信息主体的撤回权，即个人信息主体有权撤回对其个人信息跨境处理的同意。本条规定符合《个人信息保护法》

第四章所赋予的个人主体在个人信息处理活动中的法定权利[①]，为个人信息主体在信息跨境处理活动中提供了较为充分的权利保障。

此外，《认证规范》还为个人信息主体提供了明确的救济渠道，包括向监管部门进行投诉、举报，以及在其经常居住地法院对处理者和境外接收方提起司法诉讼等。

二、《认证规范》在实践层面的注意要点

（一）签署有法律约束力的协议

《认证规范》第 4.1 条规定，开展个人信息跨境处理活动的个人信息处理者和境外接收方之间应当签订具有法律约束力和执行力的文件，并列明：开展个人信息跨境处理活动的个人信息处理者和境外接收方；跨境处理个人信息的目的以及个人信息的类别、范围；个人信息主体权益保护措施；境外接收方承诺并遵守统一的个人信息处理规则；境外接收方承诺接受认证机构监督、相关法律、行政法规管辖及其在境内承担法律责任的组织机构等。鉴于境外方在个人信息跨境处理活动中有较强的不可控风险，本条规定对协议条款的内容和境外接收方的义务提出了较为详细的要求，为境外接收方设置了较高的合同义务，目的是落实信息跨境监管要求。

（二）指定个人信息保护负责人

《认证规范》第 4.2.1 条规定，开展个人信息跨境处理活动的个人信息处理者和境外接收方均应指定个人信息保护负责人。企业在指定负责人时应注意境内外主体双方均应予以指定，且负责人除了需要具备相应的专业知识和管理经历外，在人事关系层面，负责人还应当属于企业的决策层成员，拥有一定的决策权力。考虑到本条规定中提到的负责人应

[①] 《个人信息保护法》第 46 条第 1 款规定："个人发现其个人信息不准确或者不完整的，有权请求个人信息处理者更正、补充。"第 47 条第 1 款规定："有下列情形之一的，个人信息处理者应当主动删除个人信息；个人信息处理者未删除的，个人有权请求删除：……（三）个人撤回同意；……"

为本组织的个人信息保护工作提供人力、财力、物力保障，确保所需资源可用，选任负责人时应重视其资源调配能力。由此可见，合理选定个人信息保护负责人是企业推动跨境数据保护工作顺利开展的重要环节。

（三）设立个人信息保护机构

《认证规范》第 4.2.2 条要求个人信息处理者和境外接收方均应设立个人信息保护机构，负责制定和实施跨境处理活动计划、组织开展个人信息影响评估、监督个人信息跨境处理活动、接受个人信息主体权利请求和投诉。企业指定个人信息保护负责人和设立个人信息保护机构的要求均属于认证规范第 4.2 条下的组织管理规定，因此可以理解为该个人信息保护机构是由个人信息保护负责人所领导的执行机构。

（四）确立个人信息跨境处理规则

《认证规范》第 4.3 条要求个人信息处理者和境外接收方遵守统一的个人信息跨境处理规则，并对规则所应包括的内容作了列举。因此，境内外双方应当首先协商确立适用于双方的统一规则，在跨境处理活动的基本情况，处理的目的、方式和范围，存储起止时间及到期后的处理方式，需要中转的国家或地区，采取的资源和措施，安全事件的赔偿和处置规则方面进行明确规定。

（五）开展个人信息保护影响评估

《认证规范》第 4.4 条规定，开展个人信息跨境活动的个人信息处理者事前评估向境外提供个人信息活动是否合法、正当、必要，所采取的保护措施是否与风险程度相适应并有效等。具体包括以下方面：向境外提供个人信息是否符合法律、行政法规；对个人信息主体权益产生的影响，特别是境外国家和地区的法律环境、网络安全环境等对个人信息主体权益的影响；其他维护个人信息权益所必需的事项。企业在进行以上评估时可以借鉴《信息安全技术 个人信息安全规范》（GB/T 35273-2020）涉及的评估方法，而且，在数据跨境传输场景下，还会涉及境外国家和地区的法律及网络安全，因此企业在开展评估时还应重点关注信息跨境的风险考量。至于如何有效开展对域外法律及相关环境的评估才能满足认证的要求，以及企业是否需要境外律师发表意见，目前在实务中仍需进一步探索以及更加明确的政策指引。

三、《认证规范》仍需明确的问题分析

（一）认证规则下的"有法律约束力的协议"是否需要符合《个人信息出境标准合同办法》的相关规定

根据《个人信息保护法》第38条的规定，个人信息处理者需按照国家网信部门制定的标准合同与境外接收方订立合同。个人信息处理者与境外接收方签署标准合同作为个人信息跨境传输的合法路径之一，与认证机制相互平行、相互独立。鉴于标准合同具有合同属性，缺少第三方机构的介入，《个人信息出境标准合同办法》对合同主体及主要内容提出了明确的要求。《认证规范》第4.1条也规定信息跨境处理的双方需签署具有法律约束力的协议，企业在选择个人信息出境的合规路径时，申请认证和签署标准合同具有一定的重合要求，如何进一步明确认证所要求的有法律约束力的协议和标准合同之间的关系仍需政策及监管层面的完善。

（二）针对境外处理境内自然人个人信息的活动的适用情形，应如何确定签署主体

《认证规范》第4.1条所规定的有法律约束力的协议签订双方为个人信息处理者和境外接收方，但《认证规范》适用情形中包括境外处理境内自然人个人信息的活动，在该种情形下，不存在境内的个人信息处理者，因此缺少协议的有效签署主体。参考《认证规范》第2条对于认证主体的规定，即"境外个人信息处理者，可以由其在境内设置的专门机构或指定代表申请认证，并承担法律责任"。企业在实践中，是否可以将境内设置的专门机构或指定代表视为境内的个人信息处理者，进而与境外方签署协议，这需要监管部门的确认。

（三）认证机构、认证时效及基本流程仍需进一步明确

监管部门目前并未明确对个人信息跨境处理活动安全认证机构的具体准入资格及相关审批要求，将由何种机构负责认证的具体事项仍有待监管部门的指定。此外，关于认证的时效也并未明确，开展个人信息跨境处理活动的主体在取得认证后是否需要定时续期，或重新申请认证目前也处于未知的状态。关于认证的基本流程也缺乏具体的细则指引，是否能够参照同类的安全管理认证流程仍有待进一步的观察。

《认证规范》的发布体现了我国在个人信息保护方面的积极探索，并且为既有法律规范提供了有效补充和实践指导。《认证规范》在申请安全认证的适用情形、认证主体、基本原则及要求、个人信息主体权益保障等方面作出了明确的规定。同时，《认证规范》作为在数据跨境监管的摸索期所发布的文件，在落地之初，仍有部分问题需在后续实践中加以完善，并出台其他配套的细则文件。企业应当重视对数据跨境流动的合规要求，顺应主流监管趋势，根据相关的政策指引，及时采取应对措施。

第六节　个人信息出境标准合同

国家互联网信息办公室发布的《个人信息出境标准合同办法》及《个人信息出境标准合同》样本（本节简称标准合同），为数据出境的可选路径进一步作出明确规定。作为个人信息处理者跨境提供个人信息的选择路径之一，标准合同相对于其他数据出境路径，具备监管成本较低、操作便利等优势。本节旨在厘清标准合同的适用范围、基本内容、个人信息处理者及境外接收方的权利义务、个人信息主体的权利与救济，为企业在数据出境场景中适用标准合同提供参考。

一、标准合同的适用范围

《个人信息出境标准合同办法》第 4 条规定，个人信息处理者通过签订标准合同向境外提供个人信息，需同时满足以下四项条件：非关键信息基础设施运营者；处理个人信息不满 100 万人的；自上年 1 月 1 日起累计向境外提供个人信息不满 10 万人的；自上年 1 月 1 日起累计向境外提供敏感个人信息不满 1 万人的。可见，标准合同适用于规模较小的数据处理者及关键信息基础设施运营者以外的普通数据处理主体，完全区别于《数据出境安全评估办法》规定的应当申报安全评估的情形。

作为相对于数据出境安全评估更低级别的监管方式，标准合同的适用虽然排除了应申报数据安全评估的数据范围，但并不意味着数据体量较大、应当进行数据安全评估的企业在数据出境场景中无需与境外接收方签署合同。依据《数据出境安全评估申报指南（第一版）》第 3 条规定，企业在提交数据安全评估申报材料时，应提供与境外接收方拟订立的数据出境相关合同或者其他具有法律效力的文件。在相关规定不甚清晰的情况下，参考或直接应用标准合同进行签署也未尝不可。同样的问题也存在于通过认证进行数据出境的场景，为了明确数据提供方与境外数据接收方之间的权利义务关系，并对个人信息主体提供充分保障，标准合同在此类场景下也应具有参考应用价值。

二、标准合同的基本内容

（一）标准合同的主体及合同备案

标准合同履行过程中涉及的主体包括个人信息处理者、境外接收方、个人信息主体及监管部门。"个人信息处理者"与"境外接收方"为标准合同的签署方，个人信息主体在满足特定条件下即为第三方受益人。根据标准合同的约定，如果个人信息主体未在 30 天内明确拒绝，则可以依据该合同享有第三方受益人的权利，行使标准合同中个人信息处理者及境外接收方履行个人信息保护义务时享有的权利。

标准合同签署后，需向监管机构即省级网信部门备案。2023 年 5 月，国家互联网信息办公室发布了《个人信息出境标准合同备案指南（第一版）》，对个人信息出境标准合同备案方式、备案流程、备案材料等具体要求作出了说明，随后，多省网信办制定了备案指引，对备案流程作出进一步说明。需要注意的是，备案并非标准合同的生效要件，标准合同样本中明确约定经双方正式签署后成立并立即生效，同时，《个人信息出境标准合同备案指南（第一版）》明确了备案的结果分为通过和不通过两种情形。对于未履行备案程序或未通过备案的，网信部门将依据具体违法程度责令限期改正、责令停止个人信息出境活动或对构成犯罪的依法追究刑事责任，但并不对合同效力产生影响。监管机构同时接受个人信息主体关于维权主张的相关投诉并对个人信息处理者及境外接收方进行监管。

（二）标准合同当事人的义务

1.个人信息处理者的义务

标准合同第2条明确约定了个人信息处理者应当履行的义务，个人信息处理者除了需遵守《个人信息保护法》第9条规定的数据安全保障、第51条规定的制度与流程、数据分类管理、技术安全、应急管理等法定义，还需承担表5所示的义务。

表5

类型	个人信息处理者的义务
出境信息范围	最小必要原则：出境个人信息的范围应以实现处理目的所必需为限。
告知义务与单独同意	向个人信息主体履行告知义务。
	基于个人同意向境外提供个人信息的，获得个人信息主体的单独同意。
提供合同及法律规定和技术标准	向个人信息主体提供合同副本。
	向境外接收方提供我国法律规定和技术标准的副本。
个人信息保护影响评估	开展个人信息保护影响评估。
合理审查境外接收方的情况	个人信息处理者应采取合理努力确保境外接收方能履行安全保障义务并采取必要技术和管理措施保护个人信息安全，需综合考虑出境个人信息的敏感程度与规模、个人信息在境外的存储地点与期限等多方面因素。

续表

类型	个人信息处理者的义务
举证责任	履行合同义务的举证责任。
行政监管	向监管机构提供境外接收方合规证明材料。
	答复监管机构询问。

2. 境外接收方的义务

标准合同第 3 条明确约定了境外数据接收方的义务,具体见表 6。

表 6

类型	境外接收方的义务
出境信息范围	最小必要原则:出境个人信息范围仅限于实现处理目的所需的最小范围。
约定范围内处理个人信息	境外接收方对个人信息的处理应当严格限制在附录一的约定范围内;如超出约定的处理目的、处理方式和处理的个人信息种类,基于个人同意处理个人信息的,应当事先取得个人信息主体的单独同意。
存储期限最短原则	个人信息的保存期限为实现处理目的所必要的最短时间;保存期限届满的,应当删除个人信息(包括所有备份);删除个人信息在技术上难以实现的,应当停止除存储和采取必要的安全保护措施之外的处理。
提供合同副本	个人信息主体有权要求境外接收方提供所签订的标准合同副本,如涉及商业秘密或者保密商务信息,在不影响个人信息主体理解的前提下,可对本合同副本相关内容进行适当处理。
安全保障义务	采取技术和管理措施保障个人信息安全,确保其授权处理个人信息的人员履行保密义务,建立最小授权的权限管控机制。
安全事件响应	若发生或可能发生个人信息泄露等安全事件,境外接收方应及时采取补救措施减少对个人信息主体的不利影响,并立即通知个人信息处理者,并根据中国相关法律法规要求报告中国监管机构以及通知个人信息主体;同时,境外接收方需记录并留存安全事件事实与影响(包括所采取的补救措施)。
个人信息处理活动记录及保存义务	境外接收方需对个人信息处理活动进行记录并保存记录至少 3 年;同时,标准合同在此基础上特别要求境外接收方有义务按照相关法律法规要求直接或者通过个人信息处理者向监管机构提供相关记录文件。
配合个人信息处理者的义务	向个人信息处理者提供证明境外接收方履行合规义务的必要信息和材料,配合相关审计活动。
信息再传输受限	境外接收方原则上不应再向境外第三方提供所接收的个人信息,除非业务确有需要且满足特定要求。
	境外接收方接到所在国家或地区的政府部门、司法机构关于提供本合同项下的个人信息要求的,应当立即通知个人信息处理者。

续表

类型	境外接收方的义务
重申自动化决策要求	存在利用个人信息进行自动化决策的场景，需要满足自动化决策的要求。
及时告知法规影响	及时告知接收方国家的法规、执法活动对合同履行的影响，对数据主体权利的影响。
行政监管	境外接收方需同意在标准合同实施的程序中接受监管机构的监督管理（包括答复询问、配合调查、服从监管机构采取的措施或决定、提供采取必要行动的书面证明等）。

（三）个人信息主体的权利和救济

作为标准合同的第三方受益人，个人信息主体享有知情权、决定权、限制或拒绝他人对其个人信息进行处理的权利、查阅权、复制权、更正与补充的权利、删除权，以及要求对其个人信息处理规则进行解释说明的权利，与《个人信息保护法》规定的权利范围基本一致。就知情权的实现，境内提供方、境外接收方均有义务经个人要求而提供标准合同副本。同时，标准合同也考虑到了企业保护商业秘密或其他机密信息的需求，在不影响个人信息主体理解的前提下，可对本合同副本相关内容进行适当处理。

当个人信息主体对已经出境的个人信息行使上述权利时，个人信息主体可以向个人信息处理者或直接向境外接收方提出请求。个人信息处理者无法实现的，应当通知并要求境外接收方协助实现。境外接收方拟拒绝个人信息主体的请求，应告知个人信息主体其拒绝的原因，以及个人信息主体向相关监管机构提出投诉、寻求司法救济的途径。

标准合同明确境外接收方应确定联系人接受、处理境内个人信息主体投诉的义务、向个人信息处理者及时通知与个人信息主体争议的义务，并规定个人信息主体有权就标准合同产生的争议向我国监管机构寻求救济，有权依据《民事诉讼法》向有管辖权的人民法院提起诉讼，个人信息主体选择适用我国相关法律法规的，从其选择，境外接收方对此应予以接受。

（四）合同解除与违约责任

经双方当事人协商同意，可以解除标准合同，但合同的解除并不免除其在个人信息处理过程中的个人信息保护义务。合同解除时，境外接收方应当及时返还或者删除其根据本合同所接收到的个人信息（包括所有备份），并向个人信息处理者提供书面说明，在技术上难以实现删除个人信息的，应当停止除存储和采取必要的安全保护措施之外的处理。

为充分保障个人信息主体的权益实现，避免个人信息处理者实践中难以向境外接收方追责，标准合同明确双方依法承担连带责任的，个人信息主体有权请求任何一方或者双方承担责任。一方承担的责任超过其应当承担的责任份额时，有权向另一方追偿。

（五）争议解决与法律适用

标准合同约定，该合同适用于我国相关法律法规。标准合同允许双方选择仲裁或者向我国有管辖权的人民法院提起诉讼。关于仲裁机构的选择，标准合同允许双方将争议提交至中国国际经济贸易仲裁委员会、中国海事仲裁委员会、北京仲裁委员会（北京国际仲裁中心），亦为境外接收方寻求中立仲裁留下了空间，允许《承认及执行外国仲裁裁决公约》缔约国仲裁机构作为合同争议解决机构。

三、标准合同的要点分析

（一）基于个人同意向境外提供个人信息的，取得个人信息主体的单独同意

根据标准合同的约定，基于个人同意向境外提供个人信息的，应当取得个人的单独同意。签署标准合同前，个人信息处理者应当向个人信息主体告知境外接收方的相关情况，以及行使个人信息主体权利的方式和程序等事项；基于个人同意向境外提供个人信息的，还应当取得个人单独同意。境外接收方亦应当按照约定的信息处理范围处理数据，个人信息的保存期限为实现处理目的所必要的最短时间；保存期限届满的，

应当删除个人信息（包括所有备份）；删除个人信息从技术上难以实现的，应当停止除存储和采取必要的安全保护措施之外的处理。《个人信息保护法》第 16 条还规定，个人信息处理者不得以个人不同意或者撤回同意为由，拒绝提供产品或者服务。

关于个人信息处理者如何证明已取得个人单独同意，实践中存在线上及线下场景。线上场景中有在 App 及小程序中勾选、点击"同意"等方式，线下可通过个人签署、确认的方式获得个人信息主体的单独同意。根据 2020 年 1 月全国信息安全标准化技术委员会发布的《信息安全技术 个人信息告知同意指南（征求意见稿）》，可选择的证据内容包括：企业告知数据处理规则的记录和获取同意的记录，记录的方式包括企业内部的电子或纸质文档或邮件等直接证明材料；与个人信息处理活动存在逻辑关系的记录，如用户从登录、注册、使用、退出公司官网、App 或内网的先后顺序及相关日志与数据库标记等间接证明材料。

需要注意的是，由于同意的前提是告知数据处理规则，个人信息处理者的告知内容（包括文字、页面展示）、单独同意的设置方式、告知的时机（如首次注册 App 或员工入职时即签署）、告知的频率等问题也需进一步考虑和明确。告知的内容应当涵盖境外接收方的具体信息和个人信息主体权利的行使方式及程序；对于敏感信息，个人信息处理者应向个人信息主体告知传输敏感个人信息的必要性及对个人的影响。

（二）规制个人信息出境后的再传输

《个人信息保护法》对个人信息处理者向境外提供个人信息进行了规制，标准合同在境外接收方的义务中纳入了将个人信息提供给位于我国境外的第三方（再传输）的禁止条款，但同时也通过责任机制、限定场景条件的方式拓宽了信息再传输的可能性。

信息再传输环节的实践可操作性仍存在的问题：无法判断确有必要的颗粒度；在签订标准合同时，境外接收方难以准确提供再传输第三方的具体信息；再传输要求签订协议，并要求第三方采取不低于我国法律规定的个人信息保护标准，扩大了个人信息保护权益的风险敞口，第三方是否适用《个人信息保护法》第 38 条规定的其他条件也存在不确定性。

(三) 个人信息保护影响评估

签署标准合同前，个人信息处理者应当已经按照相关法律法规对拟向境外接收方提供个人信息的活动开展了个人信息保护影响评估。个人信息处理者可以参照《信息安全技术 个人信息安全影响评估指南》(GB/T 39335-2020)和《信息安全技术 个人信息安全规范》(GB/T 35273-2020)中的指引和标准，从个人信息的处理目的、处理方式等是否合法、正当、必要，对个人权益的影响及安全风险，所采取的保护措施是否合法、有效并与风险程度相适应等方面，开展个人信息保护影响评估。

(四) 重申个人信息自动化决策的公平公正

标准合同重申了《个人信息保护法》的相关规定，对个人信息自动化决策进行规制。根据《个人信息保护法》的规定，自动化决策是指通过计算机程序自动分析、评估个人的行为习惯、兴趣爱好或者经济、健康、信用状况等，并进行决策的活动。境外接收方利用个人信息进行自动化决策的场景中，应当保证决策的透明度和结果公平、公正，不对个人在交易价格等交易条件上实行不合理的差别待遇。通过自动化决策方式向个人进行信息推送、商业营销，同时提供不针对其个人特征的选项，或者提供便捷的拒绝方式。

《国务院反垄断委员会关于平台经济领域的反垄断指南》规定，分析是否构成差别待遇可以考虑以下因素：基于大数据和算法，根据交易相对人的支付能力、消费偏好、使用习惯等，实行差异性交易价格或者其他交易条件；实行差异性标准、规则、算法；实行差异性付款条件和交易方式。而《深圳经济特区数据条例》将交易条件细化为交易安全、交易成本、信用状况、交易环节、交易持续时间等方面，并以例外条款的形式规定了不被认为属于"对交易条件相同的交易相对人实施差别待遇"的情形，具体包括：根据交易相对人的实际需求，且符合正当的交易习惯和行业惯例，实行不同交易条件的；针对新用户在合理期限内开展优惠活动的；基于公平、合理、非歧视规则实施随机性交易的；法律法规规定的其他情形。

出境场景下，境外接收方如何符合该等条款下的"公平交易"均需立法与司法的进一步互动碰撞，进行更为明确、可操作的解释，以更好地廓清自动化决策机制下公平公正的法律含义。

（五）约定境外接收方受个人信息处理者委托的场景

《个人信息保护法》规定了个人信息处理者和受托人的场景模式，个人信息处理者委托处理个人信息的，应当与受托人约定委托处理的目的、期限、处理方式、个人信息的种类、保护措施以及双方的权利和义务等，并对受托人的个人信息处理活动进行监督。受托人应当按照约定处理个人信息，不得超出约定的处理目的、处理方式等处理个人信息。未经个人信息处理者同意，受托人不得转委托他人处理个人信息。标准合同就个人信息处理者向境外接收方提供个人信息作出规定，区别于《个人信息保护法》规定的上述委托场景，并不适用受托人向境外提供个人信息的场景；但需要注意的是，境外接收方如作为受托人的角色，则同样应当签署标准合同。

如境外接收方系接受个人信息处理者委托在境外处理境内个人信息，还需遵守以下特殊要求：(1) 约定的存储期限届满，应当将个人信息返还个人信息处理者或者予以删除，并向个人信息处理者提供书面说明，删除个人信息从技术上难以实现的，应当停止除存储和采取必要的安全保护措施之外的处理；(2) 在发生或者可能发生个人信息泄露事件时，由个人信息处理者通知个人信息主体，包括个人信息泄露的原因、泄露的个人信息种类和可能造成的危害、已采取的补救措施、个人可以采取的减轻危害的措施、处理数据泄露的负责人或负责团队的联系方式；(3) 若境外接收方需转委托第三方处理，则需事先征得个人信息处理者的同意，确保第三方在标准合同范围内，不超出约定的处理目的、处理方式等处理个人信息，并对该第三方的个人信息处理活动进行监督。

标准合同规定了适用范围、个人信息处理者及境外接收方的合规义务、个人信息主体的权利与救济，推进了通过签订标准合同的方式向境外提供个人信息的落地执行。标准合同规定对通过数量拆分的方式规避数据出境安全评估义务的行为进行了明确禁止，实践中应当引起数据处理者的关注。另外，标准合同也并非绝对不可修改的格式模板，按照《个人信息出境标准合同办法》第6条第2款的规定，个人信息处理者可以与境外接收方约定其他条款，但不得与标准合同相冲突。总体而言，个人信息处理者及境外接收方均需建立关于个人信息出境的系列合规治理体制，并遵守标准合同的实质性条款，按时完成个人信息保护影响评估和网信办备案，以实现个人信息的顺利出境。

四、违规案例与提示

【案例一】全国首个个人信息出境标准合同备案获批案例[①]

2023年6月25日，北京市互联网信息办公室公布了个人信息出境标准合同首批备案情况。在北京国际大数据交易所、北京CBD跨国企业数据流通服务中心的支持下，诺华诚信有限公司的"跨境征信报告核验项目"成为全国首个个人信息出境标准合同备案获批案例。北京德亿信数据有限公司与香港诺华诚信有限公司签订的个人信息出境标准合同已通过北京市网信办组织的备案审核，备案号为"京合同备202300001"。值得注意的是，该备案在《个人信息出境标准合同办法》生效后仅一个月内便已完成。

根据公开信息，北京德亿信数据有限公司成立于2022年12月1日，是一家互联网数据服务供应商，境外数据接收方诺华诚信有限公司是香港特别行政区个人征信公司，从事个人信贷资料服务，其间接持有北京德亿信数据有限公司15%的股权。北京德亿信数据有限公司将向香港诺

---

① 参见《北京市通过首家企业个人信息出境标准合同备案》，https://mp.weixin.qq.com/s/PCJluMb_6hdpB5BbMCsz5g。

华诚信有限公司传输与征信相关的个人信息，该项目首次实现了北京市与香港特区间征信数据的合规出境。

【案例二】Facebook 爱尔兰公司数据出境处罚案[①]

欧盟的个人数据保护立法尤其是其统一立法模式走在世界前列。在个人数据的跨境传输领域，从 1995 年个人数据保护指令（以下简称 95 年指令）第四章关于向欧盟之外第三方国家传输个人数据的规定到 GDPR 第五章关于数据跨境传输的规定，都以确保第三国对个人数据提供等同于欧盟的足够保护为宗旨。与 95 年指令相比，GDPR 在数据跨境传输方面也作出了较多改变，增加了"具有约束力的公司规则"（BCR）这一出境路径。

在欧盟向美国进行数据传输的实践发展过程中，鉴于较高的出境要求以及与美国采取分散式立法模式保护隐私的做法不同，为了双方的利益，美国商务部起草"安全港隐私规则"及常见问题问答等文件，经过与欧盟委员会协商，欧盟委员会于 2000 年 7 月 26 日形成《安全港规则决定》，认定如下事项作出后，欧盟成员国个人数据可以传输至美国：美国商务部提供安全港规则执行概览、个人隐私被侵犯后美国法律明确规定的可获得损失赔偿的备忘录、美国联邦贸易委员会（FTC）致欧盟委员会的信件、美国交通运输部（DOT）致欧盟委员会的信件；具体传输时，数据接收方还应明白无误地向公众披露其完全遵守"安全港隐私规则"及常见问题问答的承诺；受美国联邦贸易委员会或交通运输部监管，在违反安全港隐私规则及常见问题问答时，这两个政府部门之一能够有权调查投诉并作出赔偿决定以此让受影响的个人能够获得救济。自此，欧盟个人数据传输至美国的主要途径就是"安全港规则"。

然而，2013 年发生的爱德华·斯诺登揭露美国"棱镜计划"事件

[①] 参见《专业研究 | 斯诺登事件撬开 Facebook 爱尔兰公司数据出境美国的调查之门》，https://mp.weixin.qq.com/s?_biz=MzI0NDc0NjY5MQ==&mid=2247489725&idx=1&sn=2dad52c1223df9b10902c9900d439d14&chksm=e9584811de2fc107ee5ffa494e19e1a222e2116d7b1fe49e9947b878b98ecc21bd7b2e63b15b&scene=27。

（以下简称斯诺登事件）引起了欧盟委员会对欧盟传输数据至美国面临的风险的担忧。2013年6月25日，爱尔兰居民施雷姆斯基于斯诺登事件就Facebook爱尔兰公司向Facebook美国公司传输个人数据而向爱尔兰数据保护委员会进行了投诉，并在数据保护委员会主席拒绝启动调查程序后向爱尔兰高等法院提起了诉讼；爱尔兰高等法院作出判决，认为应当将爱尔兰数据保护委员会主席是否绝对受安全港规则决定约束的问题提交欧盟法院审查。欧盟法院作出裁决后，爱尔兰高等法院于2015年10月20日发布撤销拒绝调查令，要求爱尔兰数据保护委员会调查施雷姆斯的投诉。爱尔兰数据保护委员会最终于2023年5月12日对Facebook爱尔兰公司作出了调查处罚决定：Facebook爱尔兰公司在决定生效后停止向Facebook美国总部传输欧盟自然人的个人数据；从收到处罚决定之日起6个月内停止在美国非法处理包括存储欧洲经济区用户的个人数据；罚款12亿欧元。

【问题聚焦】

欧盟法院认为，欧盟委员会的《安全港规则决定》并不妨碍爱尔兰数据保护委员会主席对欧盟向美国的数据传输进行调查，从而"撬开"了Facebook爱尔兰公司数据出境美国的调查之门，同时认为，如果数据接收国的法律阻碍数据接收方履行标准合同义务，则数据保护机构可以决定停止该数据传输。

爱尔兰数据保护委员会作出处罚决定的具体过程如下：

（1）斯诺登事件引起数据保护独立人士和欧盟委员会关注

2013年6月，爱德华·斯诺登揭露了美国"棱镜计划"，即美国国家安全局计划对微软、苹果、Facebook等公司的互联网和通信系统进行监控或监听。2013年6月25日，爱尔兰居民施雷姆斯向爱尔兰数据保护委员会投诉，认为鉴于斯诺登事件，Facebook爱尔兰公司向Facebook美国公司传输个人数据已经违反欧盟和爱尔兰的数据保护法律。该投诉构成了对安全港规则的直接挑战。当时的数据保护委员会主席认为，欧盟委员会已经采取了安全港规则，主席必须接受决定对其有约束力，据此，数据保护委员会主席拒绝启动调查程序。2013年10月，施雷姆斯向爱尔兰高等法院提起诉讼，要求对爱尔兰数据委员作出的拒绝调查决定进行司法审查。

欧盟委员会就斯诺登事件对欧盟传输数据至美国的影响也表达了担忧，美国政府与欧盟委员会成立临时联合工作组以调查美国国家安全局监视计划的情况以及对欧盟自然人的影响。2013年11月27日，欧盟委员会发布联合工作组的调查报告，指出美国政府承认存在"棱镜计划"。该报告对美国法律的相关问题提出了如下担忧：美国法律允许美国情报机构大规模收集和处理传输至美国和美国公司处理的个人数据；美国法律对欧盟数据主体和美国数据主体的保护有区别，如外国情报监视法院批准的旨在减少涉及美国居民个人数据的收集、存储和传播的程序并不适用于欧盟居民的个人信息。

欧盟委员会就《安全港规则决定》向欧洲议会和欧盟理事会提交了沟通书，就《安全港规则决定》提出了13项修改建议，这些建议覆盖数据处理的透明化、救济、执法等程序。

（2）挑战《安全港规则决定》

爱尔兰高等法院于2014年4月29日举行了施雷姆斯的司法审查听证，并于2014年6月18日作出判决，认为应当将爱尔兰数据保护委员会主席是否绝对受《安全港规则决定》约束的问题提交欧盟法院审查。

2015年10月6日，欧盟法院作出裁决，认为欧盟委员会的《安全港规则决定》并不阻止爱尔兰数据保护委员会主席对欧盟向美国的数据传输进行调查，因此，爱尔兰数据保护委员会主席应当对施雷姆斯的投诉进行调查，同时，欧盟法院也认定安全港规则决定无效。据此，爱尔兰高等法院于2015年10月20日发布撤销拒绝调查令，要求爱尔兰数据保护委员会调查施雷姆斯的投诉。法院令状发出后，爱尔兰数据保护委员会立即对投诉开展调查，调查围绕两个问题：根据95年指令第25条第2款的充足保护原则，美国是否为欧盟居民的个人数据提供了充足的保护；如果没有，美国是否能够援引95年指令第26条的一些补救方法获得欧盟居民的个人数据。

2016年5月24日，爱尔兰数据保护委员会主席发布决定草案认为，欧盟居民的个人数据可能被以不符合《欧盟基本权利宪章》的方式被美国官方处理，但美国法律却不能提供符合该宪章第47条规定的法律救济。爱尔兰数据保护委员会主席还初步认为，欧盟委员会起草的2010年标准合同也无法弥补上述缺陷，因为标准合同只赋予个人信息主体针对数据提供方和数据接收方的权利，标准合同对美国官方没有约束力。

（3）挑战2010年标准合同条款

由于涉及2010年标准合同条款，爱尔兰数据保护委员会主席提请爱尔兰高等法院就2010年标准合同条款的有效性请求欧盟法院裁决。爱尔兰高等法院于2018年5月4日作出判决，将2010年标准合同条款的有效性提交欧盟法院初裁。欧盟法院于2019年7月9日举行听证，并于2020年7月16日作出裁决，就包括2010年标准合同条款决定有效性等11个问题进行了裁决，裁决认为，根据《欧盟基本权利宪章》第7、8、47条，2010年标准合同条款决定有效，但如果数据接收国的法律阻碍数据接收方履行标准合同义务，则数据保护机构可以决定停止该数据传输。

（4）爱尔兰数据保护委员会作出处罚决定

欧盟委员会作出上述裁决后，爱尔兰数据保护委员会启动了调查并于2020年8月28日向Facebook爱尔兰公司发出初查决定草案，并最终于2023年5月22日作出调查处罚决定。Facebook爱尔兰公司已就处罚决定于当地时间6月9日向爱尔兰高等法院申请司法审查并申请暂停执行关于停止向美国传输和存储欧盟自然人个人数据的决定，法院接受司法审查的申请并批准暂停执行关于停止向美国传输和存储欧盟自然人个人数据的决定。

第七节　中欧个人信息跨境传输合规机制比较

企业在日常经营和管理活动中，面临着众多的数据出境场景，其中在个人信息的跨境传输要求上，《个人信息保护法》第38条作出了明确的规定。同时，欧盟GDPR中对个人信息跨境传输也作出了相应的规定。当企业涉及国内或欧盟境内的个人信息处理活动，甚至发生中欧之间的个人信息跨境传输时，必须同时关注《个人信息保护法》与GDPR中对于个人信息跨境传输的合规要求。本节将重点介绍《个人信息保护法》与GDPR在个人信息跨境传输合规路径上的要求，并且就企业应当采取何种措施进行数据跨境传输提供建议。

一、个人信息跨境传输路径

根据《个人信息保护法》第38条的规定，一般情况下，因业务等需要向境外提供个人信息的，可以采取下列合规路径之一：一是通过国家网信部门组织的安全评估；二是按照国家网信部门的规定经专业机构进行个人信息保护认证；三是按照国家网信部门制定的标准合同与境外接收方订立合同，约定双方的权利和义务；四是法律、行政法规或者国家网信部门规定的其他条件。以下重点对《个人信息保护法》明确规定的三种主要路径和GDPR项下相对应的适用要求，分别进行说明。

（一）安全评估

2022年7月，国家互联网信息办公室发布了《数据出境安全评估办法》（本节简称《安全评估办法》），作为数据处理者向境外提供在中国境内运营中收集和产生的重要数据和个人信息时开展安全评估工作的具体适用办法。

《安全评估办法》明确规定，数据出境安全评估分为企业自评估和安

199

全评估申报。

1. 自评估——基础工作

《安全评估办法》第5条明确,开展数据出境风险自评估是数据处理者在申报数据出境安全评估之前,需要完成的一项必要基础工作。自评估应当重点评估以下事项:(1)数据出境和境外接收方处理数据的目的、范围、方式等的合法性、正当性、必要性;(2)出境数据的规模、范围、种类、敏感程度,数据出境可能对国家安全、公共利益、个人或者组织合法权益带来的风险;(3)境外接收方承诺承担的责任义务,以及履行责任义务的管理和技术措施、能力等能否保障出境数据的安全;(4)数据出境中和出境后遭到篡改、破坏、泄露、丢失、转移或者被非法获取、非法利用等的风险,个人信息权益维护的渠道是否通畅等;(5)与境外接收方拟订立的数据出境相关合同或者其他具有法律效力的文件等是否充分约定了数据安全保护责任义务;(6)其他可能影响数据出境安全的事项。

GDPR第35条也规定了有关数据保护影响评估(Data Protection Impact Assessment,DPIA)的内容,即当某种类型的个人信息处理活动很可能会对个人的权利与自由带来"高风险"时,在考虑了处理活动的性质、范围、场景与目的后,数据控制者应当在处理之前评估对个人数据保护的影响。第29条数据保护工作小组(WP29)发布的《关于数据保护影响评估指南(DPIA)和为GDPR目的确定处理活动是否"可能导致高风险"的指南》(Guidelines on Data Protection Impact Assessment (DPIA) and determining whether processing is "likely to result in a high risk" for the purposes of Regulation 2016/679),为具体如何识别"可能导致高风险"提供了具体的9项标准,包括用户画像和行为预测、自动化决策、系统监测、敏感个人属性数据、大规模数据处理、数据匹配或组合、弱势数据主体、创新性应用技术或解决方案(如人脸识别)、当处理活动本身"阻止数据主体形式权利或适用服务或合同"时。因此,如果个人信息跨境传输可能导致数据主体面临高风险或者个人信息跨境传输数据量较大时,企业应当开展相应的DPIA工作。

2. 安全评估申报——符合特定情形

根据《安全评估办法》第 4 条的规定，数据处理者向境外提供数据，有下列情形之一的，应当通过所在地省级网信部门向国家网信部门申报数据出境安全评估：(1) 数据处理者向境外提供重要数据；(2) 关键信息基础设施运营者和处理 100 万人以上个人信息数量的数据处理者向境外提供个人信息；(3) 自上年 1 月 1 日起累计向境外提供 10 万人个人信息或者 1 万人敏感个人信息的数据处理者向境外提供个人信息；(4) 国家网信部门规定的其他需要申报数据出境安全评估的情形。

其中，若企业属于关键信息基础设施运营者，或者提供的数据涉及影响国家安全、经济运行、社会稳定、公共健康和安全的重要数据的情形，应当按照要求完成数据出境安全评估申报。另外，建议企业重点关注个人信息数量标准，如果企业满足上述明确的数量标准之一的，在开展个人信息出境活动前，均应当根据有关规定的要求和流程，向网信部门进行申报。

而 GDPR 项下，向监管部门报送有关 DPIA 报告内容并不必然属于强制性义务。根据 GDPR 第 36 条的规定，仅在符合以下情况时，企业应当报告或与监管部门进行沟通咨询：DPIA 结果表明存在高风险且企业未采取其他保障措施；监管部门有特殊要求或者成员国有法律要求的情况下。

（二）个人信息保护认证

2022 年 11 月，国家市场监督管理总局、国家互联网信息办公室发布了《个人信息保护认证实施规则》（以下简称《实施规则》），鼓励个人信息处理者通过认证方式提升个人信息保护能力，作为企业开展个人信息保护认证的具体适用规则和标准。

《个人信息保护法》规定个人信息保护认证可以作为个人信息出境的合规路径之一，《实施规则》将其具体化、标准化、可操作化，并明确了对应的认证依据是由全国信息安全标准化技术委员会发布的 TC260-PG-20222A《网络安全标准实践指南—个人信息跨境处理活动安全认证规范》（本节简称《认证规范》）（目前已更新至 V2.0 版）。《实施规则》

规定，个人信息保护认证的认证模式为：技术验证＋现场审核＋获证后监督。认证证书有效期为3年。在有效期内，企业仍需要接受认证机构的持续监督，以保持认证证书的有效性。此外，作为个人信息保护认证的认证依据，《认证规范》对个人信息处理者和境外接收方在个人信息跨境处理活动中提供了更细致的要求，如要求双方均遵守同一个人信息跨境处理规则，或者要求双方均指定个人信息保护负责人、设立个人信息保护机构等。《认证规范》为认证机构对个人信息处理者的个人信息跨境处理活动开展认证提供了依据，也为个人信息处理者规范个人信息跨境处理活动提供参考。

关于《实施规则》提出的有关认证的机制，一方面是落实《个人信息保护法》第38条有关个人信息保护认证的要求；另一方面，确立认证制度也有助于实现我国和国际数据跨境传输和流通的接轨。根据GDPR第42条和第43条的规定，获得有关认证机构或主管监督机构办法的认证（certification）属于数据跨境传输的合规路径之一。

（三）标准合同

2022年6月，国家互联网信息办公室就《个人信息出境标准合同规定（征求意见稿）》公开征求意见；并于2023年2月，正式发布《个人信息出境标准合同办法》和《个人信息出境标准合同》样本。《个人信息出境标准合同办法》项下指称的"标准合同"等同于《个人信息保护法》第38条中定义的"国家网信部门制定的标准合同"。并且，个人信息处理者与境外接收方签订与个人信息出境活动相关的其他合同，不得与标准合同相冲突。

《个人信息出境标准合同》样本主要内容涉及：（1）个人信息处理者和境外接收方的基本信息，包括但不限于名称、地址、联系人姓名、联系方式等；（2）个人信息出境的目的、范围、类型、敏感程度、数量、方式、保存期限、存储地点等；（3）个人信息处理者和境外接收方保护个人信息的责任与义务，为防范个人信息出境可能带来安全风险所采取的技术和管理措施，以及个人信息处理者开展个人信息保护影响评估等；

（4）境外接收方所在国家或地区的个人信息保护政策法规对遵守本合同条款的影响；（5）个人信息主体的权利，以及保障个人信息主体权利的途径和方式；（6）救济、合同解除、违约责任、争议解决等。

而 GDPR 第 46 条第 2 点（c）（d）也提到了可以采取有关的个人信息跨境传输标准合同条款（Standard Contractual Clauses，SCCs）作为一项"适当的保障措施"（Appropriate Safeguards），开展个人信息跨境传输活动。欧盟委员会一共在 GDPR 项下批准过四套 SCCs，现行有效的是欧盟委员会于 2021 年 6 月 4 日通过的两套新版数据传输标准合同条款（SCCs 2021），除了适用于数据控制者与数据处理者之间的数据委托处理活动（委托处理 SCCs）的一套条款以外，另一套适用于向第三国传输个人数据的情形（跨境传输 SCCs）。跨境传输 SCCs 根据数据输出方以及数据接收方的不同角色（controller/processor）定位，分为 4 种类型（module），企业可以根据具体的业务场景，判断双方的角色，选择相应的类型进行签署。

（四）三种路径之间的关系与衔接

根据国家网信办负责人就《数据出境安全评估办法》答记者问的内容，对于个人信息向境外提供，安全评估与标准合同、个人信息保护认证之间的关系，以及如何衔接适用，《安全评估办法》适用范围已经明确，对于适用安全评估的个人信息处理者的数据出境情形，企业只能按照规定进行安全评估申报；《安全评估办法》适用范围外的个人信息处理者的数据出境情形，可以通过个人信息保护认证或者签订国家网信部门制定的标准合同来满足个人信息跨境提供的条件。

二、司法执法的特殊规定

《个人信息保护法》第 41 条明确，企业在向外国司法或执法机构提供存储于境内的个人信息时，应当经过主管机关的批准，我国主管机关根据有关法律和中华人民共和国缔结或参加的国际条约、协定，或者按照平等互惠原则，处理相应的请求。未经主管机关批准的，企业不能向境外相关机构提供。

此外,《国际刑事司法协助法》第 4 条第 3 款规定,非经中华人民共和国主管机关同意,外国机构、组织和个人不得在中华人民共和国境内进行有关刑事诉讼活动,中华人民共和国境内的机构、组织和个人不得向外国提供证据材料和法律规定的协助。

整体而言,我国对于个人信息在司法执法情形下的出境管理属于强监管,企业在处理相应问题时应当格外注意和重视。

而根据 GDPR 第 48 条的规定,涉及判决、裁决或行政决定而要求个人数据披露或转移的,需要同时满足两个条件:一是该判决、裁决或决定必须基于提出请求的第三国与欧盟或其成员国之间订立的法律互助协议等国际条约;二是该判决、裁决或决定不会对 GDPR 规定的其他转移形式产生消极影响。

三、企业数据跨境传输合规建议

在个人信息跨境传输与流通的场景下,面对大量的个人信息、不同的法域、纷繁的业务场景和流通路径,企业管理者应当重点识别个人信息跨境传输的合规风险,做好风险评估以及其他合规管理工作。

基于实践治理经验,建议企业从以下方面开展数据与个人信息跨境传输的合规管理工作:

一是梳理个人信息清单。全面摸排企业业务场景、管理条线上收集和使用的个人信息,对个人信息进行汇总、分类、分级、标识,从"质"和"量"上把握企业个人信息的处理活动情况。同时,按照个人信息收集、使用、流通的情况,重点识别和梳理出涉及跨境传输的个人信息,并掌握目前其跨境传输的具体情况。

二是开展个人信息出境风险自评估工作。无论是否需要向有关部门申报和审批,企业均应当首先根据要求对个人信息出境的安全性、合规性进行内部评估和分析。这不仅是法规的明确要求,也是企业内部管理的一项重要合规义务和合规措施。

三是选择恰当的出境路径。根据自评估的结果,企业应当整体考虑目前可采用的出境路径和合规措施，以保障个人信息出境的全流程可以满足中国以及境外有关地区的数据合规要求。在必要的情况下，企业可以及时寻求主管机关与外部专业顾问的建议，做好相应的调整与应对。

第八节　中欧个人信息跨境传输标准合同的异与同

标准合同是个人信息跨境传输的合规路径之一，无论欧盟 GDPR 还是我国《个人信息保护法》对此均有明确的规定。

在 2018 年 GDPR 正式生效前，欧盟委员会就已发布施行了个人信息跨境传输标准合同条款（以下简称旧版 SCCs），不过因缺乏与 GDPR 合规要求相对应的条款，难以满足复杂的数据跨境需求，欧盟委员会于 2021 年发布了新版个人信息跨境传输标准合同条款（以下简称新版 SCCs），并于 2021 年 6 月 27 日起生效。根据新、旧版本 SCCs 过渡期的规定，自 2022 年 12 月 27 日起，旧版 SCCs 完全失效。

2023 年 2 月，中国国家互联网信息办公室正式发布了《个人信息出境标准合同办法》与《个人信息出境标准合同》样本（本节简称标准合同）。个人信息处理者依据《个人信息保护法》第 38 条第 1 款第 3 项，与境外接收方订立合同向中华人民共和国境外提供个人信息的，应当按照《个人信息出境标准合同办法》签订个人信息出境标准合同。

欧盟新版 SCCs 与中国标准合同都适用于个人信息跨境传输场景，在个人信息保护的切入角度和条款设置上存在一定共性，不过各有侧重点。个人信息处理者应当关注两份个人信息跨境传输标准合同项下的异同，根据实际业务场景开展合规工作。

一、新版 SCCs 与标准合同的共性认知

（一）订立合同作为数据跨境路径之一

GDPR 第 46 条规定，控制者或处理者只有提供适当的保障措施，以及为数据主体提供可执行的权利与有效的法律救济措施，才能将个人数据转移到第三国或国际组织。在不要求监管机构提供任何具体授权的情形下，"适当的保障措施"可以通过公共机构或实体之间签订的具有法律约束力和可执行性的文件提供。

《个人信息保护法》将"按照国家网信部门制定的标准合同与境外接收方订立合同，约定双方的权利和义务"作为个人信息处理者向境外提供个人信息的条件之一，《个人信息出境标准合同办法》明确前述标准合同即为《个人信息出境标准合同》。欧盟 GDPR 与中国《个人信息保护法》均以能够提供同等水平的数据安全保障为基础，允许数据传输方和境外数据接收方订立合同作为数据跨境传输的合规路径之一，在该合同中应当约定数据传输和接收双方保障数据安全的权利和义务，使其具备法律约束力和可执行性。

（二）个人信息主体权利与第三方受益人条款

新版 SCCs 和标准合同均规定，数据主体享有的一般权利包括查询权、知情权、删除权、拒绝权、更正或补充的权利、限制或拒绝第三人处理个人信息的权利、撤回同意的权利、提出异议的权利等。

此外，数据主体可以作为第三方受益人向数据出境方或个人信息处理者，或者数据接收方或境外接收方主张部分条款中赋予个人信息主体的权利。第三方受益人权利是个人信息跨境传输中数据主体重要的权利基础，也是新版 SCCs 和标准合同对数据主体权利的共同关切。

（三）关注目标国家监管法律的影响

新版 SCCs 要求数据传输方和接收方在数据跨境流动中作出基本保证，即目标国家适用于数据接收方处理个人数据的法律和惯例，包括披露个人数据的任何要求或授权主管机关查阅的措施，不会妨碍数据接收

方履行 SCCs 项下的义务。

标准合同要求个人信息处理者和境外接收方经过合理努力排除境外接收方所在国家或地区的个人信息保护政策法规（包括任何提供个人信息的要求或授权公共机关访问个人信息的规定）影响境外接收方履行合同规定的可能性。应当纳入考量的因素包括：(1) 出境的具体情况，包括个人信息处理目的，传输个人信息的种类、规模、范围及敏感程度，传输的规模和频率，个人信息传输及境外接收方的保存期限，境外接收方此前类似的个人信息跨境传输和处理相关经验，境外接收方是否曾发生个人信息安全相关事件及是否进行了及时有效地处置，境外接收方是否曾收到其所在国家或地区公共机关要求其提供个人信息的请求及境外接收方应对的情况；(2) 境外接收方所在国家或地区的个人信息保护政策法规，包括现行个人信息保护法律法规、普遍适用的标准，已加入的区域性或全球性个人信息保护方面的组织作出的有约束力的国际承诺，落实个人信息保护的机制等；(3) 境外接收方安全管理制度和技术手段保障能力。

在对目标国家法律和惯例的尊重方面，新版 SCCs 规定如果目标国家法律允许拒绝数据主体的请求，在不违反 GDPR 目标与原则的情况下，数据接收方可以拒绝数据主体请求。在标准合同中，对于境外接收方所在国家或地区的个人信息保护政策法规发生变化导致无法履行合同的，要求境外接收方在知道上述变化后立即通知个人信息处理者。同时，个人信息处理者可以暂停向境外接收方提供个人信息，直到有关行为被纠正或者合同被解除。

二、新版 SCCs 与标准合同的个性化规定

（一）签署主体和使用场景

旧版 SCCs 根据数据控制者（controller）、数据处理者（processor）身份的不同，制定了不同的条款模板，新版 SCCs 通过一份模板中不同模块内容的差异，体现不同数据跨境场景下对数据传输方和数据接收方

的要求。新版SCCs分为控制者—控制者、控制者—处理者、处理者—处理者、处理者—控制者四个模块，数据传输方和数据接收方在不同模块中的关系不同，数据保障措施、使用子处理者、数据主体权利、救济、责任、监督、管辖法律等条款内容也不同。

标准合同的签署主体和使用场景相对简单，不区分数据接收方的具体身份，仅规定个人信息处理者向境外主体跨境传输个人信息在符合法定情形时，可以通过订立标准合同的方式。

需特别指出的是，2021年欧盟数据保护委员会（European Data Protection Board，EDPB）发布指引称，GDPR规定的跨境场景不仅包括适用GDPR的数据传输方传输给不适用GDPR的欧盟境外数据接收方，还包括适用GDPR的数据传输方传输给适用GDPR但位于欧盟境外的数据接收方。标准合同项下，境外接收方即位于中华人民共和国境外并自个人信息处理者处接收个人信息的组织或个人。

（二）适用法律、管辖法律

新版SCCs第17条管辖法律的核心是承认第三方受益人权利，在模块三和模块四中双方可以约定适用允许第三方受益人权利的欧盟成员国法律。另一种被允许的约定形式为先行约定适用数据传输方所在的欧盟成员国法律，若该法律不允许第三方受益人权利，则双方另行约定允许第三方受益人权利的管辖法律。

标准合同的管辖法律为中华人民共和国相关法律法规，且个人信息主体作为第三方受益人向个人信息处理者或境外接收方提起诉讼的，可以根据《民事诉讼法》的规定确定管辖。

（三）子处理者

新版SCCs在模块二、模块三涉及子处理者的条款中给出了事先特别授权和一般书面授权两种约定方案。在事先特别授权约定下，未经数据传输方事先书面特别授权，数据接收方不得将其根据SCCs代表数据传输方进行的任何处理活动分包给子处理者，如需聘用子处理者，数接收方应当提前提出具体授权请求，提供必要信息供数据传输方决策。一般书面授权约定下，双方可商定适格的子处理者清单，数据接收方可聘用清单中的子处理者，对清单中主体的增加或更换仍需提前以书面形式协商确定。

标准合同中采用的是事先授权模式，第3条"境外接收方的义务"中明确，境外第三方受个人信息处理者委托处理个人信息，转委托第三方处理时，应当事先征得个人信息处理者同意。

（四）新缔约方加入

新版SCCs特别规定了新缔约方加入的"对接条款"（Docking Clause），即非SCCs缔约方的实体可在任何时候作为数据传输方或数据接收方，通过填写和签署相关附录、附件，经缔约方同意加入数据跨境传输合同，新缔约方自加入合同起即拥有数据传输方或数据接收方的权利和义务。中国标准合同中不包括类似的新缔约方加入条款。

三、合规建议

（一）判断签订场景

建议企业梳理自身业务流，判断是否涉及个人信息跨境传输问题，根据前文所述新版SCCs和我国标准合同的适用场景、域外效力，选择适当的传输工具，判断是否选择签署新版SCCs或《个人信息出境标准合同》作为个人信息跨境传输机制。如涉及欧盟境内实体将数据传输给欧盟境外实体的场景，建议检查是否已经与境外接收方签订了旧版SCCs，关注新、旧版本SCCs过渡期的规定，在旧版SCCs失效前按照新版SCCs要求与境外接收方重新签署合同。

（二）确定签署方式

跨国企业内部不同子公司、分支机构间跨境传输数据时，可以考虑通过新版SCCs的对接条款加入新缔约方，简化数据跨境传输合同的复杂程序。

签署中国标准合同时，建议个人信息处理者审查与境外接收方签订的其他合同，不得与个人信息出境标准合同相冲突，双方就个人信息出境的其他约定可以在个人信息标准合同附录二中详述，但不得与合同其他约定相冲突，不得通过其他约定条款减免数据传输双方数据保护责任和义务。

（三）关注附随要求

拟选择签订个人信息跨境传输合同实现数据传输的企业应当妥善履行 SCCs 或标准合同项下的评估义务，数据传输和接收双方应当配合完成个人信息跨境传输影响评估，包括数据跨境传输的事实情况、境外接收方采取的技术和管理措施履行合同义务的能力、个人信息出境活动可能产生的风险、当地个人信息保护政策法规对遵守合同条款的影响等。双方还应当按照合同约定履行特殊情形下的通知义务和信息提供义务。

第五章
境外 IPO 与投融资数据合规管理

第一节　境外 IPO 数据合规常见要点
第二节　数据采集的合规性要点
第三节　网络安全审查的标准和应用
第四节　关键信息基础设施的相关问题
第五节　投资并购中的数据合规法律尽职调查

第一节　境外 IPO 数据合规常见要点

合规，指企业在日常运营中遵守其应遵守的若干外部规定或承诺，包括法律法规、公序良俗、行业标准、合同义务或承诺；若企业无法合规，组织可能遭受法律制裁、监管处罚、重大财产损失和声誉损失等合规风险，并将对企业的盈利和可持续性带来负面影响。

在公开资本市场中，由于投资人以实际资金投入挂牌企业，其收益依赖企业的长期、稳定和可持续的运营，拟 IPO 企业的合规性成为资本市场监管机构考核的要点。

随着经济发展和数字化浪潮的到来，越来越多的企业主动或被动地进行了数字化转型。此外，随着数字经济治理体系逐步完善，《网络安全法》《数据安全法》和《个人信息保护法》及其相关法规的颁布生效，在规范和促进我国数字经济发展的同时，也构建了一个全新的合规义务体系，赋予了企业更多的外部合规义务，成为拟 IPO 企业在 IPO 过程中需要关注的重要领域。

本节将对企业数据合规义务、境外企业 IPO 过程中重点关注的数据合规问题和企业的准备工作进行系统性概述。

一、企业数据合规义务概览

《网络安全法》《数据安全法》《个人信息保护法》构成了我国数字经济时代治理规则的基础性规范；国家网信部门等监管机构根据上述基础性规范陆续出台了一系列的监管规范。总体而言，企业作为网络平台经营者、网络产品或服务提供者、数据处理者和个人信息处理者，其基本的合规义务框架如下：

（一）《网络安全法》及其配套规定

《网络安全法》规定了网络运营者、网络产品或服务提供者在保障网络安全方面的基本义务，具体包括：

在网络安全保护方面，企业需要任命网络安全负责人，进行网络安全等级保护测评，管理采购的网络产品和设备，记录操作日志；企业还需要制定网络安全事件的应急预案，进行应急演练，定期进行漏洞扫描等；企业需建立网络信息安全的投诉举报管理制度并及时处理投诉举报。

在网络产品或服务提供方面，对于办理网络接入、域名注册、办理固定电话、移动电话，或者为用户提供信息发布、即时通讯服务的企业，需要落实网络实名制的要求；同时，网络运营者应当加强对其用户发布的信息的管理，发现法律、行政法规禁止发布或者传输的信息的，应当立即停止传输该信息，采取消除等处置措施，防止信息扩散，保存有关记录，并向有关主管部门报告。

在用户合法权益保护方面，网络运营者应当保护个人信息，确保个人信息安全。

此外，《网络安全法》还对关键信息基础设施及关键信息基础设施运营者规定了更为严格的网络安全保护义务。

围绕着前述基础的合规义务，国务院及国家网信部门等相关主管部门出台了《关键信息基础设施安全保护条例》《互联网用户账号信息管理规定》等一系列部门规章和规范性文件。

（二）《数据安全法》及其配套规定

《数据安全法》从规范数据处理活动、保障数据安全、促进数据开发利用角度建立了数据安全的基本管理规范体系，亦明确了数据处理者的基本合规义务，主要包括：

在数据安全保护方面，《数据安全法》规定企业要建立健全全流程的数据安全管理制度，在法律法规的范围内收集和使用数据；在人员管理方面应开展数据安全教育培训活动，与员工和第三方工作人员签署保密协议；应对数据进行分级分类，采取访问权限控制、备份和加密等数据安全管理措施；还要加强风险预测，制定数据安全事件的应急预案，若发生安全事件需立即采取处置措施、告知用户并向主管部门汇报。

对于重要数据，《数据安全法》专门要求落实重要数据处理者的安全负责人和管理机构的责任，定期开展重要数据处理的风险评估，并向主管部门汇报。

对于数据出境，《数据安全法》明确规定重要数据出境适用国家网信部门会同有关部门制定的规范，且非经中华人民共和国主管机关批准，境内的组织、个人不得向外国司法或者执法机构提供存储于中华人民共和国境内的数据。

根据《数据安全法》，国家网信部门及相关部门陆续出台了《数据出境安全评估办法》等部门规章、政策性法规，对数据处理者的合规义务进一步细化和规范。

（三）《个人信息保护法》及其配套规定

《民法典》"人格权"编明确了自然人的个人信息相关权利;《个人信息保护法》从保护个人信息权益的角度，对个人信息处理者规定了各项合规义务，具体包括：

在内部合规管理方面，《个人信息保护法》规定个人信息处理者应当制定内部管理制度和操作规程；对个人信息实行分类管理，并采取相应的加密、去标识化等安全技术措施；合理确定个人信息处理的操作权限，并定期对从业人员进行安全教育和培训；制定并组织实施个人信息安全事件应急预案；制定个人信息保护影响评估制度，对规定的个人信息处理活动进行影响评估并记录；处理个人信息达到国家网信部门规定数量的个人信息处理者应当指定个人信息保护负责人。

在具体的个人信息处理活动的行为规范方面，《个人信息保护法》对个人信息的收集、存储、使用、加工、传输、提供、公开、删除等环节都进行了规范，并且规定了委托处理和共同处理的处理规则，对敏感个人信息处理活动进行特别保护。

为保护个人信息权益，基于《个人信息保护法》及该法生效前《网络安全法》有关用户个人信息保护的规定，国家网信部门、工信部等主管部门出台了《常见类型移动互联网应用程序必要个人信息范围规定》《App违法违规收集使用个人信息行为认定方法》等部门规章和政策性文件进一步规范和细化；最高人民法院亦出台了《最高人民法院关于审理使用人脸识别技术处理个人信息相关民事案件适用法律若干问题的规定》，对涉及人脸信息的侵权行为的审判规则进行明确。

二、监管机构关注的数据合规要点

（一）全生命周期的数据合规

根据公开检索证监会官网发布的境外证券发行反馈意见和通商合规团队处理境外IPO涉及的境外监管机构（交易所、境外证监会等）的反馈意见，监管部门持续关注企业在业务经营活动中涉及数据收集、存储、使用、加工、传输、提供、公开等数据全生命周期流程情况。例如，个人信息和敏感个人信息的收集存储，数据的收集和使用情况，数据来源是否合法，是否取得授权同意，是否建立完善的数据合规内控制度等。

（二）数据安全/合规事件

监管部门十分关注拟上市企业的数据泄露等安全事件和风险。对于众多上市企业，大部分监管机构均会询问企业是否存在信息泄露或攻击等网络安全事件，是否存在泄露个人信息的情况，以及在报告期内发行人是否存在因个人信息和数据导致的侵权行为而引发纠纷或处罚。

（三）网络安全审查

由于《网络安全审查办法》规定"掌握超过100万用户个人信息的网络平台运营者赴国外上市"需要申报网络安全审查；《网络数据安全管理条例（征求意见稿）》亦提及"数据处理者赴香港上市，影响或者可能影响国家安全的"应当申报网络安全审查，因此境外IPO涉及的监管机构均非常关注拟IPO企业是否需要申报网络安全审查、网络安全审查的相关规定是否会对拟 IPO 企业及其申请的 IPO 事宜产生负面影响。

（四）数据出境

2022 年 9 月 1 日施行的《数据出境安全评估办法》对企业涉及的数据出境活动进行了细化。基于此，目前境外 IPO 的监管机构亦非常关注拟上市企业业务经营是否需要适用该评估办法、该评估办法的实施是否会对企业的业务经营产生重大不利影响等。

三、拟 IPO 企业数据合规准备工作

（一）梳理业务涉及的数据处理活动及外部规范

拟 IPO 企业应当首先根据业务实际，梳理业务过程中的数据收集、存储、使用、加工、传输、提供情况及应当遵守的法律法规规定，同时核查确认企业经营活动中使用的互联网平台（包括 App、网站、小程序、H5 界面、SaaS 平台等），排除已停用、不用、不维护的平台。

（二）核查数据全生命周期处理活动的合规性

拟 IPO 企业应结合数据收集、使用、加工、传输、存储、删除和出境等不同环节，结合适用的法律法规判断数据处理活动的合规性。例如，在数据收集环节判断：数据来源是否合法合规，数据内容是否属于用户个人信息或者他人的商业秘密，数据采集行为是否符合法律规定，相关业务功能是否确实有必要收集数据，业务功能所涉及数据收集的目的、方式和范围是否满足最小限度原则，收集数据时是否已经取得个人信息主体对收集、使用目的、方式与范围的授权；在数据存储环节判断：是否遵循最小必要原则、是否采取了恰当的安全措施和删除机制等。

拟 IPO 企业的业务环节若涉及数据出境，还需要进行数据出境自评估，符合法律规定的情况则需申报数据出境的安全评估或者签署标准合同等。

(三) 梳理数据合规内控体系

基于《网络安全法》《数据安全法》《个人信息保护法》均规定了网络运营者、数据处理者和个人信息处理者在合规管理方面的各项义务，拟 IPO 企业应当按照相关规定的要求，逐一核查自身的合规管理体系，包括人员和岗位设置，安全措施，相关制度是否完备、是否符合法律法规。

(四) 合规完善

拟 IPO 企业应当结合法律法规的要求，对自身的数据处理活动、内部合规管理制度进行完善，确保符合监管规定，达到境外 IPO 相关监管机构对其合规性的要求，并能较好地回应监管机构提出的相关问题。

第二节 数据采集的合规性要点

对于境外 IPO 而言，企业经营可持续性是证券监管机构或交易所看重的一项审核标准，而数据处理活动的合规性是其企业经营可持续性的重要方面。在数据处理活动中，数据采集行为是获取数据控制权、对数据进行后续处理活动的起点。因此，数据采集活动的合规性至关重要。

一、数据采集行为与数据类型

数据采集是数据处理活动的重要环节。《网络数据安全管理条例（征求意见稿）》，将"数据控制者"定义为"数据控制者是在数据处理活动中自主决定处理目的和处理方式的个人和组织"。可以理解为数据采集系为获得数据控制权的行为，在采集方式上包括数据权利主体主动提供数据、数据自动采集等直接采集行为，以及通过共享、转让、采购等方式间接采集数据的行为。

对于采集的"数据"类型而言，首先需要厘清"数据"和"个人信息"的区别和联系：根据《数据安全法》，数据是指"任何以电子或者其他方式对信息的记录"；根据《个人信息保护法》，个人信息是以"电子或者其他方式记录的与已识别或者可识别的自然人有关的各种信息，不包括匿名化处理后的信息"。因此，个人信息是部分数据所包含的内容，包含个人信息的数据（个人信息类数据）是数据的一个子集。由于《民法典》和《个人信息保护法》明确规定了个人信息的法律地位，对个人信息的采集明确了具体规范，本节将分别论述个人信息类数据和非个人信息类数据直接采集的合规性要求，并对间接采集数据的行为的合规性要求进行说明。

二、个人信息的直接采集

（一）直接采集规则

1. 合法、正当原则

根据《个人信息保护法》等规定，数据采集者直接采集个人信息应当遵循合法、正当原则。（见表7）

表7

侧重点	合规要求
采集个人信息的目的	数据采集者应确保个人信息采集的目的合理，不违反法律法规禁止性规定，不违反公序良俗。
采集个人信息的方式	数据采集者不应从非法渠道采集个人信息，不得通过误导、欺诈、胁迫等非法手段采集个人信息，不应隐瞒产品或服务所具有的收集个人信息的功能，不得欺骗个人信息主体通过数据采集者入口上传个人信息。

2. 最小必要原则

《个人信息保护法》规定个人信息的处理应当遵循最小必要原则。在数据采集层面，数据采集者直接采集个人信息，应当限于实现处理目的的最小范围，不得过度收集个人信息。（见表8）

表 8

侧重点	合规要求
直接关联	数据采集者收集的个人信息的类型应与实现产品或服务的业务功能有直接关联。直接关联是指没有上述个人信息的参与，产品或服务的功能无法实现。数据采集者收集敏感个人信息的，必须具有特定目的和充分的必要性。
最低频率	数据采集者自动采集个人信息的频率应是实现产品或服务的业务功能所必需的最低频率。
最少数量	数据采集者间接获取个人信息的数量应是实现产品或服务的业务功能所必需的最少数量。

3. 知情同意原则

《个人信息保护法》要求个人信息处理活动遵循知情同意原则，主要体现在数据采集者在采集个人信息前，应当取得个人信息主体充分必要的同意。（见表 9）

表 9

侧重点	合规要求
公开个人信息处理规则	数据采集者应尊重个人信息主体的知情权，在采集个人信息前向个人信息主体充分告知个人信息处理规则，包括但不限于告知收集、使用个人信息的目的、方式和范围等内容。
个人信息主体的授权同意	数据采集者应充分尊重个人信息主体的意愿，按照个人信息主体授权同意范围采集个人信息，不得超范围采集个人信息或将个人信息用于非经个人信息主体授权同意的个人信息处理活动之中。 在获取个人信息主体授权和同意的过程中，还应注意：不可通过捆绑授权的形式变相强迫个人信息主体同意；宜按照业务功能模块逐项告知收集、使用个人信息的目的、方式和范围，征求个人信息主体授权同意。
敏感个人信息采集的单独同意	数据采集者采集敏感个人信息应当征得个人信息主体的单独同意；采集 14 周岁以下儿童个人信息的，还应取得其监护人同意。

（二）不当直接采集个人信息的法律责任

《个人信息保护法》对违反该法规定处理个人信息的行为规定了一系列罚则，具体包括责令改正、给予警告、没收违法所得、对违法处理个人信息的应用程序责令暂停或者终止提供服务、100 万元人民币以下罚款等；情节严重的，可被处以 5 千万元以下或者上一年度营业额 5% 以下罚款，以及责令停业整顿、吊销业务许可、吊销营业执照等处罚。

此外，根据《刑法》第 253 条之一"侵犯公民个人信息罪"的规定及《最高人民法院、最高人民检察院关于办理侵犯公民个人信息刑事案件适用法律若干问题的解释》，违反法律、行政法规、部门规章关于公民个人信息保护的规定，非法获取、出售或者提供公民个人信息，情节严重的，可能被司法机关判处侵犯公民个人信息罪，处 3 年以下有期徒刑或者拘役，并处或者单处罚金；情节特别严重的，将处 3 年以上 7 年以下有期徒刑，并处罚金。

因此，拟境外 IPO 企业应当特别关注个人信息采集活动的合规性，避免因为合规问题影响境外 IPO 进程。

三、直接采集非个人信息类数据

（一）直接采集非个人信息类数据的基本合规要求

《数据安全法》侧重于从保护国家安全的角度对数据处理活动进行规范，因此目前立法层面对非个人信息类数据的民事属性尚无明确定性，"数据所有权"的概念也仍处于争议中。尽管如此，《数据安全法》明确规定"国家保护个人、组织与数据有关的权益"，相关主体对于数据的合法权益已得到立法层面的明确认可。目前的司法和执法实践亦主要是从利益相关方权益保护和受侵害的程度进行考量，对直接采集非个人信息类数据的行为的合法性进行判断。结合相关执法和司法判例以及法律法规，非个人信息类数据采集的基本合规要求见表 10。

表 10

侧重点	合规要求
目的正当性	数据采集者采集非个人信息类数据，不得以妨碍、破坏其他网络运营者合法提供的网络产品或者服务正常运行为目的，不得以侵害用户合法权益或影响、干扰用户获取网络产品或者服务为目的，不得以损害竞争对手的商业信誉、商业声誉为目的。
手段合法性	数据采集者采集非个人信息类数据的手段应当具有合法性。结合已有司法和执法案例，对"手段合法性"的判断核心及考量要素在于采集行为所采用的手段是否客观上导致采集行为违背了数据主体的主观意愿，或违反了法律法规的规定以及商业道德和诚实信用原则，具体的非法手段包括但不限于：通过技术手段绕过平台设置的身份验证、IP 限制等措施非法进入数据库进行数据抓取，规避 Robots 协议对数据进行爬取，采用侵入计算机系统的方式获取数据等。

（二）不正当采集非个人信息类数据的法律后果

基于不正当采集非个人信息类数据的内容、手段的非法性程度的不同，不正当采集非个人信息类数据涉及的法律后果有所不同，具体包括：

从内容上来看，如果不正当采集的非个人信息类数据涉及数据主体商业秘密的，则根据《反不正当竞争法》的规定，经营者侵犯商业秘密的，应当对被侵权人进行民事赔偿，同时可处以如下行政处罚：责令停止违法行为，没收违法所得，处10万元以上100万元以下的罚款；情节严重的，处50万元以上500万元以下的罚款。如果侵犯商业秘密的行为造成的后果达到入罪标准的，则根据《刑法》第219条的规定，侵犯商业秘密，情节严重的，3年以下有期徒刑，并处或者单处罚金；情节特别严重的，处3年以上10年以下有期徒刑，并处罚金。

如不正当采集的非个人信息类数据不涉及商业秘密的，则目前的司法实践往往从其是否与数据主体有竞争关系、其采集手段的不正当性、其对不正当采集数据的使用目的、数据主体对被不正当采集数据是否有合法权益等方面对不正当采集行为的性质进行认定，并适用《反不正当竞争法》的规定判令数据采集者对被侵权的数据主体进行民事赔偿。同时，如果不正当采集行为被执法机构认定为《反不正当竞争法》第12条规定的"利用技术手段"实施"妨碍、破坏其他经营者合法提供的网络产品或者服务正常运行的行为"，则数据采集者还面临"由监督检查部门责令停止违法行为，处十万元以上五十万元以下的罚款；情节严重的，处五十万元以上三百万元以下的罚款"的行政处罚；如果不正当采集行为的性质或者不正当采集的数据造成了《刑法》第286条规定的"后果严重"[1]的，则不正当采集的行为者还存在被"处五年以下有期徒刑或者拘役""后果特别严重的，处五年以上有期徒刑"的风险。

另需说明的是，上述内容和手段的规制规则可能存在竞合适用的情况。

---

[1] 具体规定参见《最高人民法院、最高人民检察院关于办理危害计算机信息系统安全刑事案件应用法律若干问题的解释》。

四、间接采集数据的合规要点

间接采集数据是指数据采集者通过采购、转让、共享等方式，从第三方间接获取数据的控制权。在这一数据控制权转移链路上，对于最终获取数据控制权的数据采集者而言，其间接采集行为的法律后果的合法性评价受两个方面的影响：上游数据控制者获得数据的行为合法性；数据采集者从上游数据控制者获得数据的行为合法性。

其中，关于数据采集者从上游数据控制者获得数据的合法性评价，可以参照前文直接采集数据的相关讨论。关于数据采集者从上游数据控制者获得数据的行为合法性，根据《刑法》第253条之一"侵犯公民个人信息罪"及《最高人民法院、最高人民检察院关于办理侵犯公民个人信息刑事案件适用法律若干问题的解释》《最高人民法院、最高人民检察院关于办理危害计算机信息系统安全刑事案件应用法律若干问题的解释》的相关规定，数据采集者本身可能因为间接获取由其上游非法获取的个人信息或非个人信息类数据而受到相应处罚。

此外，如果数据采集者参与或授意上游数据控制者非法采集数据，则下游的数据采集者存在被认定为上游的非法数据采集活动参与者并承担相应法律责任的风险。

为规避上述风险，对于通过受让、共享的方式从上游数据控制者处获取数据的间接采集行为，建议数据采集者采取如下合规措施预防相应的合规风险：

在签约前，根据外部法律法规的要求，对上游数据控制者制定准入标准，并结合该标准：（1）对上游数据控制者的主体资格、信用情况进行准入审核；（2）对上游数据控制者的数据来源合法性进行审核，要求其提供必要的说明、确认和证明文件；（3）对上游数据控制者的数据安全保护措施进行审核。

在签约阶段，在合同中对上游数据控制者的数据来源合规性、数据转让共享行为合规性进行陈述并要求上游数据控制者作出承诺和保证。

在合同履行阶段：（1）对上游数据控制者的数据采集合规性进行抽

查并保留相应证据;(2)发现上游数据控制者的违规行为,立即采取相应的处罚措施,包括但不限于限期改正、罚款、终止合同等;(3)如发现违法违规线索,及时向主管部门报告。

总的来说,对于拟境外 IPO 企业而言,宜尽早按照外部规范梳理自身的数据采集行为合规性,确保数据采集行为合法合规,不因数据采集行为的违规瑕疵导致境外 IPO 受阻。

第三节 网络安全审查的标准和应用

随着 2021 年修订的《网络安全审查办法》的颁布和施行,网络安全审查成为境外 IPO 项目所需面对的重要问题。本节将从网络安全审查制度相关法规、适用和拟境外 IPO 企业应做的准备工作进行简要梳理。

一、网络安全审查制度相关法规

《网络安全审查办法》是目前对网络安全审查进行规范的主要制度。根据该办法,其上位法包含《网络安全法》《数据安全法》。因此,《网络安全审查办法》所聚焦的内容不仅包括网络安全,亦包括数据安全。从制度体系来看,《国家安全法》第 59 条规定"国家建立国家安全审查和监管的制度和机制,对影响或者可能影响国家安全的外商投资、特定物项和关键技术、网络信息技术产品和服务、涉及国家安全事项的建设项目,以及其他重大事项和活动,进行国家安全审查,有效预防和化解国家安全风险"。可见,网络安全审查制度是《国家安全法》规定的国家安全审查制度的一部分。

表 11 将有关网络安全审查相关的法律规范及其相关内容进行简要展示:

表 11

规范名称	公布/施行时间	相关内容
《网络安全法》	2017年6月1日施行	关键信息基础设施运营者采购网络产品和服务，可能影响国家安全的，应当通过国家网信部门会同国务院有关部门组织的国家安全审查。
《网络安全审查办法》	2020年6月1日施行（已失效）	关键信息基础设施运营者（以下简称运营者）采购网络产品和服务，影响或可能影响国家安全的，应当按本办法进行网络安全审查。运营者采购网络产品和服务的，应当预判该产品和服务投入使用后可能带来的国家安全风险。影响或者可能影响国家安全的，应当向网络安全审查办公室申报网络安全审查。
《数据安全法》	2020年9月1日施行	国家建立数据安全审查制度，对影响或者可能影响国家安全的数据处理活动进行国家安全审查。
《网络数据安全管理条例（征求意见稿）》	2021年11月14日公布，未施行	在如下情况下，一般数据处理者应当申报网络安全审查：(1) 汇聚掌握大量关系国家安全、经济发展、公共利益的数据资源的互联网平台运营者实施合并、重组、分立，影响或者可能影响国家安全的；(2) 处理100万人以上个人信息的数据处理者赴国外上市的；(3) 数据处理者赴香港上市，影响或者可能影响国家安全的；(4) 其他影响或者可能影响国家安全的数据处理活动。
《网络安全审查办法》	2022年2月15日施行	关键信息基础设施运营者采购网络产品和服务，网络平台运营者开展数据处理活动，影响或者可能影响国家安全的，应当按照本办法进行网络安全审查。

二、网络安全审查的适用

基于上述总结，《网络安全审查办法》结合相关上位法规定，是目前对于网络安全审查事宜进行了全面规定的已生效规范。下面根据《网络安全审查办法》，对网络安全审查的主要适用场景及相关适用说明如下：

（一）适用场景

《网络安全审查办法》第 5 条、第 7 条和第 16 条分别规定了网络安全审查的三种不同的适用场景。

1. 关键信息基础设施运营者采购网络产品和服务

《网络安全审查办法》第 5 条规定:"关键信息基础设施运营者采购网络产品和服务的,应当预判该产品和服务投入使用后可能带来的国家安全风险。影响或者可能影响国家安全的,应当向网络安全审查办公室申报网络安全审查。"

本条文存在两项要素:其一,申报网络安全审查的主体应当为"关键信息基础设施运营者";其二,该关键信息基础设施运营者采购了影响或可能影响国家安全的网络产品和服务。

对于"关键信息基础设施",按照《关键信息基础设施安全保护条例》第 2 条的规定,系指"公共通信和信息服务、能源、交通、水利、金融、公共服务、电子政务、国防科技工业等重要行业和领域的,以及其他一旦遭到破坏、丧失功能或者数据泄露,可能严重危害国家安全、国计民生、公共利益的重要网络设施、信息系统等"。根据《关键信息基础设施安全保护条例》第 8 条的规定,"本条例第二条涉及的重要行业和领域的主管部门、监督管理部门是负责关键信息基础设施安全保护工作的部门",即"保护工作部门"。保护工作部门结合本行业、本领域实际,制定关键信息基础设施认定规则,根据认定规则负责组织认定本行业、本领域的关键信息基础设施,及时将认定结果通知运营者。例如,中国证券监督管理委员会已在《证券期货业网络和信息安全管理办法》第 47 条规定,证券期货业关键信息基础设施运营者采购网络产品或者服务的,应当按照国家网络安全审查制度要求开展风险预判工作;采购网络产品或者服务与关键信息基础上市密切相关的,投入使用后可能影响国家安全的,应当及时申报网络安全审查。可以预见的是,未来更多行业主管部门将可能发布更为全面的,与关键信息基础设施、网络安全审查挂钩的规范性文件,这也进一步要求拟 IPO 企业关注法规进展,判断其运营、使用的网络设施、信息系统是否会被认定为关键基础信息设施。

因此,对于拟 IPO 企业而言,如收到保护工作部门通知,认定拟 IPO 企业运营的网络设施、信息系统等被认定为关键信息基础设施的,其在采购网络产品和服务时如果预判投入使用后影响或可能影响国家安全的，应当主动申报网络安全审查。

2. 掌握超过 100 万用户个人信息的网络平台运营者赴国外上市

《网络安全审查办法》第 7 条规定："掌握超过 100 万用户个人信息的网络平台运营者赴国外上市，必须向网络安全审查办公室申报网络安全审查。"

该条规定与境外 IPO 直接相关的概念有如下三个：

（1）网络平台运营者

现行法规对于"网络平台运营者"并未有明确定义。尽管《网络数据安全管理条例（征求意见稿）》将"互联网平台运营者"定义为"为用户提供信息发布、社交、交易、支付、视听等互联网平台服务的数据处理者"，但考虑《网络安全审查办法》的上位法包括《网络安全法》和《数据安全法》，规范活动包括"网络平台运营者开展数据处理活动"，而《网络数据安全管理条例（征求意见稿）》对"网络数据"的定义是"指任何以电子方式对信息的记录"，建议拟境外 IPO 企业审慎对待该条规定的规范对象的适用范围，凡涉及数据处理活动的拟境外 IPO 企业均应再结合另外两个概念判断自身是否应当根据该条申报国家网络安全审查，避免仅因自身业务不涉及面向客户提供服务的网络平台就认定自身无需申报国家网络安全审查。

（2）用户个人信息

关于用户个人信息，宜参考《个人信息保护法》关于个人信息的定义："个人信息是以电子或者其他方式记录的与已识别或者可识别的自然人有关的各种信息，不包括匿名化处理后的信息。"需要注意的是涉及"100 万"的界定。由于目前暂无法律法规对平台所掌握的个人信息数量的统计方法进行明确，可以理解为：由于一个用户在一个网络平台往往留存不止一条个人信息，比如其可能同时留存姓名、地址、电话号码、邮件地址等，统计个人信息数量时宜以同 ID 去重后的统计数据为准判断。此外，《网络安全审查办法》并未对"用户"进行定义，不少企业在运营过程中涉及较大数量的员工个人信息（比如劳动密集型企业）、供应商或其联系人的个人信息，特别是数字化转型过程中建设网络平台供其员工、供应商进行使用，亦建议对其数量进行统计。

（3）国外上市

首先，《网络数据安全管理条例（征求意见稿）》已明确区分"国外上市"和"香港上市"，结合通商合规团队的项目经验，此处的"国外上市"不应包括香港上市。

其次，由于资本市场的交易结构复杂多样，并非只有增发新股或存托凭证并公开挂牌交易一种"上市"路径。如拟境外 IPO 企业甚至已 IPO 企业拟采取其他交易结构在国外资本市场募资、实现股东权益公开交易的，结合后文"审核要点"提及的"上市存在关键信息基础设施、核心数据、重要数据或者大量个人信息被外国政府影响、控制、恶意利用的风险，以及网络信息安全风险"，建议应审慎考量自身是否会因本次国外 IPO 导致外国政府对自身获取监管权限，并通过与监管部门的沟通和咨询，研判自身是否属于本条规定的"国外上市"。

3. 网络安全审查办公室主动发起网络安全审查

前述两种场景下均应由企业主动申报网络安全审查，而《网络安全审查办法》第 16 条进一步规定："网络安全审查工作机制成员单位认为影响或者可能影响国家安全的网络产品和服务以及数据处理活动，由网络安全审查办公室按程序报中央网络安全和信息化委员会批准后，依照本办法的规定进行审查。"

此条规定可以视为《网络安全审查办法》的兜底条款，结合前文对"网络运营者"概念的分析，可以理解该条规定适用的范围非常广泛，且目前并无相关解释、案例对于该条的适用范围进行明确。

（二）审核要点

《网络安全审查办法》第 10 条规定了网络安全审查应当重点评估的风险因素，包括：（1）产品和服务使用后带来的关键信息基础设施被非法控制、遭受干扰或者破坏的风险；（2）产品和服务供应中断对关键信息基础设施业务连续性的危害；（3）产品和服务的安全性、开放性、透明性、来源的多样性，供应渠道的可靠性以及因为政治、外交、贸易等因素导致供应中断的风险；（4）产品和服务提供者遵守中国法律、行政法规、部门规章情况；（5）核心数据、重要数据或者大量个人信息被窃取、泄露、毁损以及非法利用、非法出境的风险；（6）上市存在关键信息基础设施、核心数据、重要数据或者大量个人信息被外国政府影响、控制、恶意利用的风险，以及网络信息安全风险；（7）其他可能危害关键信息基础设施安全、网络安全和数据安全的因素。

而就《网络安全审查办法》第10条第7项兜底性条款，因为网络安全审查制度是《国家安全法》下国家安全审查制度的一部分，根据《国家安全法》第二章"维护国家安全的任务"第15条至第30条的内容，可以总结出影响国家安全的事件主要包括：（1）影响有关国家主权与领土完整的事件；（2）影响国家基本经济制度与社会主义市场经济秩序，可能造成国家经济安全风险和金融风险的事件；（3）影响国家资源能源、粮食安全保护及应急保障能力的事件；（4）影响国家自主创新能力建设及重要领域核心关键技术的事件；（5）影响国家网络空间主权、安全和发展利益，包括影响网络与信息安全保障的事件，网络攻击、网络入侵、网络窃密、散布违法有害信息等网络违法犯罪行为事件，影响实现网络和信息核心技术、关键基础设施和重要领域信息系统及数据的安全可控的事件；（6）影响民族团结、民族区域自治和宗教自由的事件；（7）恐怖主义及极端主体易构成社会矛盾的事件。

同时，随着市场经济的不断发展，许多新的法律概念、法律关系也在不断涌现，"国家安全"的边界也会随之拓展，包括拟境外IPO企业在内的所有企业均应紧跟立法动态以及监管机关的监管动态，持续判断自身业务是否会对国家安全及人民利益产生影响，维护国家安全。

（三）审查程序和时限

对于《网络安全审查办法》第5条和第7条规定的企业主动申报网络安全审查的情形，《网络安全审查办法》规定的审查程序和时限见表12：

表 12

程序	法规	时限/天
提交网络安全审查材料	第 8 条 当事人申报网络安全审查，应当提交以下材料： （1）申报书； （2）关于影响或者可能影响国家安全的分析报告； （3）采购文件、协议、拟签订的合同或者拟提交的首次公开募股（IPO）等上市申请文件； （4）网络安全审查工作需要的其他材料。	—
网络安全审查办公室判断是否需要开展网络安全审查	第 11 条 网络安全审查办公室认为需要开展网络安全审查的，应当自向当事人发出书面通知之日起 30 个工作日内完成初步审查，包括形成审查结论建议和将审查结论建议发送网络安全审查工作机制成员单位、相关部门征求意见；情况复杂的，可以延长 15 个工作日。	30+15
网络安全审查工作机制成员单位和相关部门作出回复	第 12 条 网络安全审查工作机制成员单位和相关部门应当自收到审查结论建议之日起 15 个工作日内书面回复意见。	15
特别审查	第 13 条 按照特别审查程序处理的，网络安全审查办公室应当听取相关单位和部门意见，进行深入分析评估，再次形成审查结论建议，并征求网络安全审查工作机制成员单位和相关部门意见，按程序报中央网络安全和信息化委员会批准后，形成审查结论并书面通知当事人。 第 14 条 特别审查程序一般应当在 90 个工作日内完成，情况复杂的可以延长。	90+N

三、拟进行境外 IPO 的准备工作

结合前述分析，对拟进行境外 IPO 企业而言，为应对网络安全审查，可以提前进行的主要准备工作包括：（1）在确定境外 IPO 路径后，与网信主管部门及时沟通，确定自身是否构成"国外上市"；（2）梳理企业掌握的个人用户数量；（3）梳理所掌握的个人信息类型及数据处理活动、数据安全保护情况；（4）梳理企业对应的数据合规义务（包括但不限于个人信息保护、数据安全、网络安全的合规义务）。

第五章　境外 IPO 与投融资数据合规管理

第四节　关键信息基础设施的相关问题

关键信息基础设施保护机制是网络安全保护制度的重要部分，《关键信息基础设施安全保护条例》对关键信息基础设施保护作了全面规定。对于境外 IPO 而言，如果拟境外 IPO 企业被认定为关键信息基础设施运营者的，则在网络安全和数据安全层面亦负有更高程度的保护义务。

一、关键信息基础设施及其认定

《关键信息基础设施安全保护条例》是在《网络安全法》框架下全面规范关键信息基础设施安全保护的基础性法规。根据该条例，"关键信息基础设施"是指公共通信和信息服务、能源、交通、水利、金融、公共服务、电子政务、国防科技工业等重要行业和领域的，以及其他一旦遭到破坏、丧失功能或者数据泄露，可能严重危害国家安全、国计民生、公共利益的重要网络设施、信息系统等。其认定机制为由重要行业和领域的主管部门、监督管理部门（以下简称保护工作部门）结合本行业、本领域实际，制定关键信息基础设施认定规则，并由保护工作部门根据认定规则负责组织认定本行业、本领域的关键信息基础设施，并负责及时将认定结果通知运营者。

交通运输部在《关键信息基础设施安全保护条例》的指导下率先出台《公路水路关键信息基础设施安全保护管理办法》。该办法明确，交通运输部负责制定和修改公路水路关键信息基础设施认定规则，并报国务院公安部门备案。制定修改公路水路关键信息基础设施的认定规则应主要考虑：网络设施、信息系统等对于公路水路关键核心业务的重要程度；网络设施、信息系统等是否存储处理国家核心数据，以及网络设施、信息系统等一旦遭到破坏、丧失功能或者数据泄露可能带来的危害程度；对其他行业和领域的关联性影响。交通运输部根据认定规则负责组织认定公路水路关键信息基础设施，形成公路水路关键信息基础设施清单，及时将认定结果通知运营者，并通报国务院公安部门。

二、关键信息基础设施安全保护的主体责任

《关键信息基础设施安全保护条例》单独以整章篇幅，明确要求强化落实关键信息基础设施运营者（以下简称运营者）主体责任，具体包括：建立健全网络安全保护制度和责任制，保障人力、财力和物力投入；运营者主要负责人对关键信息基础设施安全保护负总责；运营者应当设立专门安全管理机构并负责实施相关人员安全背景审查；专门安全管理机构具体负责本单位的关键信息基础设施安全保护工作；运营者负责自行或委托机构实施每年不低于一次的网络安全检测和风险评估，及时整改问题并向保护工作部门报送情况；运营者应就重大网络安全事件或潜在重大安全威胁向保护工作部门或公安机关报告；运营者应优先采购安全可信的网络产品和服务、签订安全保密协议等。

《公路水路关键信息基础设施安全保护管理办法》在《关键信息基础设施安全保护条例》基础上以专门章节进一步细化运营者责任义务，具体包括：新建、改建、扩建或者升级改造公路水路关键信息基础设施的，安全保护措施应当与公路水路关键信息基础设施同步规划、同步建设、同步使用；关键信息基础设施运营者的主要负责人对公路水路关键信息基础设施安全保护负总责；鼓励网络安全专门人才从事公路水路关键信息基础设施安全保护工作，专门安全管理机构的负责人和关键岗位人员的身份、安全背景等发生变化或者必要时，运营者应当重新进行安全背景审查；关键信息基础设施运营者应当保障专门安全管理机构的运行经费，并依法依规严格规范经费使用和管理，防止资金被挤占挪用；运营者应当加强公路水路关键信息基础设施供应链安全管理，应当采购依法通过检测认证的网络关键设备和网络安全专用产品；运营者应当加强公路水路关键信息基础设施个人信息和数据安全保护，将在我国境内运营中收集和产生的个人信息和重要数据存储在境内；公路水路关键信

息基础设施的网络安全保护等级应当不低于第三级；关键信息基础设施运营者应按照法律、行政法规和国家有关规定要求使用商用密码保护公路水路关键信息基础设施，自行或者委托商用密码检测机构每年至少开展一次商用密码应用安全性评估；运营者应当加强保密管理，按照国家有关规定与网络产品和服务提供者等必要人员签订安全保密协议；运营者应当制定网络安全教育培训制度，定期开展网络安全教育培训和技能考核；运营者应当建设本单位网络安全监测系统，对公路水路关键信息基础设施开展全天候监测和值班值守。

三、关键信息基础设施的安全保护要求

根据《关键信息基础设施安全保护条例》及《信息安全技术 关键信息基础设施安全保护要求》（GB/T 39204-2022），运营者对于关键信息基础设施的全面保护义务涉及识别、安全防护、检测评估、监测预警、主动防御、事件处置等方面的具体要求概述如下：

（一）分析识别

运营者应围绕关键信息基础设施承载的关键业务，开展业务依赖性识别、关键资产识别、风险识别等活动。

1. 业务识别

识别关键业务和与其相关联的外部业务，分析关键业务对外部业务的依赖性、重要性，梳理支撑关键业务的关键信息基础设施分布和运营情况。

2. 资产识别

识别关键业务链所依赖的网络、系统、数据、服务和其他类资产，确定资产防护的优先级，并根据关键业务链所依赖资产的实际情况动态更新。

3. 风险识别

识别关键业务链各环节的风险、脆弱性，确认已有安全控制措施，分析主要安全风险点，确定风险处置的优先级，形成安全风险报告。

4. 重大变更

在关键信息基础设施发生改建、扩建、所有人变更等较大变化时，运营者应重新开展识别工作，如发生可能影响认定结果的变化，应及时报告保护工作部门。

(二) 安全防护

运营者根据已识别的关键业务、资产、安全风险，在网络安全等级保护、安全管理制度、安全管理机构、安全管理人员、安全通信网络、安全计算环境、安全建设管理、安全运维管理等方面实施安全管理和技术保护措施，确保关键信息基础设施的运行安全。

1. 网络安全等级保护

运营者应落实国家网络安全等级保护制度相关要求，开展网络和信息系统的定级、备案、安全建设整改和等级测评等工作。

2. 安全管理制度

运营者应制定网络安全保护计划，网络安全保护计划应形成文档，内容应覆盖管理体系、技术体系、运营体系、保障体系。运营者还应建立管理制度和安全策略，确保覆盖关键业务链安全需求。

3. 安全管理机构

运营者应成立网络安全工作委员会或领导小组，任命首席网络安全官，承担关键信息基础设施安全保护工作。运营者应设置专门的网络安全管理机构，为每个关键信息基础设施指定安全管理负责人，吸收安全管理机构人员参与信息化决策。

4. 安全管理人员

运营者应组织安全管理机构人员定期参加网络安全活动，接受网络安全教育培训，持续追踪并动态评估安全管理机构负责人及安全岗位人员的身份及安全背景。

5. 安全通信网络

运营者应遵守互联安全要求，建立健全系统安全互联策略，保持用户身份和访问控制策略在不同系统间保持一致，对不同局域网远程通信采取安全防护措施。运营者应设置系统间边界防护要求，并监控未授权设备。

6. 安全计算环境

运营者应明确鉴别与授权要求，制定重要业务操作、重要用户操作或异常用户操作行为清单，执行动态身份鉴别和访问控制措施；采取技术手段提高防范入侵能力；使用自动化工具支持系统账户、配置、漏洞、补丁、病毒库等的管理。

7. 安全建设管理

运营者采取的网络安全技术措施应与关键信息基础设施主体工程同步规划、同步建设、同步使用，并采取测试、评审、攻防演练等多种形式验证。

8. 安全运维管理

关键信息基础设施须在中国境内运维，维护人员须签订安全保密协议，优先使用已登记备案的运维工具。

9. 供应链安全保护

运营者应建立供应链安全管理策略及供应链安全管理制度，建立并维护合格供应方目录，拟采购的网络产品和服务须通过国家检测验证，按要求提交国家网络安全审查。供应方须签署安全保密协议，取得网络产品和服务研发、制造技术专利等知识产权的长期持续授权，同意提供中文版运行维护、二次开发等技术资料。定制开发软件须进行源代码安全检测。

10. 数据安全防护

运营者应建立数据安全管理责任和评价考核制度，按照国家标准采取数据技术防护措施，开展数据安全风险评估，提升数据处理活动全流程安全能力，制定数据安全事件应急预案，及时处置安全事件；基于数据分类分级建立数据安全保护策略；境内运营收集和产生的个人信息和重要数据存储于境内；严格控制重要数据的使用、加工、传输、提供、公开等关键环节，采取技术手段保护敏感数据安全；建立业务连续性管理及容灾备份机制，根据业务需求采取数据库或系统异地实时备份措施；

关键信息基础设施退役废弃时，按照数据安全保护策略对存储数据进行处理。

（三）检测评估

运营者应组织建立检测评估制度，确定检测评估的流程及内容等，其内容包括但不限于检测评估流程、方式方法、周期、人员组织、资金保障等。

此外，运营者应每年开展关键信息基础设施安全检测评估，尤其关注关键信息基础设施跨系统、跨区域间的信息流动，以及资产的安全防护情况；关键信息基础设施发生改扩建、所有人变更，应开展检测评估并对安全问题作出整改；针对特定业务系统或系统资产，经批准或授权，可采取模拟网络攻击进行检测；配合安全风险抽查检测工作，提供必要资料和技术支持，并及时整改。

（四）监测预警

运营者应建立并实施网络安全监测预警和信息通报制度，针对发生的网络安全事件或发现的网络安全威胁，提前或及时发出安全警示。建立威胁情报和信息共享机制，落实相关措施，提高主动发现攻击能力。

1. 制度

应建立并落实常态化监测预警、快速响应、信息通报、协作处置机制，制定网络安全预警分级准则，明确监测策略、监测内容和预警流程，制定预警信息报告和响应处置程序，建立维护外联单位联系列表及时联系外联单位协作处置应急事件；关注国内外及行业关键信息基础设施安全事件，对自运营关键信息基础设施安全性进行研判分析；建立网络安全管理沟通合作机制、网络安全信息共享机制。

2. 监测

应在网络关键节点部署攻击监测设备，对关键业务所涉及的系统进行监测，发现网络攻击和未知威胁；建立系统通信流量或事态的模型并调整监测工具参数；全面收集网络安全日志，构建违规操作模型、攻击入侵模型、异常行为模型；采用自动化机制，整合分析关键业务系统监测信息，研判关键信息基础设施的网络安全态势；关联关键业务运行所涉及的各类信息，分析整体安全态势，通过安全态势分析结果、评价安全策略和安全控制措施的合理性和有效性。

3. **预警**

监测工具应设置为自动模式，实现自动报警并自动采取安全措施；对网络安全共享信息和报警信息等进行综合分析、研判，必要时可生成内部预警信息；持续获取预警发布机构的安全预警信息，分析研判相关事件或威胁对自身网络安全保护对象可能造成损害的程度，必要时启动应急预案；及时采取措施响应预警信息，当安全隐患得以控制或消除时，执行预警解除流程。

（五）主动防御

运营者应以应对攻击行为的监测发现为基础，主动采取收敛暴露面、捕获、溯源、干扰和阻断等措施，开展攻防演习和威胁情报工作，提升对网络威胁与攻击行为的识别、分析和主动防御能力。

（六）事件处置

运营者应对网络安全事件进行报告和处置，并采取适当的应对措施，恢复因网络安全事件而受损的功能或服务。

应建立网络安全事件管理制度，明确不同网络安全事件的分类分级、不同类别和级别事件处置的流程等，制定应急预案等网络安全事件管理文档。

应制定网络安全事件应急预案，应急预案应明确一旦信息系统中断、受到损害或者发生故障时，需要维护的关键业务功能，并明确遭受破坏时恢复关键业务和恢复全部业务的时间。运营者应每年组织至少一次本组织的应急演练。

发生安全事件时，应及时向安全管理机构报告，并通报至可能受影响的内部部门和人员及外部组织，按照法律政策规定报告相关监管部门；按照安全事件处置流程、应急预案进行处置，恢复关键业务和信息系统到已知的状态。按照先应急处置、后调查评估的原则，在事件发生后尽快收集证据，按要求进行信息安全取证分析，记录响应活动。

在安全事件处理完成后，应采用手工或者自动化机制形成完整的事件处理报告。内容包括不同部门对事件的处理记录，事件的状态和取证相关的其他必要信息，评估事件细节、趋势和处理。

在恢复关键业务和信息系统后，应对关键业务和信息系统恢复情况进行评估，查找事件原因，采取措施防止关键业务和信息系统遭受再次破坏、危害或故障。

四、关键信息基础设施运营者境外 IPO 涉及的重点问题

对拟境外 IPO 企业而言，如果其被认定为关键信息基础设施运营者的，则除常规的境外 IPO 重点关注的数据合规问题外，还应当进一步关注：

（一）全面履行安全保护义务

如前所述，关键信息基础设施运营者面临更高级别和更高要求的网络安全和数据安全保护义务。全面履行关键信息基础设施安全保护义务、落实主体责任，是运营者运营合规的重要方面。

（二）数据出境合规义务

《网络安全法》要求"关键信息基础设施的运营者在中华人民共和国境内运营中收集和产生的个人信息和重要数据应当在境内存储。因业务需要，确需向境外提供的，应当按照国家网信部门会同国务院有关部门制定的办法进行安全评估；法律、行政法规另有规定的，依照其规定"。除重要数据外，《数据出境安全评估办法》进一步规定关键信息基础设施运营者向境外提供个人信息应当申报数据出境评估。

因此，运营者如涉及数据出境事宜，也务必遵循《网络安全法》《数

据出境安全评估办法》等相关法律法规的规定，进行自评估并及时申报数据出境安全评估。

(三) 网络安全审查

一方面，《网络安全审查办法》第5条要求关键信息基础设施运营者采购网络产品和服务且预判该产品和服务投入使用后影响或者可能影响国家安全的，应当向网络安全审查办公室申报网络安全审查。另一方面，《网络安全审查办法》第16条规定，网络安全审查工作机制成员单位认为影响或者可能影响国家安全的网络产品和服务以及数据处理活动，可以依照该条规定的程序启动网络安全审查。

因此，如拟境外IPO企业为运营者的，其在日常的网络产品和服务采购过程中，应当注意履行必要的网络安全审查申报义务，且该等义务的严格履行亦属于境外IPO过程中判断其业务合规性的重要方面；此外，其境外IPO是否构成"影响或者可能影响国家安全"的情形，也需要及早与网信主管部门汇报、确认。

第五节　投资并购中的数据合规法律尽职调查

近年来，随着数字经济发展以及信息技术发展的加速和深化，企业数据合规已经不再局限于一般的高新技术行业或者互联网、物联网行业及电信通讯行业企业，几乎所有行业、领域的企业在日常经营、管理和发展中都可能接触到"数据"并通过各类信息技术手段开展业务经营。数据合规（企业对于数据合规领域法律法规的遵守情况）在企业的经营、宣传、创新层面都有着日渐重要的意义。企业数据合规的重要性也日益凸显。

在此背景下，数据合规法律尽职调查成为投资并购交易中法律尽职调查的重要部分，且不再是投资TMT行业、互联网、物联网、电信通讯等行业的专属，而将面向各行业企业。

一、数据合规尽职调查的主要内容

在投资并购交易中，数据合规法律尽职调查主要关注的内容分为三个重要方向：目标公司在数据收集、存储、使用、加工、融合、传输、提供、公开、删除等各个环节的合规性；目标公司是否建立完善的数据合规内控制度、采取措施确保网络安全及数据合规；目标公司是否曾发生网络安全事件或个人信息泄露事件，如黑客攻击数据安全事故或涉及数据合规相关的重大诉讼、行政处罚等。

在此前提下，在投融资数据合规法律尽职调查活动中应全面调查如下情况：

（一）目标公司的基本信息与产品／平台情况

进行数据合规尽职调查的前提是了解目标公司的基本信息、主营业务及平台情况。（见表13）

表 13

调查对象	调查内容
目标公司的主营业务及所属行业	根据目标公司的主营业务及所属行业检索判断是否有行业内特殊的数据合规监管制度（如汽车行业、互联网医疗行业等），并判断行业内是否有对重要数据或核心数据的特殊规定。
关键信息基础设施运营者	判断目标公司、目标公司的系统是否被有关部门认定为关键信息基础设施运营者，或为关键信息基础设施运营者提供产品或服务。
公司内部系统的使用情况	包括系统名称、运维主体、服务器位置、主要功能、使用用户种类等。
公司运营平台（包括App、小程序、公众号、网站等）的使用情况	包括各平台的主要功能、平台设立目的、收集个人信息的数量，以及各平台的隐私政策、用户使用协议等是否符合法律法规的规定。

（二）数据的收集、储存、使用、加工、传输

在对目标公司的基本信息及产品／平台的情况进行充分了解后，应对目标公司数据信息的输入及输出全流程情况即数据的收集、存储情

况、使用、加工、传输进行尽职调查。（见表14）

表 14

调查对象	调查内容
数据收集的种类及对象、收集的流程及方法	全面了解目标公司所收集的数据种类及类型，分类判断目标公司是否收集、存储个人信息、敏感个人信息、未成年人个人信息、重要数据及核心数据、从第三方获取的数据。 此外，基于《个人信息保护法》《反不正当竞争法》等法律法规，如目标公司存在从第三方爬取数据的，应判断该数据来源的合规性和获取手段的合法性、正当性。 对于目标公司所直接收集的个人信息，应结合目标公司的隐私政策及其他平台协议文件，判断目标公司及其平台收集个人信息是否具有正当性、是否超出必要限度收集与提供的服务或产品无关的个人信息。
数据采购	数据采购是部分企业收集数据的重要途径，供应商获取以及转让数据的合规性将直接影响目标公司获取、使用数据的合规性和法律风险，因此尽职调查中还需要着重审查目标公司就采购数据是否进行了合规审核以及数据的来源、获取和使用方式是否正当。
数据的存储	尽职调查过程中，对于数据存储需要关注如下问题： （1）目标公司数据存储政策是否超过了法律规定的必要限度，如超过，是否取得了数据主体的同意； （2）目标公司是否将数据委托第三方存储； （3）目标公司是否存在数据境外存储； （4）对于特殊数据（如个人敏感信息），目标公司是否采取了相应的安全保护措施（如对敏感个人数据、重要数据或核心数据进行加密存储等安全措施）。
数据使用	对于数据使用主要关注： （1）使用方式和范围是否符合数据主体的授权； （2）涉及大数据、算法推荐的，是否符合相关监管规定。
数据对外提供	对外提供数据是合规要求较多的数据处理活动，应关注： （1）是否符合《个人信息保护法》等法律法规规定的有关数据对外提供的具体同意规范和要求；特别地，对于存在个人信息出境的目标公司，应当重点关注公司是否根据《数据出境安全评估办法》《个人信息出境标准合同办法》规定办理数据出境安全评估及备案工作、个人信息出境标准合同的签署及备案工作； （2）是否涉及数据跨境，是否履行了数据跨境所需的自评估、安全评估申报等义务。

（三）数据合规的内部制度建设情况

由于数据合规相关法律法规对进行数据处理的企业的合规内控管理进行了要求，因此，目标公司内控制度的合规性也是尽职调查的重要方面。根据《个人信息保护法》《网络安全法》《数据安全法》及配套的规章制度,为实现数据合规全流程的合规性,企业需制定内控制度。(见表15)

表 15

内控制度方向	具体内控制度
个人信息保护	(1)有关个人信息保护负责人及有关机构设置的任命文件; (2)有关个人信息保护管理制度(包括个人信息的收集、储存、使用、对外提供、委托处理、共同处理、敏感个人信息处理、权利响应、跨境传输、分类分级管理、权限管理等内容); (3)有关个人信息安全事件的预案及处置制度。
数据安全	(1)有关数据保护负责人及有关机构设置的任命文件; (2)有关数据安全管理制度(包括数据的存储、到期销毁、操作审批、访问权限、数据备份、数据加工、数据对外提供、数据分级分类、数据安全风险检测及漏洞管理等内容); (3)有关数据收集管理的制度(包括外部数据准入标准、与外部数据供应商的协议管理、数据采集流程管理); (4)有关重要数据的安全管理制度; (5)有关数据安全事件的预案及处置制度。
网络安全	(1)有关网络安全管理负责人及有关机构设置的任命文件; (2)有关网络安全的相关管理制度(包括网络日志的存储、重要数据的备份及加密、第三方插入接入、网络安全漏洞管理等内容); (3)有关网络关键设备和网络安全专用产品的采购管理制度; (4)有关网络安全事件的预案及处置制度。
行业特殊数据合规内控制度	如目标公司属于互联网医院、智能网联汽车、金融等行业的,应根据其所属行业的规范文件规定,制定符合其行业规范要求的特殊数据合规内控制度。

在数据合规尽职调查过程中,需要目标公司提供上述内部制度情况,并逐项审查其中的信息是否符合《个人信息保护法》《网络安全法》《数据安全法》及相关配套规章制度的要求。

(四)数据及网络安全事件、争议和行政调查

在对目标公司的整体数据合规情况进行了解后,尽调者也应关注目标公司历史上是否发生过各类数据及网络安全事件,包括是否遭受过网络攻击或网络入侵、是否曾发生或者可能发生个人信息泄露、毁损、丢失的情况,同时亦应关注目标公司是否曾因违反《网络安全法》、侵犯个人信息受到过民事起诉、行政执法调查或处罚、刑事调查或起诉等，以判断该类事件对目标公司可能带来的法律风险，以及目标公司在遭受相应事件后是否采取了妥善的整改措施。

二、尽职调查与交易文件条款

数据合规尽职调查的作用应当与一般法律尽职调查的作用一致，即形成投资并购交易文件中的具体条款。根据数据合规尽职调查结果所发现的问题的重要性的不同，投资人可以考虑将不同问题纳入交易文件的不同条款之中。

（一）将目标公司数据合规问题作为实控人承诺事项、交割先决条件或交割后义务

数据合规尽职调查过程中所发现的问题多呈细碎化、易修正的特征，多数问题主要集中在公司数据合规内控制度、行为合规等领域。对于这些较易解决的问题，可以考虑在交易文件中将其分类纳入实控人承诺、交割先决条件等部分。（见表16）

表16

针对事项	交易条款
数据处理全流程（数据收集、存储、使用、加工、传输等）环节的合规性。	作为实控人承诺
目标公司应根据相关法律法规的要求建立相关制度、采取相应措施确保网络和数据安全，防止数据被非法窃取、泄露、转让、滥用、篡改或破坏。	作为实控人承诺或交割先决条件
目标公司不存在或已披露与数据合规相关的现有、潜在的争议、诉讼、索赔、政府调查、数据安全事件。	作为实控人承诺或交割先决条件
目标公司已遵守数据安全、网络安全和个人信息保护相关的全部法律法规、合同义务。	作为实控人承诺
针对尽职调查中发现的目标公司内控制度瑕疵、数据处理全流程中发现的瑕疵、完善更新产品隐私政策、用户使用协议等。	将解决瑕疵作为交割先决条件或交割后义务

（二）对目标公司承诺事项设置特殊赔偿条款

根据数据合规相关法律法规，若目标公司违反数据合规相关的陈述与保证、交割后义务或其他合同责任，目标公司可能会承担民事责任（侵权之诉或违约之诉）、行政责任（如未履行个人信息、数据安全保护义务），甚至是刑事责任（如拒不履行信息网络安全管理义务罪、侵犯公民个人信息罪等）。

为了避免上述风险，投资人可以要求在交易文件中约定数据合规相关的赔偿责任条款。若因目标公司违反其数据合规相关的陈述与保证、交割后义务或其他合同责任致使买方遭受任何损失（包括但不限于第三方索赔后政府处罚），投资人可基于该赔偿责任条款向目标公司或实控人索赔。

（三）将数据合规特定事项与回购条款挂钩

若目标公司历史上曾发生过数据网络或网络安全事件、存在重大数据合规瑕疵，或存在重大数据合规潜在风险，且该事件、瑕疵、风险可能对目标公司主体和业务的可持续性产生重大不利影响，可以将该重大不利影响的发生作为回购条款的触发条件，以充分保护投资人的利益。

第六章
行业数据合规管理

第一节　金融行业数据合规要点
第二节　智能汽车行业数据合规要点
第三节　生物医药与健康行业数据合规要点
第四节　新一代电子信息行业数据合规要点
第五节　数字与时尚行业数据合规要点
第六节　高端装备制造行业数据合规要点
第七节　物业管理行业数据合规要点

第一节　金融行业数据合规要点

《中共中央、国务院关于构建数据基础制度更好发挥数据要素作用的意见》明确以维护国家数据安全、保护个人信息和商业秘密为前提，促进数据合规高效流通使用、赋能实体经济，保护个人信息权利、加强企业数据合规体系建设和监管是数据合规治理的重要部分。由于处理的数据、个人信息数量庞大、种类繁多且部分较为敏感，以及业务流程复杂，经中国人民银行、中国银行保险业监督管理委员会、中国证券监督管理委员会批准设立的金融机构（以下简称金融机构）面临更高的合规要求。本节将对金融机构的数据合规要点进行简要梳理。

一、监管规范概览

除《民法典》《个人信息保护法》《数据安全法》《网络安全法》外，由于金融行业天然的数据密集属性，早在2007年，中国人民银行、原银监会、原保监会以及证监会即联合发布了《金融机构客户身份识别和客户身份资料及交易记录保存管理办法》，对保护客户身份信息和资料进行了规范；此后，中国人民银行及各监管机构又陆续出台了《中国人民银行关于银行业金融机构做好个人金融信息保护工作的通知》（已失效）、《中国人民银行关于金融机构进一步做好客户个人金融信息保护工作的通知》（已失效）、《中国银监会办公厅关于加强网络信息安全与客户信息保护有关事项的通知》（银监办发〔2017〕2号）、《银行业金融机构数据治理指引》（银保监发〔2018〕22号）、《中国人民银行金融消费者权益保护实施办法》（中国人民银行令〔2020〕第5号）、《银行保险机构信息科技外包风险监管办法》等多部监管规范，内容涉及客户信息保护、网络安全、移动终端安全等各方面。近年来，随着金融行业数字化转型加速及数字技术在金融领域的广泛应用，监管机构又出台了各种规范性文件、行业标准，对金融行

业个人信息保护、数据安全、数据治理进行了规范。（见表17）

表17

发布机构	标准	实施日期
中国人民银行	《个人金融信息保护技术规范》（JR/T 0171-2020）	2020年2月13日
中国人民银行	《金融数据安全 数据安全分级指南》（JR/T 0197-2020）	2020年9月23日
中国人民银行	《金融行业网络安全等级保护实施指引 第1部分：基础和术语》（JR/T 0071.1-2020）	2020年11月11日
中国人民银行	《金融行业网络安全等级保护实施指引 第2部分：基本要求》（JR/T 0071.2-2020）	2020年11月11日
中国人民银行	《金融行业网络安全等级保护实施指引 第3部分：岗位能力要求和评价指引》（JR/T 0071.3-2020）	2020年11月11日
中国人民银行	《金融行业网络安全等级保护实施指引 第4部分：培训指引》（JR/T 0071.4-2020）	2020年11月11日
中国人民银行	《金融行业网络安全等级保护实施指引 第5部分：审计要求》（JR/T 0071.5-2020）	2020年11月11日
中国人民银行	《金融行业网络安全等级保护实施指引 第6部分：审计指引》（JR/T 0071.6-2020）	2020年11月11日
中国人民银行	《金融数据安全 数据生命周期安全规范》（JR/T 0223-2021）	2021年4月8日
中国人民银行	《分布式数据库技术金融应用规范 技术架构》（JR/T 0203-2020）	2020年11月26日
中国人民银行	《分布式数据库技术金融应用规范 安全技术要求》（JR/T 0204-2020）	2020年11月26日
中国人民银行	《分布式数据库技术金融应用规范 灾难恢复要求》（JR/T 0205-2020）	2020年11月26日
中国人民银行	《金融业数据能力建设指引》（JR/T 0218-2021）	2021年2月9日
中国人民银行	《人工智能算法金融应用评价规范》（JR/T 0221-2021）	2021年3月26日
中国人民银行	《金融信息系统加密服务的技术能力评价模型》（JR/T 0222-2021）	2021年7月22日
中国人民银行	《金融大数据 术语》（JR/T 0236-2021）	2021年12月29日
中国人民银行	《金融大数据平台总体技术要求》（JR/T 0237-2021）	2021年12月29日
中国人民银行	《机器学习金融应用技术指南》（JR/T 0263-2022）	2022年11月25日
中国人民银行	《金融行业信息系统商用密码应用 基本要求》（JR/T 0255-2022）	2022年11月25日
中国人民银行	《金融行业信息系统商用密码应用 测评要求》（JR/T 0256-2022）	2022年11月25日

续表

发布机构	标准	实施日期
中国人民银行	《金融行业信息系统商用密码应用 测评过程指南》（JR/T 0257-2022）	2022年11月25日
国家市场监督管理总局 国家标准化管理委员会	《证券期货业数据安全风险防控 数据分类分级指引》（GB/T 42775-2023）	2023年8月6日
国家市场监督管理总局 国家标准化管理委员会	《金融行业开源软件测评规范》（GB/T 42927-2023）	2023年8月6日
国家市场监督管理总局 国家标准化管理委员会	《互联网金融 个人网络消费信贷 信息披露》（GB/T 42925-2023）	2023年12月1日
国家市场监督管理总局 国家标准化管理委员会	《互联网金融智能风险防控技术要求》（GB/T 42929-2023）	2023年12月1日
国家市场监督管理总局 国家标准化管理委员会	《互联网金融 个人身份识别技术要求》（GB/T 42930-2023）	2023年12月1日

二、数据合规基本要求

在《个人信息保护法》《数据安全法》《网络安全法》的框架之下，上述行业监管规范和行业标准对金融机构的数据合规提出了更为细致的要求。

（一）金融数据治理全覆盖原则

金融机构的数据治理应当覆盖数据的全生命周期，覆盖业务经营、风险管理和内部控制流程中的全部数据，覆盖内部数据和外部数据，覆盖监管数据，覆盖所有分支机构和附属机构。

（二）合法正当原则

金融机构应遵守国家法律法规、管理制度，遵从国家及金融行业标准规范，建立健全数据安全管理长效机制和防护措施，确保金融数据全生命周期各环节数据活动的合法性和正当性，依法依规保护数据主体合法权益在数据管理和应用过程中不受损害。

（三）分级分类管理原则

金融机构应综合考量国家安全、公众权益、个人隐私和企业合法利益等因素，根据数据的保密性、完整性、可用性等属性受到破坏后的影响对象和影响程度，对数据进行分类分级管理。对不同级别数据进行分类分级管理，采取差异化安全管理和控制措施，将数据安全性遭受破坏可能带来的安全影响降至最低或降至可接受的范围内，实现数据精细化管理。

（四）知情同意原则

金融机构应向用户明确告知数据采集和使用的目的、方式、范围，制定完善的隐私政策，确保用户充分知情，获取用户自愿授权后开展个人信息处理活动，严格保障用户知情权和自主选择权。

（五）最小够用原则

金融机构应规范数据使用行为，严控数据获取和应用范围，确保数据专事专用、最小够用，杜绝过度采集及误用、滥用数据，切实保障个人金融数据主体的个人信息控制权。金融机构应确保仅处理个人金融信息主体授权同意的金融数据，且处理的金融数据为业务所必需的最小金融数据类型和数量。

（六）全程可控原则

金融机构应采取与金融数据安全级别相匹配的安全管控机制和技术措施，确保金融数据在全生命周期各环节的保密性、完整性和可用性，通过技术手段将原始信息脱敏，并与关联性较高的敏感信息进行安全隔离、分散存储，严控访问权限，严防数据泄露、篡改、损毁与不当使用。

（七）动态控制原则

金融机构的数据治理应当与管理模式、业务规模、风险状况等相适应，并根据情况变化进行调整。金融数据的安全控制策略和安全防护措施不应是一次性和静态的，应可基于业务需求、安全环境属性、系统用户行为等因素实施实时和动态调整。

（八）可用不可见原则

金融机构在数据共享、数据融合、数据挖掘、算法模型开发等数据应用场景中，应当将安全性作为数据开发利用的前提和基础。倡导建立规范的数据共享机制，在保障原始数据可用不可见的前提下规范开展数据共享与融合应用，保证跨行业、跨机构的数据使用合规、范围可控，有效保护数据隐私安全。

（九）数据治理常态化原则

金融机构的数据治理应当持续开展，建立长效机制。金融机构应强化数据治理组织建设，明确统一的数据治理归口部门负责组织协调各项数据职能工作，完善数据治理组织架构、岗位设置、团队建设、数据责任等内容，建立健全数据治理流程规范，有效落实数据治理目标。

三、常见业务场景数据合规要求

除了上述基本治理规范，还有部分典型业务场景下的基本合规要求如下：

（一）广告

由于C端业务是金融机构业务的重要组成部分，对C端客户进行广告营销亦成为金融机构的重要业务环节，在该环节中，需特别注意消费者个人信息的保护。

1. 营销线索（用于营销的身份信息、联系方式）的收集

金融机构应当遵守合法、最小必要、知情同意之基本原则，不得通过非法途径收集营销线索，不可超过业务范围收集消费者个人信息；不可通过不同意即不办理业务的方式强迫或变相强迫消费者同意将其个人信息用于营销活动，具体形式包括在格式化合同、业务申请表、隐私政策中强制要求消费者同意将其信息用于与所办理业务无关的营销推荐用途、不同意即不办理业务等。

2. 营销线索的使用

只能使用经过合法授权的营销线索进行营销；在消费者明确表示拒绝后，不得继续使用其营销线索向消费者发送营销信息。

（二）对外提供金融消费者个人信息

金融活动业务流程复杂，各业务环节涉及众多外部合作方，包括但不限于风控、催收、客户转介等，不可避免地涉及将金融消费者个人信息对外提供的场景。在该场景下，监管规范的要求见表18：

表 18

数据共享前的安全要求	共享数据级别	数据共享中的安全要求
（1）金融机构应与数据接收方通过合同协议等方式，明确双方在数据安全方面的责任及义务，并约定共享数据的内容、用途、使用范围等； （2）对数据接收方的数据安全保护能力进行评估，确保数据接收方具备足够的数据安全保护能力； （3）向个人金融信息主体告知共享个人信息的目的、方式、范围、数据接收方的名称及联系方式，并征得单独同意。	（1）可共享3级[①]及以下级别的数据； （2）不应共享4级数据。	（1）共享数据涉及2级、3级数据时，应对数据进行加密处理，并采取数据标记、数据水印等技术，降低数据被泄露、误用、滥用的风险； （2）定期对数据接收方的数据安全保护能力进行评估，确保数据接收方具备足够的数据安全保护能力，当数据接收方丧失数据安全保护能力时，启动应急响应程序； （3）定期对共享数据开展安全审计活动； （4）建立数据安全事件应急响应机制，必要时切断数据共享； （5）按照国家及行业主管部门有关要求，向行业主管和监管部门等有关机构履行数据报送义务，采取有效措施确保数据接收方的身份真实性及数据的保密性、真实性和完整性。

① 《金融数据安全 数据生命周期安全规范》（JR/T 0223-2021）将金融数据安全级别由高到低划分为5级、4级、3级、2级、1级。

（三）金融数据委托处理

《个人信息保护法》对个人信息的委托处理作出明确规定，《网络数据安全管理条例（征求意见稿）》亦对数据的委托处理进行了定义。总的来说，数据的委托处理系委托人将部分数据处理活动委托受托方进行，受托方无法以自身的意志控制数据（包括个人信息）的处理方式和处理目的。由于金融活动涉及的数据量庞大、敏感度亦较高，金融机构将数据进行委托处理亦需审慎对待，相关监管规范和行业标准对金融数据委托处理的要求如下：

1. 委托方委托行为管理（见表19）

表 19

禁止委托外包的事项	数据委托处理合同管理	委托方的安全管理要求	委托方对受托方的日常监督管理
（1）禁止将存储3级及以上数据的数据库交由外部合作机构运维； （2）不应对4级数据进行委托处理； （3）禁止超出个人金融信息主体授权同意的范围委托第三方机构处理个人金融信息；	（1）金融机构应向受托方签订协议，明确双方在数据安全方面的责任及义务，明确数据接收方应具备的数据安全保护能力要求； （2）金融机构应向受托方及人员传达金融机构数据安全要求，必要时签署保密协议，明确受托方的保密义务与保密责任。	（1）金融机构应当对数据委托处理活动开展数据安全影响评估，涉及个人金融信息的，应开展个人金融信息安全影响评估，明确受托方应采取的有效安全保护措施； （2）金融机构应当按照国家及行业主管部门的相关要求，对受委托的第三方机构开展事前尽职调查； （3）委托处理的个人金融信息应事先进行数据脱敏，防止个人金融信息泄露，因业务确需，以及国家及行业主管部门另有规定除外； （4）委托处理的数据包括2级、3级数据的，应对数据进行加密处理，并采取数据标记、数据水印等技术，降低数据被泄露、误用、滥用的风险；	（1）对受托方接入的产品和服务的数据处理活动进行必要的监视，并保留记录，确保其满足合同协议要求，发现受托方提供的产品和服务没有落实安全管理要求和责任的，及时督促整改，必要时停止接入； （2）受托方接入产品和服务在数据处理过程中超出约定范围开展数据处理活动，或存在其他违规行为，金融机构应及时切断受托方接入的产品和服务，并将该行为视为安全事件，执行安全事件处置程序，上报监管部门； （3）受托方接入的产品和服务直接向用户提供服务的，应在用户页面清晰标识产品或服务的提供者； （4）金融机构应密切监督受托方及人员对保密协议的履行情况。

续表

禁止委托外包的事项	数据委托处理合同管理	委托方的安全管理要求	委托方对受托方的日常监督管理
（4）用户鉴别信息（C3类信息）、用户鉴别辅助信息（C2类信息）不应委托第三方机构处理； （5）转接清算、登记结算依据国家法律法规、行业主管部门的规定和技术标准执行。	—	（5）因业务确实无法对数据进行脱敏、加密处理的，应明确相应授权审批机制，事前对委托处理的内容应通过专项审批，并采取技术措施防止数据被泄露、误用和滥用； （6）金融机构应保存委托处理过程记录与有关数据的处理情况，以留档备查。	（5）定期对受托方的数据安全保护措施落实情况进行确认，包括但不限于开展外部信息安全评估、现场检查； （6）金融机构应监督受托方在发生数据安全事件后及时依据双方约定向金融机构报告，金融机构应执行安全事件处置程序； （7）受托方接入的产品或服务、嵌入或接入的自动化工具发生变更，金融机构应重新验证确认； （8）国家及行业主管部门另有约定的，按照相关要求执行。

2. 受托方管理要求和委托处理安全审计（见表20）

表20

受托方准入要求	受托方的安全管理要求	数据委托处理安全审计
（1）受托方的数据安全保护能力应达到国家法律法规、部门规章、行业主管部门规范性意见、国家标准、行业标准的要求； （2）受托方产品或服务接入应通过金融机构开展的安全评估； （3）受托方嵌入或接入的自动化工具，如代码、脚本、接口、算法模型、软件开发工具包、小程序的功能和安全性应通过验证。	（1）受托方不得留存3级及以上数据，若因清分清算、差错处理等业务需要，确需留存3级及以上数据，金融机构应与受托方签署保密协议，受托方应落实安全控制措施，并将有关资料留档备查； （2）根据风险评估的结果，对受托方接入的产品或服务采取适当的控制措施； （3）受托方不得超出事前已获得授权及合同协议约定开展数据处理活动；因特殊原因受托方未能按照要求处理个人金融信息，应及时告知金融机构，并配合金融业进行信息安全评估，并采取补救措施以保护个人金融信息安全，必要时终止对个人金融信息的处理；	（1）委托方与受托方通过信息系统传输数据时，应在相应的控制节点设置安全审计功能，委托方对数据的外发与回传进行审计，其中信息系统包括API、摆渡服务器，控制节点包括信息系统业务功能、API、服务器用户； （2）委托方与受托方通过纸质介质或磁盘等存储介质进行数据传输时，应执行相应的内部授权审批程序，委托方对传递数据的内容、用途、量级、数据接收方情况、使用时长、数据是否收回或由对方进行销毁等情况进行说明与审批，有关记录留档备查，其中数据接收方应细化至法人机构数据安全负责人。

续表

受托方准入要求	受托方的安全管理要求	数据委托处理安全审计
—	（4）金融机构与受托方解除合作关系时，应要求第三方机构不得再以任何方式保存从金融机构获取的数据及相关衍生数据，国家及行业主管部门另有规定的除外；若受托方直接向用户提供产品或服务的，金融机构应要求受托方在解除合作关系时，明确告知用户金融机构已解除与受托方的合作关系。	—

（四）金融数据的出境

在金融业务活动中，金融机构特别是涉及境外业务、在境外有分支机构或者是全球性的金融集团往往涉及数据出境的需求。有关数据出境活动的监管要点简要列示如下：

1. 个人金融信息出境

在中华人民共和国境内提供金融产品或服务过程中收集和产生的个人金融信息，应在境内存储、处理和分析。

具体来讲，金融机构因业务需要，确需向境外机构（含总公司、母公司或分公司、子公司及其他为完成该业务所必需的关联机构）提供个人金融信息的，应满足：（1）个人金融信息出境应符合国家法律法规及行业主管部门有关规定；（2）金融机构向境外机构提供个人金融信息的，应取得个人金融信息主体明示同意；（3）金融机构应依据国家、行业有关部门制定的办法与标准开展个人金融信息出境风险自评估，确保境外机构数据安全保护能力达到国家、行业有关部门与金融业的安全要求；（4）金融机构应与境外机构签订协议，明确境外机构应承担的数据安全保护责任义务，以及履行责任义务的管理和技术措施、能力等，保障出境数据的安全；（5）如符合《数据出境安全评估办法》第4条规定的数据出境安全评估申报标准，金融机构应通过所在地省级网信部门向国家网信部门申报数据出境安全评估。

2. 金融行业重要数据出境

在中华人民共和国境内运营中收集和产生的重要数据，应在境内存储。

具体来讲，金融机构因业务需要，确需向境外机构（含总公司、母公司或分公司、子公司及其他为完成该业务所必需的关联机构）提供金融行业重要数据的，应满足：(1)金融机构应依照《数据出境安全评估办法》开展重要数据出境风险自评估；(2)金融机构应与境外机构签订协议，明确境外机构应承担的数据安全保护责任义务，以及履行责任义务的管理和技术措施、能力等，保障出境数据的安全；(3)金融机构应按照《数据出境安全评估办法》通过所在地省级网信部门向国家网信部门申报数据出境安全评估。

第二节　智能汽车行业数据合规要点

由于数据成为智能汽车行业的核心资产，智能汽车行业的数据安全问题成为热点，政策法规接连制定、数据合规要求日趋严格。在此背景下，企业亟须明确数据合规要点，回应多方面的数据合规要求。数据无处不在，安全迫在眉睫。本节将梳理智能汽车行业数据合规要点，供企业参考。

一、监管规范概览

作为数据安全的顶层法律架构，《网络安全法》《数据安全法》《个人信息保护法》在智能网联汽车行业同样起到了规范和引导相关企业数据处理活动的作用。

在智能汽车行业方面，《工业和信息化部关于加强智能网联汽车生产企业及产品准入管理的意见》对智能网联汽车生产企业及产品准入管理进行规范，提出加强数据和网络安全管理的要求；《汽车数据安全管理若干规定（试行）》对开展汽车数据处理活动的合规要求及其安全监管规则等进行明确；《自然资源部关于促进智能网联汽车发展维护测绘地理信息安全的通知》对行业内相关企业进行测绘地理信息数据的采集和管理活动提出了明确的监管要求；《工业和信息化部关于加强车联网网络安全和数据安全工作的通知》对行业内相关企业加强网络安全和数据安全管理工作作出专门部署。

此外，《汽车采集数据处理安全指南》（TC260-001）、《车联网信息服务 用户个人信息保护要求》（YD/T 3746-2020）、《汽车传输视频及图像脱敏技术要求与方法》（T/CAAMTB 77-2022）等国家标准、行业标准或团体标准也为企业履行上述法律法规规定的合规义务提供了指引。

二、汽车数据处理主要合规义务

（一）应满足汽车数据处理合规要求的数据类别

《汽车数据安全管理若干规定（试行）》规定，在中国境内开展汽车数据处理活动及其安全监管，应当遵守相关法律法规及该规定。

企业处理的汽车业务相关的数据种类众多，是否处理每类数据都面临严格合规要求呢？其实，"汽车数据"特指汽车设计、生产、销售、使用、运维等过程中涉及的"个人信息"和"重要数据"，而非汽车相关的任何数据。"重要数据"指的是一旦遭到篡改、破坏、泄露或者非法获取、非法利用，可能危害国家安全、公共利益或者个人、组织合法权益的数据。"个人信息"指与已识别或者可识别的自然人有关的各种信息，可能以电子或者其他方式记录。

综上，处理"个人信息"和"重要数据"的智能汽车企业，需尤其关注数据合规问题。

（二）需报送年度汽车数据安全管理情况的企业类别

2021年、2022年，北京、广东、天津、四川等多地网信办发布通知，要求其行政区划内的汽车数据处理者开展汽车数据安全管理情况的年度报送工作。目前，汽车数据安全年报已成为汽车行业数据安全的重要监管举措。

那么，是否所有的汽车数据处理活动都会触发报送义务？答案是否定的。履行报送义务的前提是开展"重要数据"处理活动，即处理"重要数据"这一类特殊数据的企业才需履行该义务。

汽车领域重要数据范围已初步得到明确，《汽车数据安全管理若干规定（试行）》明确列举了6类汽车行业重要数据。例如，包含人脸信息、车牌信息等的车外视频、图像数据，涉及个人信息主体超过10万人的个人信息等。

三、其他应注意的合规要点

（一）处理智能汽车数据极易触发测绘合规问题

2022年8月30日，针对智能网联汽车行业的测绘监管问题，自然资源部发布《关于促进智能网联汽车发展维护测绘地理信息安全的通知》。该通知明确了智能网联汽车安装或集成了卫星导航定位接收模块、惯性测量单元、摄像头、激光雷达等传感器后，在运行、服务和道路测试过程中对车辆及周边道路设施空间坐标、影像、点云及其属性信息等测绘地理信息数据进行采集、存储、传输和处理的行为，均属于《测绘法》规定的测绘活动，需要满足《测绘法》等相关法规政策的要求。

由于智能汽车依靠多种传感器来实现智能网联相关功能，按照上述界定标准，测绘活动几乎伴随着智能汽车上路的全过程，使智能汽车数据处理极易触发测绘合规问题。

（二）智能汽车数据出境相关合规要求

我国的数据出境限制主要针对个人信息和重要数据，上述情况在智能汽车行业也相同。

若智能汽车相关企业存在个人信息出境，根据数据出境体量、敏感性等具体情况，可选择的合规出境路径包括通过数据出境安全评估、进行个人信息保护认证、订立《个人信息出境标准合同》等。

若智能汽车相关企业存在"重要数据"出境,则必须通过数据出境安全评估。此外,相关企业进行年度汽车数据安全管理情况报送时,涉及重要数据出境的企业须补充报告重要数据出境相关情况。

(三)智能汽车企业需额外关注的个人信息处理合规问题

除了普遍适用的个人信息保护合规要求,根据汽车行业相关规定,智能汽车企业还需额外关注如下问题:

其一,若涉及敏感个人信息处理,个人信息主体应可以自动设定同意期限。

其二,企业宜针对每项敏感个人信息取得单独同意,不应一次性针对多项敏感个人信息或多种处理活动取得同意。

其三,针对座舱数据,企业应默认为"不收集、不向车外提供"状态,并向个人提供便利的终止收集座舱数据的方式。

以汽车为载体、以数据为驱动,智能汽车行业的发展正当其时。面对纷繁复杂的监管要求,企业的压力可想而知。从汽车数据概念、汽车数据安全年报、测绘数据合规到数据跨境、个人信息保护,上述数据合规要点问题只是开始。千里之行,始于足下。企业需要着眼于上述合规要点,在智能汽车相关业务的开展与产品研发中,寻求所涉数据处理的高效开展与合规开展之间的平衡。

第三节 生物医药与健康行业数据合规要点

随着国家政策的出台和企业内生需求的增长,生物医药与健康行业顺应潮流不断推进数字化转型。在数字化发展过程中,相关企业的业务涉及大量收集、使用、提供数据的行为,带来了不同程度和类型的数据合规风险。生物医药与健康行业通常被纳入"强监管行业",而行业相关的健康医疗数据处理往往需要符合严格的合规要求，相关企业在开展业务时应重点关注健康医疗数据处理的数据合规情况。本节将从生物医药与健康行业的典型场景出发，讨论行业数据合规的要点问题。

一、监管规范概览

随着新兴技术的发展，生物医药与健康行业相关企业运用数字化工具支撑的业务场景逐渐增多。传统业务的数字化发展和新兴业态的出现，推动着生物医药与健康行业立法体系的不断完善。

近年来，除了《数据安全法》《个人信息保护法》《民法典》等数据合规相关法律法规的出台，与健康医疗数据处理直接相关的行业性法律法规也针对健康医疗数据的具体类别提出不同的合规要求。比如，《人口健康信息管理办法（试行）》规范人口健康信息相关处理活动;《国家健康医疗大数据标准、安全和服务管理办法（试行）》规范医疗健康大数据相关处理活动;《中华人民共和国人类遗传资源管理条例》规范人类遗传资源相关处理活动;《医疗机构病历管理规定（2013年版）》规范病历的管理和获取；等等。另有《医疗卫生机构网络安全管理办法》《涉及人的生命科学和医学研究伦理审查办法》《互联网诊疗监管细则（试行）》《临床试验数据管理工作技术指南》等规范对生物医药与健康行业不同场景下的数据安全与合规提出针对性要求。

生物医药与健康行业服务企业和机构在收集、使用健康医疗数据时，面临日益繁杂的数据安全、个人信息保护及管理规范性等数据合规问题。以下就生物医药与健康行业的部分典型场景及相关合规要点展开讨论。

二、数据收集场景合规要求

生物医药与健康服务企业依托互联网技术对数据资源进行快速积累，收集的数据量日渐增长，收集健康医疗数据面临着越来越大的合规压力。关于生物医药与健康行业的数据收集活动，部分典型场景及相关问题如下：

（一）典型场景一：体检机构为体检者提供服务

提问：体检者自行购买体检服务，赴体检机构进行体检，体检机构收集体检者的健康生理数据、病历资料等个人健康医疗数据，是否要取得体检者的同意？

回答：如果涉及《个人信息保护法》规定的无需取得个人同意的情形，则体检机构就相关处理事项无需取得体检者个人的同意，如属于为订立、履行个人作为一方当事人的合同所必需的事项。

然而，体检机构仍需注意，非基于个人同意处理体检者个人信息的情形仍然无法豁免体检机构的告知义务。体检机构需要以显著方式及清晰易懂的语言真实、准确、完整地向体检者本人告知相关处理事项。此外，体检机构可以通过线上或线下为体检者完成体检服务的确认，线上场景可以通过弹窗提示体检者阅读，线下场景可以通过出示个人信息处理规则文本等方式完成。无论线上还是线下，体检机构都应注意记录告知义务的履行情况。

（二）典型场景二：临床研究中收集受试者健康医疗数据

提问1：临床研究中涉及多方主体，可能有医院等临床研究机构、医药企业等申办者、负责实施临床试验的研究者、合同研究组织（CRO）及临床试验现场管理组织（SMO）等辅助机构，等等。这些机构可能都会参与受试者个人信息收集过程，每个主体都要取得受试者的个人同意吗？

回答：临床研究涉及主体较多，各主体承担了不同的职能和工作，可能被认定为不同的个人信息处理活动相关主体。一般情况下，申办者作为该临床研究的发起者，属于个人信息处理者；医院等临床研究机构往往与申办者合作开展研究，均可能会参与具体研究涉及需要收集的受试者健康医疗数据和处理目的等的决定，通常也属于个人信息处理者；研究者通常是临床研究机构的人员，不是独立的处理者；而CRO/SMO等辅助机构一般根据申办者或临床研究机构的要求开展相应处理工作，一般属于受托处理者。

基于上述不同主体在个人信息保护层面的角色认定，可以认为并非每个主体都具有需要取得受试者个人同意的义务。作为个人信息处理者的申办者和临床研究机构应当采取措施取得受试者的个人同意，而作为机构人员的研究者和 CRO/SMO 等辅助机构则没有取得受试者的个人同意的强制义务。需要注意的是，以上主体角色的认定是基于一般情况展开的，在不同类型的临床研究中可能存在不同的情形，需根据实际情况具体分析。

提问 2：临床研究会向受试者提供知情同意书（ICF），此时还需要根据《个人信息保护法》的要求向受试者另外提供个人信息处理规则吗？

回答：一般不需要另外提供个人信息处理规则，而是在现有成熟的 ICF 中融入《个人信息保护法》要求告知的其他事项。对比 ICF 和个人信息处理事项的内容，可以发现有许多重合内容，比如处理目的和方式、个人信息种类等，通过融合两份文件的方式向受试者告知并取得个人同意，能够减少受试者阅读负担和提高临床研究效率。在融合两份文件时有以下几点需要关注：一是逐一查漏补缺，避免遗漏应当向受试者告知的处理事项，尤其是涉及人类遗传资源信息等特殊告知事项；二是确认 ICF 中原本披露的信息颗粒度是否满足个人信息保护相关法律法规的要求；三是对于需要取得单独同意的情形，比如涉及敏感个人信息处理、向其他处理者提供个人信息及跨境提供个人信息的情形，建议通过单独附件并单独签署的方式完成。目前，也存在通过勾选框加一次签署的方式取得单独同意的，但这在个人信息保护层面并非合规程度最高的方式，仍然可能存在一定的合规风险。

三、数据共享场景合规要求

随着大数据、互联网、物联网、人工智能等新一代信息技术的更新，除了传统的生物医药研发、医疗服务等业务，生物医药与健康行业中还形成并发展了不少"互联网＋医疗健康"新业态。参与传统业务和"互联网＋"新业态的主体不仅有传统的医药企业、医疗器械企业、保险企业、检测检验机构、医院等传统医疗机构，还有互联网医院、医药电商企业、大健康互联网服务企业等新兴企业或机构。不同的企业或机构纷纷参与数据处理活动中，数据共享相关的合规风险越来越受到关注。关于生物医药与健康行业的数据共享活动，部分典型场景及相关问题如下：

（一）典型场景一：临床研究中共享研究数据（含受试者个人健康医疗数据）

提问1：临床研究中涉及多方主体，不同主体间存在共享研究数据的情况。临床研究中各方主体共享研究数据前，是否都要向患者披露数据接收主体的情况？

回答：是否要向患者披露数据接收主体的情况视各方主体之间的个人信息处理法律关系进行判断。

提问2：某跨国医药企业的中国子公司在中国境内与研究机构开展临床研究合作，研究机构与中国子公司共享研究数据，研究机构的共享行为是否属于跨境传输、共享数据而需要履行数据出境相关义务？

回答：从数据出境相关法律法规的规定来看，研究机构的该类共享行为通常不会被认定为跨境传输和共享数据，但涉及某些具体情况需要具体分析，如中国子公司接收数据的服务器部署在境外等。另外，从人类遗传资源信息管理的视角看，如研究机构涉及与中国子公司共享人类遗传资源信息的，可能被认定为向外方单位提供或开放使用人类遗传资源信息，如可能影响我国公众健康、国家安全和社会公共利益的，应当通过国务院科学技术行政部门组织的安全审查。

（二）典型场景二：医疗机构与第三方影像诊断机构共享患者医学影像

医疗机构通过设备为患者拍摄医学影像，并实时地传输给第三方医学影像诊断机构，以进行高效的图像分割、特征提取、智能分析等工作。

提问1：医疗机构向第三方影像诊断机构传输患者医学影像时，是否要向患者告知第三方影像诊断机构的情况？

回答：第三方影像诊断机构辅助医疗机构及其医疗人员对患者医学影像进行分析并完成诊断，通常属于医疗机构委托第三方影像诊断机构展开患者数据分析的情形。如属于委托处理的情况，医疗机构作为处理者无需向患者明确说明第三方影像诊断机构的基本情况；但是，第三方影像诊断机构如需要对患者医学影像进行委托事项以外的处理，则需要自行向患者告知并取得其个人同意。

提问2：医疗机构在该共享场景下应当如何保障数据传输的安全与合规？

回答：医疗机构向第三方传输数据前，宜通过签署数据处理协议，约定双方权利与义务、影像诊断机构对数据的保护措施、数据泄露的应急方案、数据使用的期限等。此外，涉及委托处理的情形还应当开展个人信息保护影响评估，并对相关处理活动进行记录，对于评估报告和处理记录应保存至少3年。

在传输过程中，医疗机构可以根据不同的数据等级和类型，采用不同的传输方式。如根据信息的类型、安全级别不同采取加密传输、储存的介质载体（USB、移动硬盘）、远程访问、数据沙箱或局域网（内网）传输等不同的传输方式。同时，为确保传输的数据安全，医疗机构还可以结合应用场景、传输方式、数据规模、效率要求等因素，通过校验技术或密码技术保证个人健康医疗数据在传输过程中的保密性、完整性。

随着国内生物医药与健康行业的数据合规立法体系的不断完善，以及执法活动的不断深入，行业相关企业的数据合规基准水平也在不断提升。为了避免业务开展受到限制、顺利推进数字化发展，生物医药与健康行业相关企业需及时识别数据处理场景，厘清数据处理活动的具体情况，及时构建风险地图，时刻关注数据立法与行业立法动态，提升自身合规水准。

第四节　新一代电子信息行业数据合规要点

2011年3月,《国民经济和社会发展第十二个五年规划纲要》(以下简称《十二五规划》)将新一代信息技术与节能环保、生物、高端装备制造等并列为七大战略新兴产业[1]。2022年9月,工信部举行主题为"大力发展新一代信息技术产业"的新闻发布会,指出2021年我国信息技术服务业收入6万亿元,较2017年翻了一番,较2012年翻了两番,同时未来将继续布局大数据、云计算、人工智能、区块链、工业互联网等领域的新兴软件,促进物联网等新技术的融合创新[2]。

一、监管规范概览

《电子信息产业统计工作管理办法》[3]规定,电子信息产业是指为了实现制作、加工、处理、传播或接收信息等功能或目的,利用电子技术和信息技术所从事的与电子信息产品相关的设备生产、硬件制造、系统集成、软件开发以及应用服务等作业过程的集合。而"新一代电子信息行业"则是指过去已有的传统电子信息技术以外的,运用高端、创新性科技发展起来的新兴电子信息行业。

新一代电子信息行业包含了诸多细分领域。《十二五规划》指出,新一代信息技术产业需重点发展如下领域:新一代移动通信、下一代互联网、三网融合、物联网、云计算、集成电路、新型显示、高端软件、高

---

[1] 《国民经济和社会发展第十二个五年规划纲要》,http://www.gov.cn/2011lh/content_1825838_4.htm。
[2] 《大力发展新一代信息技术产业!"新时代工业和信息化发展"系列主题新闻发布会第九场实录》,https://www.miit.gov.cn/gzcy/zbft/art/2022/art_261b1bbe7c4241f4bcd21e317cb83a98.html。
[3] 《电子信息产业统计工作管理办法》虽已失效,但该管理办法中对"电子信息产业"的定义在目前的部分政府及学术界文章中仍被采用,因此仍具有一定的借鉴意义。

端服务器和信息服务。

上述细分领域的发展离不开精确而稳定的运算模型以及大量供给模型运算的数据。例如，在云计算领域，云服务商向用户提供包括数据的计算、存储、网络、操作及应用软件等多项服务时都需依托其开发的运算模式，该运算模式的开发及完善过程中需大量的数据进行支撑，而在人工智能领域，数据和算法是其核心，只有经过大量的训练，覆盖尽可能多的各种场景才能得到一个良好的模型。

综上，新一代电子信息行业的发展涉及大量的数据，而这些数据的收集和处理则涉及《数据安全法》等相关法律法规对数据合规的要求；部分数据为个人信息时，则会涉及《个人信息保护法》及相关法律法规对个人信息数据的合规要求。

二、数据合规要求

（一）数据采集场景中的合规风险

1. 自行收集数据

根据《个人信息保护法》，数据处理者在收集个人信息时应取得信息主体的同意，所收集的个人信息应当限于实现处理目的的最小范围，不得过度收集个人信息。

在自行收集场景下，部分信息服务提供商直接向服务使用者，即个人用户进行数据收集。信息服务提供商可能在用户不知情的情况下进行数据收集或者对用户的信息进行过度收集，以不断完善自己的运算模型，这可能导致信息服务商面临一定的数据合规风险。

比如，在物联网领域中，用户信息主要通过各种设备自动进行收集，无需用户手动输入，此类信息收集的过程相对隐蔽，用户更难以察觉。同时，物联网设备不同于互联网环境中可以直接在屏幕上阅读并点击用户协议，部分物联网设备（如手环、家用电器等）并没有显示设备，即使有显示设备（如手表、汽车等）也可能不适合阅读长篇的协议文本。在此种情形下，更易出现相关企业未获得用户同意而对其个人信息进行采集的情况。

此外，物联网设备对用户个人信息收集的能力远胜于传统互联网环境。物联网设备所能收集个人信息的多样性、准确性、实时性更易激发物联网服务提供商超范围收集信息的冲动。如工信部于2022年8月公布的《关于侵害用户权益行为的APP通报（2022年第5批，总第25批）》中即提及，两款儿童智能手表存在强制、频繁、过度索取权限、违规收集个人信息的情形[①]。

部分信息服务提供商则采用爬虫技术等实现数据抓取，而爬虫技术等自动抓取功能的实现，应更加关注抓取行为的合规风险。比如，未经授权利用爬虫技术收集竞争对手的数据用于自身商业经营可能构成不正当竞争；通过技术手段绕开反爬取措施使用爬虫技术爬取数据可能构成非法获取计算机信息系统数据罪、非法侵入计算机信息系统罪等。此外，还应重点关注使用爬虫技术爬取信息是否可能侵犯公民个人信息合法权益。

2. 由第三方收集

部分信息服务提供商由于难以通过自行收集的方式获取足够的数据，或以该种方式进行收集不符合成本收益原则的要求，因此选择与专业的信息收集机构合作，向其采购其收集到的信息。然而，在此过程中，信息服务提供商往往容易忽视上述第三方机构获取数据的合法性以及是否有足够的权限向信息服务提供商出售其获取的数据。

如在人工智能领域中，中国证券监督管理委员会发行审核委员会在对即将在科创板上市的人工智能企业的审核中，重点关注了数据供应商的合法合规性，即数据供应商从事数据服务是否需要取得相应的资质、许可或进行备案；企业是否按照《数据安全法》的规定，要求数据供应商说明了数据来源；企业是否建立了审核第三方数据合法合规的内控机制。由此可见，在该领域，由第三方收集数据时需对该方式的合法合规

---

① 《关于侵害用户权益行为的APP通报（2022年第5批，总第25批）》，https://www.miit.gov.cn/xwdt/gxdt/sjdt/art/2022/art_837a27bb278d4a3f8d599350f703224a.html。

性进行重点关注。

(二) 数据传输、存储场景中的合规风险

在数据传输过程中，由于不同信息服务提供商采用的是不同的传输技术，同时，在部分细分领域中由于涉及环节较多，数据存在多次传输的可能性，即从数据的采集端至终端的过程中涉及多次的传输和流转。在此过程中，一旦某一次传输出现问题，则可能面临数据泄露风险。

这一问题在物联网领域尤为突出，智能物联网设备的通信方式主要为无线通信，同时会大量使用电子标签和无人值守通信；但由于成本、性能方面的限制，物联网大部分所使用的终端属于弱终端，传输数据仅采用简单加密或明文方式传输，很容易被非法入侵、攻击、劫持、篡改，这就意味着使用者在使用过程中其隐私信息很有可能被攻击者获取。

在数据完成采集及传输后，信息服务提供商往往会将其存储于一定介质中，以便后续的数据处理及使用。鉴于新一代电子信息行业数据规模大、类型多的特点，则对存储介质及存储方式等提出了更高的要求，稍有不慎，就可能导致数据泄露，引发一系列数据合规风险。

例如，在云计算领域，云计算平台结构复杂且动态变化。随着复杂性的增加，云计算平台因被恶意入侵导致的用户数据非授权访问、篡改、泄漏和丢失的风险增大。同时，部分云服务提供商并未对各用户数据进行完善的物理隔离，因此一旦某一用户的访问权限遭泄露，他人极有可能会凭此访问云服务并可访问其他用户数据，从而导致云端的大量其他用户信息被泄露。

再如，在人工智能领域，当利用收集的数据进行算法模型训练时，部分企业因自身处理系统漏洞导致数据"裸奔"，或存在直接接触数据的技术人员泄露、非法利用数据等情形，从而发生个人信息安全事件。如 2019 年 2 月，国内一家提供人脸检测和人群分析的科技公司被发现其人脸识别数据库没有密码保护并一直对外开放，导致包含超 256 万用户

的身份证号码、地址、出生日期、位置信息被泄露。[①]

(三) 第三方数据交互场景中的合规风险

鉴于新一代电子信息行业的复杂性，信息服务提供商往往难以单凭自身完成对数据的全部处理工作，因此在数据处理过程中会涉及与第三方的交互，包括与第三方共同处理数据及委托第三方进行部分数据的处理，从而在自身数据处理合规风险的基础上，还可能因第三方的违规行为而产生新的合规风险。

例如，在云计算领域，云服务商可能将其服务建立在其他云服务商提供服务的基础上，同时国内云计算服务平台所采用的平台软件，以及使用的CPU、内存、硬盘、关键芯片等方面的主要供应商仍主要来自外部。上述第三方供应商在提供服务的过程中极可能会直接接触到用户数据，云服务商面对诸多的第三方供应商，极易因缺乏必要而有效的监督措施，导致用户数据被非法访问、篡改或删除。

再如，在物联网领域，由于所能收集到的数据量大幅度增加，数据的特性也不尽相同，进行数据挖掘的难度也随之增加。这也就导致数据越是复杂，就越需要委托专业机构对数据进行挖掘。在这个过程中，数据挖掘机构不可避免地会接触到用户的个人信息。此种情形下，极易发生物联网机构因委托数据挖掘机构进行数据处理而导致用户个人信息泄露的情况。

三、数据安全合规建议

(一) 数据采集相关合规建议

首先，企业自行采集数据时应告知数据主体并获得其授权；同时，对于个人敏感信息，应获得数据主体的单独同意。

其次，自第三方收集数据时，应通过协议等方式要求供应商对数据

[①] 《深圳一AI公司数据疑遭泄，超256万用户信息被指"裸奔"｜附商汤回应》，http://static.nfapp.southcn.com/content/201902/15/c1923796.html。

作无瑕疵或者不侵权保证,并要求该供应商确保授权权利的完整合法。

最后,若企业使用爬虫等技术收集数据时,应特别注意,保证目的正当、手段合法,避免通过非法侵入他人计算机系统、干扰他人网络正常功能的手段窃取信息;尽量仅使用爬虫技术爬取已经合法公开个人信息;使用爬取的个人信息开展经营活动时,尽量使用已经过匿名化处理或去标识化处理的信息,尤其避免直接对外销售个人信息。

(二)数据传输、存储相关合规建议

在杜绝明文传输的基础上,进一步加强数据过滤、认证等加密操作。同时,还可进行设备指纹、时间戳、身份验证、消息完整性等多维度校验,最大限度保证数据传输的安全性。

企业在数据的传输、存储等环节应采取多种安保措施,包括但不限于数据分级管理,并对可访问数据人员进行分级别授权;建立定期巡查机制,对系统中是否存在漏洞进行巡查;建立漏洞报告机制,一旦发现漏洞立即向有关部门报告,并征求其处理意见等。

(三)第三方数据交互相关合规建议

审慎选择第三方供应商,基于不同的场景,书面约定双方有关数据处理相关权利义务分配,并对第三方的个人信息处理活动进行监督。

此外,对于委托第三方机构进行价值挖掘的用户信息尽量进行"匿名化""脱敏化",即通过脱敏算法、模糊处理等技术手段,将个人信息中能够直接识别用户的敏感信息删去,或去除信息之间的联系,以避免因第三方机构导致的用户信息泄露。

新一代信息技术产业作为国民经济的战略性、基础性和先导性产业,未来必然会成为我国信息化发展的重要力量,其数据安全的重要性程度也不言而喻。随着数据安全相关制度的不断出台和完善,行业内相关企业均应及早关注相关数据安全合规要点,尽快开展数据合规工作,以避免数据合规风险对企业的发展造成不良影响。

第五节　数字与时尚行业数据合规要点

获益于电商的发展、大数据等技术的应用，中国时尚行业市场得以在创新中稳步发展。为扩大品牌影响力、满足消费者的消费需求，各时尚行业企业不断推出新的线上、线下相融合的商业模式。

随着数据保护各项法律法规与行业标准的不断出台与完善，如何在行业发展的同时实现数据合规、安全处理亦成为时尚行业各企业关注的重点。本节将分别从线上、线下渠道出发，探讨时尚行业目前面临的数据合规挑战，同时提供相应的合规建议。

一、线下渠道的数据合规挑战——人脸识别数据处理

线下门店是早期大多数时尚行业企业的主要销售渠道。即便是在电商网络销售如火如荼的今天，线下门店仍是时尚行业企业的重要销售渠道。对于线下门店的经营，越来越多经营者开始探索数字化门店或智慧门店，以期实现对门店客流的识别和数字化。在线下门店的数字化活动中，对于人脸识别数据的处理尤其值得关注。

（一）人脸识别技术的使用

在人脸识别技术发展的初期，时尚行业企业往往出于安全监控及员工考勤的需要在线下门店中使用人脸识别技术。现如今，人脸识别技术亦被广泛用于识别消费者，并对消费者的人脸图像进行统计及分析。比如，部分企业通过人脸识别技术实现对消费者访店次数、停留区域、各区域停留时长的统计，并识别消费者年龄、性别等，通过分析信息形成用户画像，对消费者进行精准营销。

然而，如何合法合规地将人脸识别数据用于上述活动成为横亘于时尚行业企业面前的一道难题。目前，已有诸多企业因违规处理人脸识别

数据受到相关监管部门的处罚。

(二) 对人脸识别数据处理的合规建议

根据《个人信息保护法》的规定，人脸识别数据等"生物识别信息"，应属于"敏感个人信息"的范畴，适用"敏感个人信息"的相关规定。同时，《最高人民法院关于审理使用人脸识别技术处理个人信息相关民事案件适用法律若干问题的规定》、《信息安全技术 个人信息安全规范》(GB/T 35273-2020)（本节简称为《个人信息安全规范》)、《信息安全技术 人脸识别数据安全要求》(GB/T 41819-2022) 等司法解释、相关标准亦对人脸识别数据的处理进行了规范。

基于上述要求，建议时尚行业企业从以下几方面对现有的人脸识别数据处理活动进行评估：

1. 收集人脸识别数据的必要性

鉴于人脸识别数据的敏感性，对于人脸识别数据的处理应控制在最小范围内。企业可对现有的人脸识别数据处理活动进行详细的梳理及归类，并厘清各项活动使用人脸识别数据的目的。如果该目的可采用非人脸识别方式达到，则应优先采用非人脸识别方式。例如，企业若仅统计客流量，则可采用红外线仪器"数人头"的方式。

2. 告知消费者并获得消费者单独同意的可能性

如果企业判断达成某目的需要依赖人脸识别技术，则应在进行人脸识别数据收集前，向消费者进行充分告知并就此获得消费者的单独同意。然而，在线下门店中如何将处理人脸识别数据的目的、方式及范围告知消费者，如何取得消费者就上述数据处理活动的单独同意等均是实践中的操作难点。

企业需结合线下门店的运营、营销模式，考虑是否需要在收集人脸识别数据前设置某一环节，以及将处理活动告知消费者并获得其单独同意的可能性。例如，是否能在消费者进入人脸识别区域前即通过显眼告示或要求其扫描二维码等向其告知人脸识别的存在及相关情况，是否可要求消费者在完成同意流程后方可进入人脸识别区域。

3.向第三方传输人脸识别数据的安全性

如企业出于业务需要等确需将人脸识别数据传输给第三方,应按相关法律法规中关于数据对外提供及委托处理的要求进行数据传输,并开展安全评估。[1]

此外,企业还应判断是否能采取双向身份鉴别、数据完整性校验、数据加密等措施保障人脸识别数据的数据传输安全。[2]

二、个性化展示

线上渠道的铺设是时尚行业企业实现全渠道同步发展的重要步骤,而线上平台销售、管理所涉及的数据合规问题亦不容小觑。其中,个性化展示的数据合规问题较为突出。

(一)对个性化展示的使用

目前,个性化展示被较多地用于品牌 App、小程序、官网等线上销售平台中。用户进入线上销售平台后,企业或其委托的第三方作为线上销售平台运营者,可能收集包括用户浏览信息(浏览页面、各页面浏览频次、各页面停留时长等)、收藏信息(收藏内容等)、交易信息(所交易商品价值区间、重复购买率等)、搜索关键词、地理位置信息等相关信息。除此之外,设备信息(设备型号、操作系统、系统语言等)、环境信息(基站列表、Wi-Fi 列表等)也可能被列入所收集信息的范畴。[3] 企业通过推荐算法,对上述信息进行分析,形成用户画像,并据此向用户进行个性化展示。

在该过程中,对用户信息的非法获取及使用将导致企业陷入合规风险。

---

[1] 参见《信息安全技术 人脸识别数据安全要求》(GB/T 41819—2022)第 10 条第 b 款。
[2] 参见《信息安全技术 人脸识别数据安全要求》(GB/T 41819—2022)第 9 条。
[3] 参见史蕾、江智茹:《从数据合规层面看电商平台的个性化展示》,https://mp.weixin.qq.com/s/xdaRo4krKCUPkoinLwIY6A。

（二）对个性化展示的合规建议

在企业为实现个性化展示所收集的信息中，用户浏览信息、收藏信息、交易信息、地理位置信息、设备信息已被《个人信息安全规范》明确列入"个人信息"的范畴，受到个人信息保护相关法律法规及标准的规制。其中，浏览信息、交易信息、地理位置信息更是属于敏感个人信息的范畴。搜索关键词、环境信息等虽未被明确列入个人信息，但根据"关联性"的判断路径，此等信息为特定用户在其活动中产生的信息，应作为个人信息予以保护。

1. 在进行个性化展示前，向用户充分告知并获得同意

虽然《个人信息保护法》对个性化展示的规制更偏向于保障用户获得便捷的拒绝方式的权利，但是，根据相关法律法规及标准，在进行个性化展示前向用户进行充分告知并获得其同意的合规要求也不应忽视。

根据《个人信息安全规范》，产品或服务提供多项收集、使用个人信息的业务功能的，信息处理者宜在收集个人信息前，向个人信息主体告知收集、使用个人信息的目的、方式和范围等，并获得个人信息主体的授权同意。结合《个人信息安全规范》对"基本业务功能"与"扩展业务功能"的区分，可以认为个性化展示在不构成产品或服务的基本业务功能的情况下，应属于扩展业务功能。① 因此，企业进行个性化展示前，宜通过隐私政策或弹窗、提示条等方式向用户告知为进行个性化展示所需处理的个人信息、处理目的和处理方式等，并获得用户的授权同意；如需处理敏感个人信息的，还需就敏感个人信息的处理获得用户单独同意。

2. 完善个性化展示的关闭设置

根据《个人信息保护法》及《个人信息安全规范》，企业在向个人

---

① 根据《信息安全技术 个人信息安全规范》（GB/T 35273-2020）附录C，业务功能可被区分为"基本业务功能"及"扩展业务功能"，应根据个人信息主体选择、使用所使用产品、服务的根本期待和最主要的要求，划定产品或服务的基本业务功能。一般来说，如果产品或服务不提供基本业务功能，个人信息主体将不会选择使用该产品或服务。产品或服务所提供的基本业务功能之外的其他功能，属于扩展业务功能。根据此定义，个性化展示不属于基本业务功能的范畴，而属于扩展业务功能。

提供服务的过程中提供个性化展示的，应当同时向该消费者提供不针对其个人特征的选项，或提供便捷的拒绝方式。例如，将"个性化展示"置于线上平台页面中简便易找的位置，并允许用户一键关闭该功能。

3. 区分个性化展示与非个性化展示的内容

在企业向个人信息主体提供业务功能的过程中使用个性化展示的，应显著区分个性化展示的内容和非个性化展示的内容，显著区分的方式包括但不限于标明"定推"等字样，或通过不同的栏目、版块、页面分别展示等。[1]

三、与第三方合作中的数据保护

无论是对线下门店的数字化运营，还是对线上平台的运营、管理、维护，时尚行业企业往往需要与第三方软件、技术及其他服务商合作，使用其提供的产品或服务。例如，有赞等SaaS服务商[2]为企业提供微信销售门店（微信小程序）的制作和运营服务。

在与第三方的合作过程中，企业及第三方公司均会处理用户的个人信息，且处理用户信息的类型、目的等存在大量重叠，易导致用户难以辨认实际的数据处理者。在此情况下，如果企业与第三方未就双方个人信息处理的责任、各自的权利义务进行明确划分，则极易产生数据合规风险。

目前，时尚行业企业在与第三方的合作中，普遍存在数据处理的角色和定位不清晰、数据权属不明以及缺乏与第三方就数据安全保护义务和责任的约定等问题。

鉴于此，建议企业应根据与第三方的合作模式，梳理其与第三方在数据处理上的角色和定位，区分双方关系属于委托处理、对外提供或是共同处理，并遵守相关法律法规中对于上述关系的合规要求。另外，对

---

[1] 参见《信息安全技术 个人信息安全规范》（GB/T 35273-2020）第7.5条第a款。
[2] SaaS，是Software-as-a-Service的缩写名称，意思为软件即服务，即通过网络提供软件服务。

于第三方直接收集处理用户信息的,应要求其全面履行《个人信息保护法》规定的个人信息保护义务,在用户充分知情的前提下获取用户的同意,保障用户信息安全;同时提示用户通过第三方"隐私政策"了解第三方对其个人信息的处理情况。

相关法律法规及各标准的不断完善及消费者个人信息保护意识的觉醒,均督促着时尚行业企业尽早开展数据合规治理。时尚行业企业在利用数字经济不断发展带来红利的同时,也应重视数据合规这把"达摩克利斯之剑"。

第六节 高端装备制造行业数据合规要点

2015年5月,国务院印发《中国制造2025》,制定了实施制造强国战略的第一个十年行动纲领,力争通过三个十年的努力,将我国建成引领世界制造业发展的制造强国。在此方针下,我国制造业在近年来飞速发展,一批高端装备制造取得长足进步。与此同时,随着越来越多风险事件的曝出,相关行业数据安全问题也逐渐引起各方关注。相较于个人信息安全问题,工业领域尤其是高端装备制造业的数据安全更容易关涉国家安全与公共利益,更需要行业参与者重视相关合规工作。

一、高端装备制造行业及其数据特点

根据《"十三五"国家战略性新兴产业发展规划》,高端装备制造业主要可划分为五大领域:轨道交通装备、航空装备产业、卫星及应用产业、智能制造装备(工业机器人与数控机床)、海洋工程装备及高技术船舶。上述行业不仅本身属于高精尖技术发展前沿行业,更是构成我国国防军事、科学研究、民用基础设施等综合国力的重要行业。

在行业归属上,高端装备制造业属于工业领域的分支行业,其数据特征与其他工业领域行业一样具有特殊性。从数据发生场景来看,工业

领域数据大致可以分为经营数据、生产数据以及外部通讯数据。其中，最能够体现工业与其他行业区别，并且最可能产生安全风险的数据环节，即为生产数据环节，该数据环节又可以进一步划分为设计、运营、生产、控制、感知等层面。从数据价值与生产流程的关系来看，有的数据对于企业控制生产安全有重要意义，但未必具有长期价值。例如，生产流程监控数据对于企业控制生产环节具有重要意义，但其本身的价值并不高。还有的数据则始终应当被严格保护。例如，产品结构图纸或配方配比作为产品的最核心数据，一旦泄露将根本性损害企业利益甚至是国家安全。由于不同数据的重要性与价值大小不同，企业在处理数据安全保护问题时不能对所有数据一视同仁。否则，既有可能在没有保护价值的数据上浪费成本，又有可能对本应严密保护的数据疏于保护。

二、行业经营者一般合规义务

根据现行法律法规要求，行业经营者在日常经营中需要履行的合规义务主要包括制定数据分级分类目录以及数据安全防护管理职责。

（一）制定数据分级分类目录

根据《数据安全法》第 21 条的规定，国家建立数据分类分级保护制度，对数据实行分类分级保护，奠定了我国进行数据保护的基础性制度。

1. 数据分类

虽然《数据安全法》明确提出应当对数据进行分类保护，但目前在上位法律层面缺少进一步细化规定，仅有部分下位法规和相关标准对数据分类具体内容予以指引。

根据《工业数据分类分级指南（试行）》（以下简称《分类分级指南》）第 5 条的规定，工业企业应当结合生产制造模式、平台企业应当结合服务运营模式，分析梳理业务流程和系统设备，考虑行业要求、业务规模、数据复杂程度等实际情况，对工业数据进行分类梳理和标识，形成企业工业数据分类清单。

根据上述规定，数据分类活动并不要求企业对现有的生产制造模式或服务运营模式进行变动，而是要求企业在现有模式的基础上，依照实际情况进行数据的再梳理与再识别。易言之，如果将企业比作家居环境，那么现有数据及数据处理活动则可以看作一件件散落在屋内的生活用品。数据分类制度即要求家庭管理者在考虑生活用品实际使用习惯、一般归类要求等条件的基础上，将生活用品分门别类放置，并形成归类清单。

就具体的分类标准而言，根据《分类分级指南》第 6 条、第 7 条的规定，工业企业可以从研发数据域（研发设计数据、开发测试数据等）、生产数据域（控制信息、工况状态、工艺参数、系统日志等）、运维数据域（物流数据、产品售后服务数据等）、管理数据域（系统设备资产信息、客户与产品信息、产品供应链数据、业务统计数据等）、外部数据域（与其他主体共享的数据等）等分类维度开展数据分类工作；平台企业可以从平台运营数据域（物联采集数据、知识库模型库数据、研发数据等）和企业管理数据域（客户数据、业务合作数据、人事财务数据等）等分类维度开展数据分类工作。

2. 数据分级

根据《数据安全法》第 21 条与《工业和信息化领域数据安全管理办法（试行）》（以下简称《管理办法》）第 8 条的规定，依照数据对经济发展的重要程度、数据遭泄露或篡改等对国家安全、公共利益或者个人、组织合法权益造成的危害程度，将数据总体上区分为一般数据、重要数据与核心数据。

值得一提的是，现行有效的《分类分级指南》按照工业数据遭到泄露、篡改等将对工业生产、经济效益等带来的潜在影响分为一至三级数据。考虑到该指南出台时间早于《数据安全法》且其规范等级也低于后者，可以认为对于数据分级的具体名称和标准应当以《数据安全法》为准。但是，《分类分级指南》中其他有关分级管理措施、应急处置措施等规定，企业仍然应当遵照执行。

根据《数据安全法》《管理办法》的相关规定，数据分级活动的基础在于通过数据遭破坏后造成的最大后果影响程度来识别重要数据与核心数据,并在此基础上实施不同的管理、保护措施。尽管上述法律法规所要求的各地区、各部门制定的重要数据目录与核心数据目录尚未落地,但是《管理办法》第 7 条第 3 款也明确规定"数据处理者应当定期梳理数据,按照相关标准规范识别重要数据和核心数据并形成本单位的具体目录",并且未将相关部门制定目录作为该义务履行的前提条件。鉴于目前已经有《管理办法》及相关标准对于重要数据与核心数据的识别提出细化指引,可以认为企业应当适时启动数据分级活动,做好合规要求。

就具体的分级标准而言,企业可以参照《管理办法》与《信息安全技术 重要数据识别指南(征求意见稿)》,从数据泄露的危害程度对政治、国土、军事、经济、文化、社会、科技等构成威胁的程度,对海外利益、生物、太空、极地、深海、人工智能等与国家安全相关的重点领域的影响程度,对工业和信息化领域发展、生产、运行和经济利益的影响程度,造成重大数据安全事件或生产安全事故,对公共利益或者个人、组织合法权益造成影响的程度,泄露引发的级联效应、涉及影响范围等方面确定数据的分级定位。

3. 分级分类管理

根据《分类分级指南》《管理办法》的规定,企业制定分级分类目录后,应当向地方行业监管部门进行备案。并且应当根据相关国家标准的要求,对不同级别的数据采取相应的防护、管理措施。如出现数据泄露等情形,还应当根据应急预案处置,并依法履行上报义务。

(二) 数据安全防护管理

根据现行法律法规的规定,数据处理者除需要履行数据分级分类职责外,还需要履行其他数据安全防护管理职责。

1. 数据安全主体责任

根据《管理办法》的规定,数据处理者应当建立覆盖本单位相关部门的数据安全工作体系,明确数据安全负责人和管理机构、明确数据处理关键岗位和岗位职责,并要求关键岗位人员签署数据安全责任书。同时,需要建立内部登记、审批等工作机制,对重要数据和核心数据的处理活动进行严格管理并留存记录。

2. 信息安全防护

根据《分类分级指南》的要求，企业应当结合数据分级情况，针对不同等级的数据采取不同等级的防护措施，以保障数据处理者能够抵御相应规模、等级的恶意攻击。

3. 安全风险评估

根据《管理办法》的规定，重要数据与核心数据处理者应当每年自行或委托第三方对数据处理活动至少开展一次风险评估。数据处理者应当根据评估报告及时整改风险问题，并向地区行业监管部门报送风险评估报告。

4. 出境安全评估

根据《管理办法》《数据安全法》的规定，在境内收集和产生的重要数据与核心数据应当依照法律法规的要求在境内存储。如确需向境外提供的，应当依法进行数据出境安全评估。目前，网信办已经出台《数据出境安全评估办法》，对重要数据出境的安全评估要求予以相应规定。

三、关键信息基础设施运营者增强合规义务

除一般数据处理者应当承担数据合规义务以外，企业如果被认定为关键信息基础设施运营者，则还需要符合更高的合规要求。根据《数据安全法》《关键信息基础设施安全保护条例》的相关规定，关键信息基础设施治理已经初步形成了"识别认定—运营者责任"的大致框架。目前已有部分法规及标准发布。

（一）识别认定

根据《网络安全法》《关键信息基础设施安全保护条例》的相关规定，关键信息基础设施是指能源、交通、水利、国防科技工业等重要行业和领域的，以及其他一旦遭到破坏、丧失功能或者数据泄露，可能严重危害国家安全、国计民生、公共利益的重要网络设施、信息系统等。

根据《关键信息基础设施安全保护条例》的相关规定，重要行业和

领域的主管部门应当制定关键信息基础设施认定规则，并据此认定本行业、本领域内的关键信息基础设施。然而，到目前为止，与工业领域相关的主管部门还未对关键信息基础设施的认定出台具体规则，也未发布过任何关键信息基础设施名单。意味着，目前还没有企业或单位可以在法律意义上被识别为关键信息基础设施运营者。

高端装备制造业所涵盖的五大领域基本涵盖上述定义所涉的重要行业和领域。尽管相关主管部门尚未发布认定规则，相关企业也应当参考《关键信息基础设施安全保护条例》第 9 条所确定的指引性因素，从"对核心业务的重要程度""数据泄露的危害程度""对其他行业和领域的关联性影响"三个方面，自行判断所运营网络设施、信息系统是否有可能构成关键基础设施，并据此适时调整相关管理制度和配套措施，以应对合规监管的变化。

（二）国家安全审查

根据《国家安全法》第 59 条以及《数据安全法》第 24 条的规定，对影响或者可能影响国家安全的数据处理活动，应当进行国家安全审查。

目前，《网络安全审查办法》已经将"关键信息基础设施运营者采购网络产品和服务"和"网络平台运营者开展数据处理活动"纳入审查标的。因此，如果企业自身构成关键基础设施运营者并涉及采购网络产品和服务，或者企业除装备制造之外同时涉及网络平台运营的，应当按照《网络安全审查办法》的要求进行网络安全审查。

值得一提的是，《网络安全审查办法》第 22 条第 2 款规定"国家对数据安全审查、外商投资安全审查另有规定的，应当同时符合其规定"。该条款为除网络安全以外的单行数据安全审查制度预留了充分空间，意味着立法机构后续针对数据安全审查设定专门制度的，企业还应当根据自身情况另行遵守其规定。

（三）其他关键信息基础设施运营者责任

除上述国家安全审查义务以外，根据现行法律法规要求，关键信息基础设施运营者还需要承担其他责任。根据公安部网络安全等级保护中心的介绍[①]，关于关键信息基础设施安全保护标准体系可以区分为"识别认定、安全保护、检测评估、监测预警、主动防御、事件处置"六个模块。目前，上述安全保护标准已有部分发布，表21梳理出《信息安全技术 关键信息基础设施安全保护要求》(GB/T 39204-2022)中的重点内容供企业对照参考：

表21

涉及环节	具体要求
安全保护	（1）制定安全管理制度，包括关键信息基础设施安全保护工作目标和安全策略等； （2）成立安全管理机构，明确安全管理责任人等； （3）安全管理人员应进行相应考核，建立培训制度，从业人员每人每年不少于30个学时等； （4）搭建安全通信网络：实现通信线路"一主双备"关键节点和重要设施"双节点"备份，完善不同系统之间互联安全，采取网络审计，留存相关日志数据不少于6个月等； （5）搭建安全计算环境：鉴别异常操作、实行身份鉴别和访问控制，采取技术手段防范入侵和病毒行为等； （6）安全建设管理：在关键信息基础设施建设环节同步建设网络安全技术措施等； （7）安全运维管理：原则上保证运维地点在中国境内，与维护人员签订保密协议，优先使用已登记备案的运维工具等； （8）供应链安全保护：采购国家检测认证的设备和产品，形成年度清单，建立和维护供应方目录，与供应商签订保密协议等； （9）数据安全防护：数据处理全流程安全防护，建立容灾备份机制等。
检测评估	建立关键信息基础设施安全检测评估制度，包括检测评估流程、方式方法、周期、人员组织、资金保障等。
监测预警	（1）建立落实常态化监测预警、快速响应机制等； （2）关注国内外及行业安全事件、安全漏洞、解决方法和发展趋势，对安全性进行研判，必要时发出预警等； （3）建立预警信息报告和处置程序等； （4）建立通报预警及协作处置机制等； （5）建立与外部组织、其他运营者及内部各部门之间的沟通和合作机制等； （6）建立网络安全信息共享机制等。

[①] 参见袁静：《关键信息基础设施安全保护标准体系解析》，https://mp.weixin.qq.com/s/sZ98UgV4gdx3M1z-76h9Jg。

续表

涉及环节	具体要求
主动防御	（1）收敛暴露面：减少互联网协议端口等暴露面，减少对外暴露组织架构等内部信息，不在公共存储空间存储技术文档等； （2）攻击发现和阻断：采取有效分析和应对措施，对攻击活动开展溯源，改进安全保护策略等； （3）攻防演练：定期组织开展攻防演练等； （4）情报收集：建立威胁情报共享机制等。
事件处置	（1）建立网络安全事件管理制度，事件分类分级管理等； （2）组织建立专门网络安全应急支撑队伍等； （3）参与和配合网络安全应急演练、应急处置、案件侦办等工作。

高端装备制造行业由于其高精尖特性，必然会成为我国工业发展的重要着力点，其数据安全的重要性程度也将日益上升。随着数据安全相关制度不断出台和完善，行业内数据处理主体的责任将更加明确和规范。尽管目前还有诸多操作性问题有待澄清，相关行业企业仍然应当尽早重视相关数据安全合规要点，适时开展合规建设工作。

第七节　物业管理行业数据合规要点

随着数字化和信息化的发展，《网络安全法》《数据安全法》《个人信息保护法》等法规对企业等个人信息处理者在收集处理个人信息方面提出了要求。从事物业管理服务活动的企业在提供物业服务过程中会涉及业主个人信息的处理，尤其是涉及未成年人个人信息和人脸等敏感信息的处理，处理不当可能会面临监管处罚。本节将结合个人信息和数据合规相关的法规，对物业管理行业的数据收集和使用的合规要点进行简要评析。

一、收集业主个人信息

物业管理公司在为业主提供物业管理服务时，需收集业主的个人信息并建档，收集业主个人信息的方式具体包括从开发商获取业主的个人信息、获得业主的授权同意收集和从上家物业管理公司中获得业主的个人信息。根据《个人信息保护法》第13条规定，收集处理个人信息的合法性基础包括取得个人的同意、履行合同所必须、履行法定职责或法定义务所必须、维护公共利益等。

在住宅小区建成后，开发商会通过招投标等方式确定物业管理公司，双方签订协议。物业管理公司从开发商中获取购房者即住宅小区业主个人信息的合法性基础是，履行与开发商的合同所必须以及开发商为履行与业主签署的购房合同中有关开发商自行或者委托第三方提供物业管理服务约定所必须。

物业管理公司向业主收集个人信息的合法性基础主要是获得个人授权同意。《个人信息保护法》第17条规定个人信息处理者在处理个人信息前，应当以显著方式、清晰易懂的语言真实、准确、完整地向个人告知相关事项。物业管理公司在提供物业服务中会收集业主等相关人员的个人信息，如业主及其家属姓名、具体地址、联系方式和车牌号等。建议物业管理公司在收集处理前述个人信息前，如实告知收集处理目的、方式、存储期限、开发使用情况和个人行使权利的方式等内容，取得业主的授权同意。

住宅小区业主可能通过行使自治权或者因为物业服务合同到期后更换物业管理公司。在业主大会选任新任物业管理公司并代表业主与新任物业管理公司签署聘用合同后，原物业管理公司在退出物业管理服务时应将业主档案转给新物业管理公司。《民法典》第939条对转移和接收行为作出了规定，即建设单位依法与物业服务人订立的前期物业服务合同，以及业主委员会与业主大会依法选聘的物业服务人订立的物业服务合同，对业主具有法律约束力。所以，应当适用《个人信息保护法》规定之"履行合同所必须"的合法性基础。此外，原物业管理公司应在退出物业管理服务时履行删除或返还个人信息的义务。

物业管理公司在提供住宅小区的物业管理服务中会涉及不满14周岁的未成年人个人信息的收集和使用。根据《个人信息保护法》第28条第1款规定，敏感个人信息是一旦泄露或者非法使用，容易导致自然人的人格尊严受到侵害或者人身、财产安全受到危害的个人信息，包括……不满 14 周岁未成年人的个人信息。所以不满 14 周岁的未成年人的个人信息作为敏感个人信息更应当给予特别关注。结合《个人信息保护法》第 31 条和《儿童个人信息网络保护规定》第 8 条的规定，建议物业管理公司专门制定儿童个人信息的隐私政策和用户协议，设立儿童个人信息的负责人。结合上述人脸识别信息的采集场景，如涉及未成年人的人脸信息采集，应当核验录入者的年龄，并取得父母或者其他监护人的同意。

二、应用智能设备的合规要点

（一）人脸识别

根据《个人信息保护法》对敏感个人信息的定义及《信息安全技术 个人信息安全规范》（GB/T 35273-2020）附录 B（个人敏感信息判定），人脸信息属于生物识别信息，为个人敏感信息。《最高人民法院关于审理使用人脸识别技术处理个人信息相关民事案件适用法律若干问题的规定》单独规范了物业场景下的人脸识别。《信息技术 生物特征识别 人脸识别系统技术要求》《信息安全技术 人脸识别数据安全要求》等国家标准也专门针对人脸识别技术进行了规范。地方立法中也对物业管理行业中的人脸识别问题进行了规范，如《杭州市物业管理条例》。在司法层面，物业管理中违法违规收集使用人脸信息亦有不少案例。2023 年 8 月 8 日，国家互联网信息办公室颁布了《人脸识别技术应用安全管理规定（试行）（征求意见稿）》，并公开征求意见。

人脸信息由于其特殊性，在立法和司法层面受到高度关注，对企业的合规业务提出了更高的要求。

1. 签约阶段

结合项目实践，物业管理公司一般不具备直接收集、处理业务人脸信息的技术能力，主要是通过专业技术服务提供商获取具有人脸识别门禁系统。在该合作模式下，判断物业管理公司是否为个人信息的处理者的关键依据是双方签订的协议。若物业管理公司为个人信息处理者，人脸识别门禁系统的技术服务商属于受托处理者。建议物业管理公司在使用第三方的人脸识别门禁系统时，将供应商的数据安全和网络安全能力作为选择供应商的重要考量因素。同时在签订协议时明确约定双方处理个人信息的权利义务，严格限制技术服务商处理人脸信息，仅提供存储服务并在期限届满后删除销毁。若物业管理公司仅购买入门处的门禁设备，但人脸识别门禁系统部署于技术服务商服务器且技术服务商全权处理该等信息，则技术服务商为业主个人信息的处理者。对于此等情况，物业管理公司应在代技术服务商在物业管理现场采集人脸时向业主充分披露自身角色和技术服务商的联系方式、名称，并提示业主仔细查看技术服务商提供的门禁开启设备、小程序或 App 提供的个人隐私保护政策，并在与技术服务商的采购协议中明确各自在个人信息保护方面的权利和义务。

2. 收集阶段

除了遵守《个人信息保护法》第 17 条第 1 款规定的告知之外，还需额外告知收集、处理人脸信息的必要性及影响。授权同意收集、处理人脸信息时，需获取单独同意。如果是涉及收集未满 14 周岁的未成年人的人脸信息，应当获得该未成年人的父母或其他监护人的单独同意。对此，建议物业管理公司在住宅社区、商业写字楼安装人脸识别系统门禁时，要求业主及其家属专门签署《人脸识别信息采集使用授权委托书》，在获取单独授权同意收集使用人脸信息时，专门声明"业主知晓人脸识别非唯一进入园区的途径"和物业管理公司"已经告知可以拒绝人脸识别信息的授权使用"，以此降低合规风险。

3. 存储阶段

不管是物业管理公司作为个人信息处理者还是门禁技术服务商作为个人信息处理者，根据最小必要原则，人脸信息的存储期限应为实现个人信息主体授权使用目的所必需的最短时限；但在住宅小区的物业管理中，由于居民长期稳定居住在特定社区中，日常进出安装人脸识别系统门禁时均会涉及采集出入的人脸图像与入住时授权同意采集的人脸图像进行比对以核验业主身份的行为，故最短时限可以参考物业管理行业的其他业主信息存储周期放宽期限，但在业主长期不使用人脸识别门禁系统后，物业管理公司应当及时删除。此外，存储人脸信息时应当与其他个人信息或非个人信息分开存储。

4. 使用阶段

人脸信息的使用应当仅限于授权同意的范围，如人脸识别系统门禁的授权仅限于进出社区的身份验证和维护社区安全的需要。由于人脸信息作为敏感信息，根据《个人信息保护法》第55条的规定，处理敏感个人信息时，个人信息处理者应当事前进行个人信息保护影响评估，并对处理情况进行记录。如物业管理公司作为个人信息处理者，则其在处理人脸信息时应当进行个人信息保护影响评估，根据评估结论进行整改，评估记录至少保存3年。

（二）监控设备

《个人信息保护法》第26条规定："在公共场所安装图像采集、个人身份识别设备，应当为维护公共安全所必需，遵守国家有关规定，并设置显著的提示标识。所收集的个人图像、身份识别信息只能用于维护公共安全的目的，不得用于其他目的；取得个人单独同意的除外。"物业管理公司在安装住宅小区和商业楼内部的监控设备时，应当提供明显的标识进行提示，并且采集的图像的使用仅能出于维护公共安全的目的；若超出范围使用，或者从采集的图像中提取面部识别特征，则应当取得业主单独同意，并应符合《个人信息保护法》关于敏感个人信息收集、使用的具体要求；此外，物业管理公司应当对录音录像采取严格的数据保护措施。

物业管理公司出于维护住宅小区和商业楼的安全需要安装的监控，还可能涉及公共区域图像和陌生人图像的采集问题。目前，已有不少地方立法明确禁止个人和单位在公共场所安装视频监控，如《常州市公共安全视频图像信息系统管理办法》《青岛市公共安全视频图像信息系统管理办法》和《河南省公共安全技术防范管理条例》。除上述合规要点，物业管理公司还应当注意遵守相关地方性规范。

除了采集监控录像需要符合法律法规的要求之外，在涉及传输的场景下也有《公共安全视频监控联网系统信息传输、交换、控制技术要求》的国家标准进行限制，以确保公共安全视频监控的传输安全。

《企业数据合规实务指南》编写组及分工一览表

编写团队	编写章节及内容
郭小明 刘润兴 黄嘉洁 崔心怡	第一章　数据合规的基本要求　共四节 第二章　数据合规管理体系　共六节 第四章　数据出境合规管理 　　第七节　中欧个人信息跨境传输合规机制比较 　　第八节　中欧个人信息跨境传输标准合同的异与同
黄　凯 李思筱 刘芷均 安小恬	第三章　日常运营数据合规 　　第一节　合格隐私政策的要求 　　第四节　网站数据合规常见问题及应对策略 　　第七节　用户数据权利请求的合规化应对 　　第八节　数据泄露危机事件的合规化应对 第六章　行业数据合规管理 　　第二节　智能汽车行业数据合规要点 　　第三节　生物医药与健康行业数据合规要点
于强伟 张　慧	第三章　日常运营数据合规 　　第三节　知情同意原则应用中的常见问题 　　第六节　数据爬虫的合法性边界 第四章　数据出境合规管理 　　第一节　数据出境场景梳理和合规操作要点 　　第二节　重点监管的数据类型 　　第三节　数据出境自评估 　　第四节　数据出境安全评估 　　第五节　个人信息跨境处理活动安全认证 　　第六节　个人信息出境标准合同
邹丹莉 董浩洋 邓莉泓 段南星	第五章　境外IPO与投融资数据合规管理　共五节 第六章　行业数据合规管理 　　第七节　物业管理行业数据合规要点
周　航 张亚男 周之历	第三章　日常运营数据合规 　　第二节　最小必要原则的理解与适用 　　第五节　嵌入SDK运营的数据合规管理 第六章　行业数据合规管理 　　第一节　金融行业数据合规要点 　　第四节　新一代电子信息行业数据合规要点 　　第五节　数字与时尚行业数据合规要点 　　第六节　高端装备制造行业数据合规要点

参与写作者介绍

郭小明　通商律师事务所 合伙人
业务领域：合规、争议解决、数据与网络安全、出口管制与经济制裁
电子邮箱：guoxiaoming@tongshang.com

　　郭小明律师曾担任中兴通讯副总裁、首席法务官，整体负责公司全球范围的法律、合规、知识产权、信息安全、企业法律研究等事务。牵头完成了公司法律合规管理体系的建设，确立了法律合规标准化、线上化的运作机制；主导处理了中兴通讯应对美国 337 调查六连胜、欧盟反倾销反补贴保障措施调查、印度反倾销调查、美国国家安全调查、美国出口管制案件等一系列重大合规事件。

　　郭小明律师于 2017 年加入通商，主要从事争议解决、合规管理、知识产权等领域的法律服务，为中国五矿、腾讯、顺丰、浪潮、比亚迪、科大讯飞、紫光展锐、TCL 等多家领先企业提供法律合规服务，包括合规体系建设、法律合规管理能力提升以及制裁与出口管制、数据与隐私保护、反贿赂反腐败等领域的专项合规服务。郭小明律师还代表多家国内外知名企业办理了数十宗涉及股权投资、技术开发、商业秘密侵权、建筑工程、专利侵权等领域的复杂民商事（包括知识产权）诉讼仲裁纠纷案件。郭小明律师立足客户实际情况、案情等基本情况，为客户提供集法律专业、企业经营、风险控制于一体的综合诉讼仲裁应对方案。

黄　凯　通商律师事务所 合伙人
业务领域：数据合规与网络安全、反垄断与反不正当竞争、公司合规、私募 / 风险基金投资等
电子邮箱：huangkai@tongshang.com

　　黄凯律师在反垄断与反不正当竞争、数据保护与网络安全、公司合规、投资并购等法律领域拥有丰富的实务经验。在反垄断与反不正当竞

争方面，黄凯律师曾为多家世界500强企业、知名互联网企业、大型国有企业和上市公司提供反垄断合规体系建立、应对反垄断调查、经营者集中申报等一系列法律服务，涉及汽车、环境、流通、零售、电子、互联网等多个领域。此外，黄律师曾在欧盟的反垄断律师团队中工作并交流，并在竞争法领域发表了数十篇文章。在数据合规领域，黄凯律师获得了欧盟注册隐私保护认证（CIPP/E），曾为互联网视频软件服务商、无人驾驶企业、互联网人力资源管理企业、跨国奢侈品设计和零售企业等多家行业内领先客户提供个性化的数据合规治理以及数据合规体系的建设。在投资收购领域，黄凯律师曾为上海大型国有企业、欧洲跨国公司、国有汽车整车生产企业等企业在并购、合资等事项提供法律服务，所承办的项目涉及众多行业领域，包括但不限于汽车、半导体、高端制造、食品与医药、零售和物流等行业。

于强伟　通商律师事务所 合伙人
业务领域：资本市场、私募股权、网络安全与数据保护等
电子邮箱：yuqiangwei@tongshang.com

于强伟律师主要从事股权投融资、股权激励、境外上市、网络安全与数据合规等方面的法律业务，并专注于数字资产、金融科技、医药、新媒体等行业领域。在公司资本运营和企业数据流通及保护等方面具有丰富的实践经验，能够为客户在境外上市、重组、并购、投资及数据合规等方面提供个性化法律服务。于强伟律师是国内大型互联网企业、硬科技企业的重要法律顾问，也曾在多家大型企业集团担任GC及高管职务。此外，于强伟律师还曾出版多部法律专著，包括《股权架构解决之道》（法律出版社2019年版）、《股权投融资交易结构——设计要点与体系化考量》（法律出版社2020年版）、《股东退出争议解决——裁判要点与法理探析》（山东大学出版社2021年版）、《股权激励全程指引——理念、路径及方法》（法律出版社2023年版）。

邹丹莉　通商律师事务所 合伙人

业务领域：银行与金融、新经济、网络安全与数据保护

电子邮箱：zoudanli@tongshang.com

　　邹丹莉律师专注于银行与金融、新经济、网络安全与数据保护领域，在资产证券化、数据合规和金融科技领域拥有丰富的经验。此外，邹丹莉律师服务于国内多家计划管理人、发起机构，为其设立的多项资产支持专项计划、资产支持票据提供法律服务；专长于数据合规领域，为多个 IPO 项目提供专项数据合规专项核查服务。在金融科技领域，邹丹莉律师有丰富的业务经验，担任多家领先的金融科技企业常年法律顾问或为其提供业务合规法律服务。

周　航　北京市通商律师事务所上海分所 合伙人

业务领域：争议解决、合规、网络安全、境内外企业投资

电子邮箱：zhouhang@tongshang.com

　　周航律师擅长大型企业合规项目管控与架构调整。在公司法律服务的框架下，周航律师专注于企业内部合规调查、反舞弊反商业贿赂、反不正当竞争、数据合规保护、刑事合规、安全生产及环保等合规领域。周航律师曾为众多世界知名企业提供反腐败合规调查、商业贿赂合规调查、合规体系建设等法律服务，包括美国某全球领先的工业公司、德国某医疗和安全技术领域的国际领先企业、法国某世界顶尖奢侈品品牌、荷兰某照明领导企业等。此外，周航律师还拥有丰富的企业日常商业纠纷争议解决的经验，曾为德国某自动化公司和传感器公司、日本某精密电位器制造商、美国某著名产品创新型企业在不正当竞争和商业秘密侵权案件中提供法律支持。

刘润兴　深圳市鹏城法律合规研究院 副院长

业务领域：合规、数据与网络安全、出口管制与经济制裁

　　刘润兴副院长曾任中兴通讯合规管理部副部长、全球合规总监、首席出口管制合规官，以及阿里巴巴集团合规运营官、阿里云贸易合规

官。其间，刘润兴副院长搭建了合规管理体系，统一了合规工作开展要求，开展了法律合规风险评估，完善了公司在各领域的合规要求，确立了流程管控手段、实施及指导开发 IT 工具等。

黄嘉洁　通商律师事务所 资深律师

业务领域：合规、数据与网络安全、ESG 与供应链合规

电子邮箱：huangjiajie@tongshang.com

张亚男　北京市通商律师事务所上海分所 资深律师

业务领域：企业合规、网络安全及数据合规、境内外企业投资

电子邮箱：zhangyanan@tongshang.com

董浩洋　通商律师事务所 律师

业务领域：资本市场、私募股权投资及一般公司业务

电子邮箱：donghaoyang@tongshang.com

李思筱　通商律师事务所 律师

业务领域：数据合规与网络安全、公司合规、争议解决等

电子邮箱：lisixiao@tongshang.com

刘芷均　通商律师事务所 律师

业务领域：数据合规与网络安全、资本市场、投融资并购等

电子邮箱：liuzhijun@tongshang.com

张　慧　通商律师事务所 律师

业务领域：资本市场、公司投融资

电子邮箱：zhanghui@tongshang.com

周之历　北京市通商律师事务所上海分所 律师
业务领域：企业合规、网络安全及数据合规、境内外企业投资
电子邮箱：zhouzhili@tongshang.com

崔心怡　通商律师事务所 律师助理
业务领域：数据合规、出口管制与经济制裁
电子邮箱：cuixinyi@tongshang.com

邓莉泓　通商律师事务所 律师助理
业务领域：数据合规
电子邮箱：denglihong@tongshang.com

段南星　通商律师事务所 律师助理
业务领域：数据合规
电子邮箱：duannanxing@tongshang.com

安小恬　通商律师事务所 实习律师
业务领域：数据合规与网络安全、公司合规
电子邮箱：anxiaotian@tongshang.com